W0296530

HighEnergyMind

PHILIPP HAUSSER

EIN JAHR IN AFFIRMATIONEN

POSITIVE IMPULSE FÜR JEDEN TAG

HighEnergyMind

Bibliografische Information der Deutschen Nationalbibliothek
Die Deutsche Nationalbibliothek verzeichnet diese Publikation in der Deutschen Nationalbibliografie; detaillierte bibliografische Daten sind im Internet über http://dnb.d-nb.de abrufbar.

1. Auflage
© 2022 High Energy Mind, München
High Energy Mind, Stefan-George-Ring 2, 81929 München

Umschlaggestaltung: Philipp Hausser
Coverfoto: Zhinvali-Stausee, Georgien; über Envato
Druck und Bindearbeiten: Amazon Media EU S.à r.l., 5 Rue Plaetis, L-2338, Luxembourg

ISBN: 9798364924353

Weitere Informationen zum Verlag finden Sie unter
www.highenergymind.com/publishing

EINFÜHRUNG

Jeder Gedanke, den wir denken, jedes Wort, das wir sprechen, jeder innere Dialog, den wir führen, ist eine Affirmation. Ob bewusst oder un(ter)bewusst: Wir bringen unsere Gefühle zum Ausdruck und bekräftigen sie mit unseren Worten.

Oftmals sind unsere Worte negativ formuliert. Statt uns auf ein positives Ziel zu fokussieren, drücken wir aus, was wir nicht wollen. Wir ziehen mehr von dem an, was wir gerne vermeiden würden. Richten wir unsere Energie jedoch auf eine positive Zukunft, so öffnen wir uns für die Wunder des Universums.

Die Affirmationen in diesem Buch schenken an jedem Tag Kraft und Hoffnung. Wie wir sie nutzen, bleibt uns überlassen. Wir können unsere neuen Glaubenssätze laut aussprechen oder leise flüstern. Wir können sie auf Notizzettel schreiben und in unserer Wohnung verteilen oder sie jeden Tag in unserem Dankbarkeitstagebuch notieren. Wir können sie täglich als Podcast anhören oder als Hintergrundbild auf unserem Smartphone wirken lassen. Welcher Weg auch immer sich richtig anfühlt, das Resultat bleibt gleich.

Je mehr Aufmerksamkeit und Energie wir den positiven Aussagen schenken, desto eher werden sich die neuen Überzeugungen in uns festigen. Denn Affirmationen sind nicht für unseren Verstand gemacht, sondern für unser Unterbewusstsein. Als kritischer Wächter wird unser Verstand die neuen, noch nicht realisierten Glaubenssätze wie ein Lügendetektor zuerst als nicht wahr ablehnen.

Erst durch stetige Wiederholung der Affirmationen geben wir Ihnen die Chance, ihre Wirkung in unserem Leben zu entfalten. Indem wir die positiven, bekräftigenden Aussagen in unsere tägliche Routine einbauen, eröffnen wir ihnen einen Weg in unser Unterbewusstsein. Unser Verstand beginnt, alte, einschränkende Überzeugungen aufzulösen und neue, positive Glaubenssätze anzunehmen.

Je stärker wir fühlen und glauben, was wir mit den Affirmationen manifestieren, desto leichter entfalten sie ihre suggestive Kraft. Je mehr Dankbarkeit wir zeigen, desto höher werden unsere Schwingungen. Wie ziehen an, was wir aussenden.

JANUAR

Voller Zuversicht begrüße ich das neue Jahr. Ich vertraue darauf, dass ich mit meiner Reise in Harmonie mit dem Universum bin. Ich glaube, dass alles, was ich in meinem Leben loslasse, dazu dient, mich zu meinem höheren Selbst zu erheben. Das neue Jahr wird mir so viel mehr Reichtum bringen.

Alles, was ich erlebt habe, bereitet mich auf neue Energie, eine bessere geistige und körperliche Gesundheit und spirituelles Wachstum in jedem Bereich meines Lebens vor. Ich respektiere die Natur und das universelle Timing des Lebens. Ich bin optimistisch für meine Zukunft.

01. JANUAR

Das neue Jahr wird das beste Jahr meines bisherigen Lebens. Ich habe Vertrauen in das Universum.

02. JANUAR

Ich bin die einzige Person, die dafür verantwortlich ist, dass meine Träume wahr werden.

03. JANUAR

Ich erwarte immer ein positives Ergebnis. Ich ziehe ganz natürlich Erfolg in mein Leben.

04. JANUAR

Ich sehe und fühle,
wie ich alle Herausforderungen
mit Bravour meistere.

05. JANUAR

Ich bin bereit, die Person
anzunehmen, von der ich weiß,
dass ich sie wirklich bin.

06. JANUAR

Ich weiß, wo ich Grenzen setzen muss, und sage Nein, wenn es notwendig ist.

07. JANUAR

Ich ziehe all die Liebe an, von der ich träume und die ich verdiene.

08. JANUAR

Mir stehen alle Mittel und Möglichkeiten zur Verfügung. Ich kann alles erreichen.

09. JANUAR

Ich bin SchöpferIn meines Lebens. Ich erschaffe Mut, Liebe und Vertrauen.

10. JANUAR

Ich bin stolz auf die Veränderungen, die ich in meinem Leben vorgenommen habe.

11. JANUAR

Ich bin allen Situationen gewachsen, wenn ich mir selbst vertraue.

12. JANUAR

Ich bin im Einklang mit mir und dem Leben. Ich habe große Freude an kleinen Ereignissen.

13. JANUAR

Ich verdiene Liebe. Ich verdiene Erfolg. Die Welt steht mir offen. Ich bin genug.

14. JANUAR

Ich bin sehr gespannt auf alles,
was dieser Tag zu bieten hat.
Ich freue mich auf neue Abenteuer.

15. JANUAR

Das Universum lässt mich jetzt
an seiner unendlichen Fülle teilhaben.
Ich bin so dankbar.

16. JANUAR

Mit Leichtigkeit erreiche ich
meine finanziellen Ziele.
Ich ziehe Wohlstand ganz einfach an.

17. JANUAR

Heute erhöhe ich meine Schwingung
und erweitere meinen Horizont.
Ich erschaffe meine Realität.

18. JANUAR

Ich erfreue mich an den
kleinsten Dingen. Ich entdecke
täglich neue Wunder.

19. JANUAR

Ich bin voller Energie,
Liebe und Licht. Ich lasse alles los,
was hinter mir liegt.

20. JANUAR

Ich bin innerlich und
äußerlich reich. Ich lebe in Fülle
und Reichtum. Ich bin gesegnet.

21. JANUAR

Ich habe die Fähigkeit,
meine Energie auf das zu richten,
worauf ich sie richten möchte.

22. JANUAR

Ich lasse alle negativen
Gefühle los und entscheide mich jetzt,
in Freiheit zu leben.

23. JANUAR

Ich meistere erfolgreich mein Leben.
Alles, was ich brauche,
kommt zu mir.

24. JANUAR

Ich entscheide mich, alle Möglichkeiten
zu sehen, die mich umgeben.
Ich bin offen für Neues.

25. JANUAR

Ich bin offen dafür, dass etwas
Großes auf mich zukommt und
mein Leben bereichert.

26. JANUAR

Ich nutze die Kraft der Visualisierung,
um meine Ziele zu erreichen.
Ich bin erfolgreich.

27. JANUAR

Ich verdiene all die Segnungen,
die auf mich zukommen.
Ich bin bereit zu empfangen.

28. JANUAR

Ich verbinde mich täglich
mit meiner Seele durch
bedingungslose Liebe.

29. JANUAR

Ich bin grenzenlose Energie.
Ich kann alles erreichen.
Ich bin ein Magnet für Erfolg.

30. JANUAR

Ich vertraue darauf, dass meine
Segnungen immer zum
richtigen Zeitpunkt kommen.

31. JANUAR

Ich bin bereit, gesunde Dinge
in der richtigen Menge zu essen.
Ich bin fit und stark.

FEBRUAR

Ich bin offen, großen Segen in meinem Leben zu empfangen. Ich schiebe die Angst beiseite und nehme die Liebe an. Ich bin in der Lage, mühelos mein Traumleben zu kreieren. Mein Geist ist darauf fokussiert, eine bessere Zukunft zu erschaffen. Ich gehe mit Liebe und guten Vorsätzen voran.

Ich lasse einschränkende Glaubenssätze aus der Vergangenheit mit Leichtigkeit los. Ich bin genau da, wo ich sein muss, um alles zu manifestieren, was ich mir wünsche. Alles, was ich mir wünsche, ist bereits in mir. Wenn ich mit Liebe und Authentizität lebe, wird sich alles, was ich mir wünsche, in meinem Leben genauso entfalten, wie es beabsichtigt ist.

01. FEBRUAR

Ich bin dankbar für ein großartiges Leben voller Glück, Liebe, Freude und Respekt.

02. FEBRUAR

Ich erlaube mir, die Wunder des Universums in meinem Leben zu sehen.

03. FEBRUAR

Ich erlaube mir, Liebe und Fülle zu erfahren. Ich bin dankbar für alles, was ich habe.

04. FEBRUAR

Ich bin verantwortlich für meine
Gedanken. Ich bin SchöpferIn
meiner Realität.

05. FEBRUAR

Ich wachse über das hinaus,
was ich einmal war, und werde zu dem
Menschen, der ich sein soll.

06. FEBRUAR

Ich habe die Willenskraft,
Abhängigkeiten zu durchbrechen.
Ich darf frei sein.

07. FEBRUAR

Ich vertraue auf die Führung
durch eine höhere Macht.
Mein Leben fließt mühelos.

08. FEBRUAR

Ich sage meine Wahrheit und
lebe mein Leben für mich selbst.
Ich bleibe mir treu.

09. FEBRUAR

Ich bin bereit, dem Universum zu vertrauen und den Dingen ihren Lauf zu lassen.

10. FEBRUAR

Ich bin stolz auf das, was ich erreicht habe. Jeden Tag werde ich selbstbewusster.

11. FEBRUAR

Ich bin bereit, die nächste
Phase des Wachstums in meinem
Leben zu manifestieren.

12. FEBRUAR

Ich begrüße diesen Tag mit positiver
Energie und einem Lächeln.
Ich freue mich auf meine Zukunft.

13. FEBRUAR

Ich weiß jetzt, wie ich Geld
unaufhörlich in mein Leben ziehe.
Ich bin ein Magnet für Fülle.

14. FEBRUAR

Je klarer und bewusster ich bin,
desto einfacher und schöner
ist mein Leben.

15. FEBRUAR

Ich habe die Willenskraft,
das zu erreichen, was ich mir
vorgenommen habe.

16. FEBRUAR

Ich erschaffe das Leben,
das ich mir wünsche, indem ich
auf meine innere Stimme höre.

17. FEBRUAR

Ich bin es wert, Erfolg zu
haben, gesund zu sein und
geliebt zu werden.

18. FEBRUAR

Dieses Universum ist voller Fülle
und bereit, mich mit allem zu versorgen,
was ich mir wünsche.

19. FEBRUAR

Ich lächle oft, weil mein Leben
voll von Freude und Glück ist.
Für mich ist das Leben lustig und leicht.

20. FEBRUAR

Je erfolgreicher ich werde,
desto selbstbewusster fühle ich mich.
Die Welt steht mir offen.

21. FEBRUAR

Ich lasse alle Ängste und Zweifel los. Das Leben wird einfach und leicht für mich.

22. FEBRUAR

Ich öffne mich der Schönheit des Lebens. Ich öffne mich meiner eigenen Schönheit.

23. FEBRUAR

Ich bin eine GewinnerIn und sehr erfolgreich. Erfolg kommt immer leicht zu mir.

24. FEBRUAR

Ich habe die Hoffnung, dass ich in allen Situationen gedeihen und wachsen kann.

25. FEBRUAR

Ich lerne, meinen Geist zu beruhigen und mein Selbstvertrauen zu wecken.

26. FEBRUAR

Das Universum unterstützt
mich auf unerwartete und
wunderschöne Weise.

27. FEBRUAR

Ich habe es verdient, glücklich
zu sein. Ich verdiene ein
gutes Leben und Fülle.

28. FEBRUAR

Ich bin in jeder Situation ruhig
und entspannt. Ich bin SchöpferIn
meines eigenen Lebens.

MÄRZ

Ich bemühe mich in diesem Jahr bewusst darum, jeden Tag etwas Neues zu lernen. Wenn ich lerne, wachse ich. Indem ich wachse, erschaffe ich die Kraft, alles zu manifestieren, was ich mir wünsche. Die Möglichkeiten auf meiner Reise sind endlos. Ich bin bereit, diesen Monat und dieses Jahr mit Zuversicht und Beständigkeit anzugehen.

Ich bin dankbar, diesen wundervollen Monat zu erleben. Was auch immer ich in der Vergangenheit erlebt habe, der heutige Tag ist ein neuer Tag für mich. Ich erkenne diesen Tag in Liebe und Licht an. Ich bin auf alles vorbereitet, was das Leben zu bieten hat. Ich bin stark und bereit, mich zu entfalten.

01. MÄRZ

Ich bin dankbar für all die
wundervollen Beziehungen, die ich habe.
Ich bin erfüllt und reich.

02. MÄRZ

Wenn ich morgens erwache,
freue ich mich auf einen neuen,
erfolgreichen Tag.

03. MÄRZ

Ich bin die wichtigste Person
in meinem Leben.
Jeder Tag ist besonders.

04. MÄRZ

Ich ziehe alles Positive auf wundersame Weise an. Mein Leben ist voller Wunder.

05. MÄRZ

Mein Leben ist eine Freude, und ich bin glücklich jeden Tag zu erleben.

06. MÄRZ

Ich erschaffe Geld, Fülle
und Wohlstand durch Freude.
Ich folge meinem Herzen.

07. MÄRZ

Jeder Tag präsentiert mir
wunderbare Möglichkeiten des
Wachstums und des Fortschritts.

08. MÄRZ

Heute wähle ich die Samen
der Liebe und der Freude
und pflanze sie in mein Leben.

09. MÄRZ

Ich bin glücklich und zufrieden.
Ich vertraue dem Leben.
Das Universum meint es gut mit mir.

10. MÄRZ

Ich löse mich friedlich von
negativen Menschen. Ich bin inspiriert
mit neuen und guten Ideen.

11. MÄRZ

Wohlstand umgibt mich,
Wohlstand erfüllt mich,
Wohlstand fließt zu mir und durch mich.

12. MÄRZ

Meine Realität wird von
meiner Perspektive und
meiner Denkweise bestimmt.

13. MÄRZ

Ich ziehe gleichgesinnte und
liebevolle Menschen in mein Leben.
Meine Verbindungen sind echt.

14. MÄRZ

Ich bleibe immer geduldig,
motiviert, inspiriert und hoffnungsvoll.
Mein Leben ist schön.

15. MÄRZ

Ich konzentriere mich auf
meine Ziele. Ich erschaffe eine
Vision für die Zukunft.

16. MÄRZ

Ich danke für mein Leben
voller Gesundheit, Reichtum,
Glück und Liebe. Ich bin so dankbar.

17. MÄRZ

Ich habe realistische Vorstellungen
von dem, was ich erreichen möchte.
Meine Ziele sind mir klar.

18. MÄRZ

Ich verlasse mich nur auf
mich selbst und übernehme die
volle Verantwortung für mein Leben.

19. MÄRZ

Ich glaube an meine Träume.
Ich arbeite an ihrer Verwirklichung,
bis sie wahr werden.

20. MÄRZ

Ich lasse mich treiben und
genieße die wunderbaren Dinge,
die ich anziehe.

21. MÄRZ

Ich bin auf dem Weg, den ich
für mich selbst geschaffen habe.
Ich bin so dankbar.

22. MÄRZ

Ich bin motiviert, das zu erreichen,
was ich mir vorgenommen habe.
Ich kenne keine Grenzen.

23. MÄRZ

Ich habe vollen Zugriff auf
meine Fähigkeiten und Talente.
Ich kann alles erreichen.

24. MÄRZ

Ich lebe mein Leben so,
wie ich es für richtig halte.
Mein Leben liegt in meiner Hand.

25. MÄRZ

Meine innere Weisheit führt
mich und verschafft mir ein
wunderbares Leben.

26. MÄRZ

Ich erlaube heilsamen Überzeugungen,
sich frei und leicht zu bilden.
Ich kann mich leicht verändern.

27. MÄRZ

Ich akzeptiere mein Leben so,
wie es in diesem Moment ist.
Ich bin glücklich.

28. MÄRZ

Ich bin kraftvoll und stolz darauf,
wer ich bin und was ich tue.
Ich bin genug.

29. MÄRZ

Alle meine Bedürfnisse werden
jederzeit auf wunderbare Weise vom
Universum erfüllt.

30. MÄRZ

Ich bin verbunden mit allem,
was in mir ist und mit allem,
was um mich herum ist.

31. MÄRZ

Ich bin dankbar und in
Frieden mit meinem Leben.
Ich bin glücklich.

APRIL

Dies wird ein kraftvoller Monat für mich, voller Wachstum, Freude, Seelenfrieden und Liebe. Ich habe mich perfekt positioniert, um in diesem Monat viele Segnungen zu empfangen. Ich bin offen und bereit, alles zu empfangen, was für mich bestimmt ist.

Ich bin voller Begeisterung für alles, was mein Leben zu bieten hat. Dieser Monat wird mir neuen Wohlstand, neue Durchbrüche und unerwartete Segnungen bringen. Dies wird der bisher beste Monat dieses Jahres sein. Ich bin offen und bereit, zu empfangen.

01. APRIL

Ich vergebe der Vergangenheit
und lasse jegliches Bedauern los,
das ich empfunden habe.

02. APRIL

Mein Leben entwickelt sich weiter
und ich bin dabei, etwas völlig
Neues zu erleben.

03. APRIL

Ich bin weise und gütig.
Ich behandle jeden wohlwollend
und zuvorkommend.

04. APRIL

Ich sende strahlende Kraft aus
und ziehe alles Positive an.
Ich bin ein Glücks-Magnet.

05. APRIL

Ich strahle Dankbarkeit und
Zufriedenheit aus. Meine Dankbarkeit
ist heilsam für meine Gefühle.

06. APRIL

Ich bin genau da, wo ich
in meinem Leben gerade sein will.
Alles ist gut.

07. APRIL

Ich öffne mein Herz und
fühle tiefe Liebe in mir. Das Universum
schickt mir, was ich brauche.

08. APRIL

Ich verstehe, dass mein Denken
meine Realität erschafft.
Meine Gedanken sind positiv.

09. APRIL

Ich nehme die wertvollen Lektionen an, die ich auf meinem Weg gelernt habe.

10. APRIL

Ich glaube, dass mit der richtigen Einstellung und Absicht alles möglich ist.

11. APRIL

Ich liebe das Leben und
die Menschen. Ich bin glücklich und
zufrieden. Ich führe ein erfülltes Leben.

12. APRIL

Ich bin auf der Erde, um Liebe
und Mitgefühl zu schenken.
Ich bin ein Magnet für Liebe.

13. APRIL

Ich stimme mich auf die
Schwingung meiner Wünsche ein
und lasse sie wahr werden.

14. APRIL

Ich stelle hohe Ansprüche
an mich selbst und erfülle immer
meine Erwartungen.

15. APRIL

Erfolg in allen Bereichen
meines Lebens fällt mir leicht.
Ich ziehe Erfolg magisch an.

16. APRIL

Ich bin dankbar für alles, was ich
durchgemacht habe, denn es hat mich
dahin geführt, wo ich jetzt bin.

17. APRIL

Ich kann jetzt meine geistige
Bestimmung erkennen und in
Einklang mit ihr handeln.

18. APRIL

Voller Zuversicht gehe ich meinen Weg. Ich bin voller Kraft und Mut und traue mir alles zu.

19. APRIL

Ich kann meine spirituellen Energien nutzen und trotzdem geerdet bleiben.

20. APRIL

Indem ich ändere, wie ich denke,
kann ich ändern, wie ich lebe. Ich bin
viel mächtiger, als mir bewusst ist.

21. APRIL

Ich habe die Kontrolle über mein Leben.
Ich habe die Macht,
meine Situation immer zu ändern.

22. APRIL

Die harte Arbeit, die ich geleistet habe,
zahlt sich aus und bringt
Glück in mein Leben.

23. APRIL

Ich fühle mich so glücklich,
dass ich das Leben leben kann,
das ich liebe.

24. APRIL

Der Schlüssel zu einem
besseren Leben liegt in mir selbst.
Ich kann alles erreichen.

25. APRIL

Ich bin positiv, energiegeladen
und habe die Fähigkeit,
alles zu erreichen.

26. APRIL

Ich beschließe, stolz auf mich
und die Dinge zu sein, für die
ich mich entscheide.

27. APRIL

Ich spüre Dankbarkeit und Zufriedenheit. Ich liebe mein Leben. Ich bin so dankbar.

28. APRIL

Jeden Tag kleide ich mich für den Erfolg in Körper, Geist und Seele. Ich werde geliebt.

29. APRIL

Ich bin in der Lage, erstaunliche Dinge zu tun. Ich bin ausgeglichen und zufrieden.

30. APRIL

Ich bin glücklich. Ich bin erfüllt. Ich bin voll von positiver Energie und ziehe nur Gutes an.

MAI

In diesem Monat entscheide ich mich, meine Macht auf geistiger, körperlicher und emotionaler Ebene zurückzuerobern. Alles, worauf ich meine Aufmerksamkeit und Lebenskraft richte, wird erfolgreich und aufbauend sein.

Ich bin auf die Schwingungen der Liebe ausgerichtet. Jede Zelle in meinem Körper zieht Liebe an und schwingt auf der tiefsten Ebene der Liebe. Ich setze mich für so viele Dinge leidenschaftlich ein, denn ich habe viel Liebe zu geben und bin offen dafür, sie zu empfangen.

01. MAI

Ich bin dankbar für die Liebe,
die ich empfange, gebe und teile.
Mein Leben ist wundervoll.

02. MAI

Ich bin glücklich und dankbar.
Ich bin es wert, geliebt zu werden
und sende Liebe aus.

03. MAI

Ich verdiene und akzeptiere
all das Gute, das die
Welt mir täglich schenkt.

04. MAI

Meine Arbeit erfüllt mich
und ich entwickle mich immer
weiter und weiter.

05. MAI

Ich bin stolz auf meine Fähigkeit,
wertvolle Beiträge für die
Welt zu leisten.

06. MAI

Ich bin entspannt, zentriert
und hoffnungsvoll in
jedem Moment meines Lebens.

07. MAI

Mein Herz ist offen
und bereit, neue wahre
Liebe zu empfangen.

08. MAI

Alles ist gut in meinem Leben.
Das Universum sorgt für mich
und beschützt mich.

09. MAI

Dieser Tag ist ein Geschenk,
das ich in vollem Umfang nutze.
Ich bin gesegnet.

10. MAI

Ich konzentriere mich auf
meine Ziele. Ich lebe mein Leben
nach meinen Werten.

11. MAI

Ich glaube fest daran, dass ich alle meine Ziele erreichen kann und werde.

12. MAI

Alles funktioniert genauso, wie es soll. Ich blühe auf und gehe als SiegerIn hervor.

13. MAI

Alles, was ich brauche, kommt im richtigen Moment zu mir. Ich bin dankbar für meine Chancen.

14. MAI

Ich glaube an Fülle, Wohlstand
und Freude in meinem Leben.
Ich bin ein Magnet für das Gute.

15. MAI

Ich bin motiviert und begeistert,
meine Träume zu verfolgen.
Ich erreiche meine Ziele.

16. MAI

Ich behandle jeden mit Respekt,
so wie ich selbst behandelt
werden möchte.

17. MAI

Ich erschaffe ein Leben im Überfluss
und voller Glück. Ich denke
groß erreiche alles.

18. MAI

Ich bin von positiven,
unterstützenden Menschen umgeben,
die an mich glauben.

19. MAI

Ich bin gut gelaunt. Ich bin glücklich.
Heute entscheide ich mich dafür,
einen guten Tag zu haben.

20. MAI

Ich nehme mir heute Zeit,
um dankbar zu sein für mich,
meine Lieben und die Welt.

21. MAI

Ich bin dankbar und glücklich.
Ich nehme mein Leben
in Dankbarkeit an.

22. MAI

Mein inneres Wachstum ist
eine wunderbare Abenteuerreise
voller Entdeckungen.

23. MAI

Jeden Tag geschehen Wunder
in meinem Leben und ich schätze
jeden Moment davon.

24. MAI

Ich treffe Entscheidungen,
die die Zukunft erschaffen,
die ich willkommen heiße.

25. MAI

Ich bin mutig, stark und gesegnet.
Alles in meinem Leben ist
perfekt ausgerichtet.

26. MAI

Ich liebe mein Unterbewusstsein
und mein Unterbewusstsein liebt mich.
Ich verdiene Glück.

27. MAI

Ich gehe mit Dankbarkeit durch
meinen Tag und begrüße den Segen
des Universums.

28. MAI

Ich erlaube es meiner Kraft,
auf positive Art und
Weise durchzuscheinen.

29. MAI

Ich erlaube mir zu empfangen,
was ich mir wünsche.
Gute Dinge kommen leicht zu mir.

30. MAI

Ich trete mit Mut und Zuversicht
aus meiner Komfortzone heraus.
Die Welt steht mir offen.

31. MAI

Ich habe die Macht, mein Leben
radikal zum Besseren zu verändern.
Ich kann alles erreichen.

JUNI

Ich trete mit Liebe und purem Vertrauen ins Leben. Ich vertraue darauf, dass jede Antwort, die ich suche, zu mir kommt, wenn es nötig ist. Ich weiß, dass ich jeden Tag zu größeren und besseren Dingen bereit bin. Ich bin dankbar für meine Freunde, Familie und Bekannt-en.

Ich bin es wert, das Beste im Leben zu bekommen, und ich erlaube mir liebevoll, es anzunehmen. Ich ziehe nur gesunde und wertvolle Beziehungen an. Ich fühle mich vollkommen sicher und empfange Liebe in all mein-en Beziehungen. Ich werde bedingungslos geliebt. Ich bin ein Magnet für Liebe und Fülle.

01. JUNI

Ich vertraue auf meine Intuition.
Die Verbindung zu meinem
Unterbewusstsein wird immer intensiver.

02. JUNI

Ich verfolge meine Ziele.
Ich achte meine Vision.
Ich kümmere mich um meine Seele.

03. JUNI

Ich bin dankbar für meinen
finanziellen Erfolg.
Ich lebe mein Traumleben.

04. JUNI

Ich bin ein Mensch und
verdiene es, genauso respektiert zu
werden wie jeder andere auch.

05. JUNI

Mein Leben ist voller Freude.
Ich lasse die Vergangenheit los
und lebe in der Gegenwart.

06. JUNI

Ich schätze es, ein Leben
zu haben, das mich glücklich macht.
Glück ist mir wichtig.

07. JUNI

Ich wähle meine Worte sorgfältig,
denn sie haben Einfluss
auf meine Realität.

08. JUNI

Meine spirituelle Seite und
Intuition bereichern meine
Arbeit jeden Tag.

09. JUNI

Ich verpflichte mich,
jeden Tag mit jeder meiner Taten
meine Ziele zu verwirklichen.

10. JUNI

Ich folge meinem Herzen
und meiner Intuition,
um meine Lebensaufgabe zu erfüllen.

11. JUNI

Grenzenlose Energie strömt durch meinen Körper. Ich atme tief, ruhig und entspannt.

12. JUNI

Kreative Energie durchströmt mich und führt mich zu neuen, aufregenden Ideen.

13. JUNI

Ich bin grenzenlos.
Mit der richtigen Einstellung wird
alles für mich möglich sein.

14. JUNI

Ich spüre und genieße
meine Energie. Ich öffne mich
der Schönheit des Lebens.

15. JUNI

Heute höre ich auf, andere
um Erlaubnis zu bitten und
gebe mir selbst die Erlaubnis.

16. JUNI

Ich ziehe jetzt Wohlstand
und Fülle in allen Bereichen
meines Lebens an.

17. JUNI

Ich bin entspannt, weil ich weiß,
dass sich für mich immer alles
zum Guten wendet.

18. JUNI

In jedem Augenblick bin ich SchöpferIn
meiner Zukunft. Ich ziehe jeden
mit meiner positiven Kraft an.

19. JUNI

Ich liebe es, dass ich in der Lage bin,
jeden Tag aufzuwachen und
die Dinge zu tun, die ich tue.

20. JUNI

Ich vertraue auf meine Intuition
und werde immer angeleitet,
kluge Entscheidungen zu treffen.

21. JUNI

Ich bin mir bewusst, dass ich
die Quelle all meiner
liebevollen Beziehungen bin.

22. JUNI

Wenn ich in einer Beziehung bin,
erlaube ich meinem Partner in
seiner eigenen Kraft zu sein.

23. JUNI

Ich höre auf die Stimme
meines Herzens und folge ihr,
wohin sie mich führt.

24. JUNI

Ich bin in Sicherheit und
kann mich leicht verändern.
Ich darf sein, wie ich bin.

25. JUNI

Ich verfolge meine Ziele begeistert
und habe den innigen Wunsch,
sie zu erreichen.

26. JUNI

Ich lebe in einem liebenden
Universum des Überflusses
und danke dafür.

27. JUNI

Ich bin die Quelle meines
Wohlstands und meines Reichtums.
Geld fließt leicht zu mir.

28. JUNI

Meine Seele ist stark und
mein Herz ist offen für
wundervolle Manifestationen.

29. JUNI

Ich bin in jedem Augenblick
SchöpferIn meines Lebens.
Ich bin immer glücklich.

30. JUNI

Ich bin dankbar und glücklich.
Ich nehme mein Leben in
Dankbarkeit und Freude an.

JULI

Ich sehe die Schönheit, die mich umgibt, und finde Glück in jedem Bereich meines Lebens. Ich bin dankbar für all die Liebe in meinem Leben. Ich feiere das Leben und die Tatsache, dass ich einen weiteren Tag lebe. Alle von mir gewünschten Manifestationen werden sich bald in meinem Leben entfalten.

Dieser Monat wird voller Durchbrüche, Möglichkeiten und Segnungen sein. Ich gebe mich dem Universum hin und vertraue darauf, dass alles, was geschehen soll, auch geschehen wird. Ich bleibe in Frieden und zentriert im gegenwärtigen Moment. Ich kenne meinen Wert und glaube fest daran, dass ich der Welt viel zu bieten habe.

01. JULI

Ich bin dankbar für die
liebevollen Freundschaften und
Verbindungen in meinem Leben.

02. JULI

Je dankbarer ich bin,
desto mehr Segen und Wunder
manifestieren sich für mich.

03. JULI

Ich liebe mich selbst.
Ich liebe mein Leben und jeden darin.
Mein Leben ist wundervoll.

04. JULI

Ich bin dankbar und in Frieden mit meinem Leben. Ich ziehe Glück magisch an.

05. JULI

Ich gebe mir Raum, um zu atmen. Ich erkenne, dass Pausen im Leben schön sind.

06. JULI

Durch meine positiven Gedanken
erschaffe ich mein erfolgreiches Leben.
Ich bleibe optimistisch.

07. JULI

Alle meine Beziehungen haben
einen Zweck und erfüllen mich.
Ich bin dankbar.

08. JULI

Ich nutze mein altes Wissen,
um mein spirituelles
Wachstum zu unterstützen.

09. JULI

Jeden Tag entdecke ich interessante
und aufregende neue Wege,
die ich verfolgen kann.

10. JULI

Ich lebe in einem Universum
der Fülle und es ist genug für alle da.
Ich darf sein, wie ich bin.

11. JULI

Ich bin im Frieden mit allem,
was geschehen ist, geschieht
und geschehen wird.

12. JULI

Ich bin grenzenlose Energie.
Ich kann alles erreichen.
Ich bin ein Magnet für Erfolg.

13. JULI

Ich habe die Fähigkeit,
mir Ziele zu setzen und diese dann
auch zu erreichen.

14. JULI

Alles verwandelt sich für mich
in Reichtum und Überfluss.
Ich bin gesegnet.

15. JULI

All die Dinge, die ich
gerade erlebe, bringen mich auf
die nächste Ebene meines Lebens.

16. JULI

Die Liebe in meinem Leben
macht mich glücklich
und zentriert.

17. JULI

Ich bin so dankbar für meinen
Wohlstand und Reichtum
auf allen Ebenen.

18. JULI

Ich kann jederzeit Kontakt
zum Universum herstellen.
Ich bin beschützt.

19. JULI

Jeder Tag ist gefüllt mit
neuen Ideen, die mich inspirieren
und motivieren.

20. JULI

Wenn ich Hilfe brauche,
ziehe ich mühelos die perfekten Ressourcen
und Lösungen an.

21. JULI

Ich bin gut in dem,
was ich tue. Ich lerne und
arbeite weiter an mir.

22. JULI

Ich vertraue darauf, dass alles
in meinem Leben perfekt
aufeinander abgestimmt ist.

23. JULI

Ich habe die Macht, all den
Erfolg und Wohlstand zu erschaffen,
den ich mir wünsche.

24. JULI

Ich achte auf meine Gedanken und Worte. Ich denke nur positiv und konstruktiv.

25. JULI

Ich erkenne und lebe all meine Fähigkeiten, Talente und Potenziale.

26. JULI

Ich lasse meine vergangenen Belastungen los, die mich an Veränderung hindern.

27. JULI

Ich erkenne jede neue Herausforderung in meinem Leben als eine Chance, zu wachsen.

28. JULI

Ich glaube an mich und meine Fähigkeit, erfolgreich zu sein. Ich kann alles erreichen, was ich mir vornehme.

29. JULI

Ich bin so glücklich, dass ich jeden Morgen in diesem Leben aufwachen darf.

30. JULI

Ich bin leidenschaftlich
und habe das starke Verlangen,
meine Ziele zu erfüllen.

31. JULI

Ich habe immer alles,
was ich benötige. Ich höre auf mein
Herz und ziehe Glück an.

AUGUST

Ich bin ein Magnet für Fülle, Glück und Segen. Mein Geist ist fokussiert und ich bin bereit, positive Ergebnisse aus dem Universum zu empfangen. Ich arbeite an mir, um das Beste aus mir herauszuholen. Das Leben tut mir so gut, weil ich so viel Positives in meine Realität bringe.

Ich bin genau da, wo ich auf meinem Weg sein muss. Ich wachse jeden Tag. Ich vertraue meiner Intuition, dass sie mich zu meinen nächsten Schritten auf meiner Reise führt. Ich kann alles erreichen, was ich mir vornehme. Die Kraft, die in mir steckt, ist grenzenlos.

01. AUGUST

Ich bin dankbar für meine Intuition. Ich bin dankbar für all meine Erfahrungen.

02. AUGUST

Jede unerwartete Wendung in meinem Leben ist ein wahrer Segen.

03. AUGUST

Ich bin dankbar für den Reichtum in meinem Leben. Ich lebe in einem Universum der Fülle.

04. AUGUST

Ich bin ein starker Mensch
und kann mein inneres
Licht leuchten lassen.

05. AUGUST

Ich verdiene es glücklich zu sein.
Ich bin es wert, geliebt zu werden.
Liebe umgibt mich überall.

06. AUGUST

Mit Leichtigkeit und Freude
bewege ich mich auf meine Ziele zu.
Ich kann jedes Ziel erreichen.

07. AUGUST

Ich denke auf eine positive
Art und Weise. Meine Gedanken
erschaffen meine Realität.

08. AUGUST

Ich finde tiefen inneren Frieden
in mir selbst, so wie ich bin.
Ich bin genug.

09. AUGUST

Geld ist eine wunderbare Kraft des Guten. Ich entscheide mich für ein Leben in Wohlstand.

10. AUGUST

Ich erkenne die Gelegenheit, wenn sie anklopft, und ergreife den Moment.

11. AUGUST

Alles, was ich im Moment erlebe,
dient meinem höchsten Wohl. Ich bin
voller Vertrauen und Zuversicht.

12. AUGUST

Ich tue das Beste, was ich kann,
und bin genau da,
wo ich jetzt sein muss.

13. AUGUST

Ich ziehe immer das an,
was mein Herz wirklich begehrt
und was meine Seele braucht.

14. AUGUST

Ich habe so viel in meinem Leben,
für das ich dankbar bin.
Ich liebe mein Leben.

15. AUGUST

Mein Leben ist voller endloser
Möglichkeiten, erfolgreich zu sein.
Ich führe ein wunderbares Leben.

16. AUGUST

Ich ziehe gute Dinge an,
weil sie mit der Energie übereinstimmen,
die ich aussende.

17. AUGUST

Ich bin gespannt auf die
Zukunft und weiß, dass das
Universum einen Plan hat.

18. AUGUST

Ich ziehe immer wieder genau
die richtigen Umstände zur
richtigen Zeit an.

19. AUGUST

Ich mache das Beste aus
jeder Situation. Fantastische Wunder
kommen auf mich zu.

20. AUGUST

Ich gehe Schritt für
Schritt voran, um alle meine
Träume zu erreichen.

21. AUGUST

Ich entscheide mich für ein Leben
in Fülle und Wohlstand. Geld ist eine
wunderbare Kraft des Guten.

22. AUGUST

Meine Intuition führt mich
in die richtige Richtung.
Ich bin voller Liebe und Energie.

23. AUGUST

Mit jeder Veränderung erfahre
ich Klarheit und Harmonie.
Ich weiß, was mir gut tut.

24. AUGUST

Heute wird ein großartiger Tag.
Ich bin bereit für einen neuen
Tag voller Wunder.

25. AUGUST

Das Universum nutzt seine
Magie in meinem Namen.
Ich vertraue und glaube fest daran.

26. AUGUST

Ich bin so dankbar für die Menschen,
die mich an diesen Ort gebracht haben,
an dem ich jetzt bin.

27. AUGUST

Ich bin geduldig mit dem Prozess
der Veränderung und konzentriere
mich auf mich selbst.

28. AUGUST

Ich bin voller Energie und
es fällt mir leicht, motiviert zu bleiben.
Ich kann alles erreichen.

29. AUGUST

Ich habe finanziellen Erfolg.
Ich bin voller Entschlossenheit
und Kraft.

30. AUGUST

Egal, was das Leben mir vorwirft,
ich weiß, dass ich es schaffen werde.
Ich bin stärker, als ich weiß.

31. AUGUST

Meine Gedanken,
Worte und Taten sind im Einklang
mit dem Universum.

SEPTEMBER

Ich habe einen freien Geist und ein offenes Herz. Ich kümmere mich um alle Menschen in meinem Leben und liebe sie. Ich respektiere die Grenzen anderer Menschen ebenso wie meine eigenen. Ich tue mein Bestes, um jedem zu helfen und ihn zu unterstützen, auch mir selbst. Meine Liebe ist in Fülle vorhanden und ich gebe sie frei.

Ich lasse alles los, was mir nicht mehr dient. Ich wähle Glück und Liebe für mich selbst. Ich bin stolz darauf, wie weit ich gekommen bin und werde weiterhin mit unendlich vielen Möglichkeiten gesegnet sein. Ich bin geduldig und vertraue darauf, dass sich die Dinge zum perfekten Zeitpunkt entfalten.

01. SEPTEMBER

Ich feiere jedes Ziel, das ich erreiche,
mit Freude und Dankbarkeit.
Ich ziehe Erfolg magisch an.

02. SEPTEMBER

Ich habe einen endlosen Vorrat
an neuen Ideen, die mir helfen,
immer erfolgreicher zu werden.

03. SEPTEMBER

Ich bin dankbar für all den Reichtum,
der in mein Leben fließt. Ich bin innerlich
und äußerlich reich.

04. SEPTEMBER

Meine Intuition führt mich
zu Menschen, die für mich gut sind.
Ich führe erfüllte Beziehungen.

05. SEPTEMBER

Ich entwickle mich kontinuierlich
zu einer stärkeren Version
meiner selbst.

06. SEPTEMBER

Ich bin stolz auf die Fortschritte, die ich in den letzten Jahren gemacht habe.

07. SEPTEMBER

Ich bin fokussiert auf meine Vision und verfolge meine Ziele mit Leidenschaft und Begeisterung.

08. SEPTEMBER

Ich achte auf den gegenwärtigen Moment und genieße es, wo ich mich befinde.

09. SEPTEMBER

Ich lasse das Leben fließen,
ich umarme die Veränderung
und nehme sie dankend an.

10. SEPTEMBER

Geld im Überfluss und
beruflicher Erfolg fließen
mir von überall zu.

11. SEPTEMBER

Ich öffne mich jetzt und erlaube der Liebe, frei in mein Leben zu fließen.

12. SEPTEMBER

Ich bin bereit, mich auf Veränderungen einzulassen und mehr über mich zu lernen.

13. SEPTEMBER

Geld ist Energie und je mehr
ich gebe, desto mehr bekomme ich.
Ich bin ein Geldmagnet.

14. SEPTEMBER

Mein Leben ist jetzt gefüllt mit Glück,
Reichtum und Wohlstand. Ich bin wertvoll
und liebenswert.

15. SEPTEMBER

Jeder Aspekt meines Lebens
ist frei und bereit
für Veränderung.

16. SEPTEMBER

Ich beschließe,
die Vergangenheit loszulassen
und im Jetzt zu leben.

17. SEPTEMBER

Ich liebe mich selbst.
Ich glaube an mich selbst.
Ich unterstütze mich selbst.

18. SEPTEMBER

Heute konzentriere ich mich auf das, was vor mir liegt. Ich mache einen Schritt nach dem anderen.

19. SEPTEMBER

Ich habe die Macht und die Kontrolle, mein Leben zu etwas Schönem und Erstaunlichem zu machen.

20. SEPTEMBER

Ich nehme alles Gute dankbar
an und gebe freizügig.
Damit vergrößere ich meinen Erfolg.

21. SEPTEMBER

Mein Leben ist ein wunderbares
Geschenk und ich mache
das Beste daraus.

22. SEPTEMBER

Ich bin aufgeschlossen und bereit für alles, was dieser Tag zu bieten hat.

23. SEPTEMBER

Ich bin immer verbunden und beschützt. Das Leben meint es gut mit mir.

24. SEPTEMBER

Erfolg ist die einzige Option für mich. Ich lasse alle Gedanken des Zweifels aus meinem Inneren los.

25. SEPTEMBER

Ich bin dankbar für alles, was in meinem Leben geschehen ist. Ich entwickle mich ständig weiter.

26. SEPTEMBER

Ich bin überzeugt, dass alle Dinge meinem Besten dienen. Das Universum sorgt liebevoll für mich.

27. SEPTEMBER

Wenn ich neue Herausforderungen annehme, fühle ich mich zuversichtlich und kraftvoll.

28. SEPTEMBER

Egal wie schwer die Dinge sind, ich weiß, dass ich es schaffen werde. Ich bin stark.

29. SEPTEMBER

Ich danke für den wunderbaren finanziellen Reichtum, der sich jetzt in meinem Leben manifestiert.

30. SEPTEMBER

Mein Herz ist erfüllt von Dankbarkeit für alles, was ich habe und was noch kommen wird.

OKTOBER

Ich bin im Stande, alles zu manifestieren, was ich mir wünsche. Ich bin bereit für all das Gute, das das Leben zu bieten hat. Ich befinde mich in einem ständigen Zustand der Selbstliebe, der Selbstentdeckung und der Selbsttransformation. Das Universum ist auf meiner Seite und beschützt mich in jedem Moment.

Dies wird ein bedeutender Monat für mich sein. Ich entscheide mich jetzt, die positiven Seiten des Lebens zu sehen. Ich bin in Einklang mit meinem höheren Selbst. Ich entscheide mich, alle Energie, die mir nicht mehr dient, mit Liebe und Vergebung loszulassen. Ich bin gespannt auf das, was die Energie des neuen Monats zu bieten hat.

01. OKTOBER

Jeden Tag komme ich meinem Traumleben immer näher. Das Universum arbeitet in meinem Sinne.

02. OKTOBER

Ich nehme mir immer wieder Zeit für meine Träume, Wünsche und Visionen.

03. OKTOBER

Mein Leben ist jeden Tag schöner und besser. Ich habe klare Ziele und behalte sie im Auge.

04. OKTOBER

Ich stehe kurz vor einem großen Durchbruch. All die harte Arbeit wird sich bald auszahlen.

05. OKTOBER

Ich ziehe jetzt unendlich viel Liebe an. Mein Leben ist voller Freude und Hoffnung.

06. OKTOBER

Ich setze mir Ziele und bin bereit, sie zu verfolgen. Ich werde eine großartige Woche haben.

07. OKTOBER

Ich vertraue darauf, dass die Dinge in mein Leben kommen, wenn ich sie brauche.

08. OKTOBER

Ich bin dankbar für die Möglichkeit, zu atmen, zu fühlen, zu erleben und zu lieben.

09. OKTOBER

Ich verspreche mir, mich persönlich weiterzuentwickeln und jeden Tag mehr und mehr zu wachsen.

10. OKTOBER

Ich bin ein unglaubliches Wunder und habe das Glück, gerade jetzt hier zu sein.

11. OKTOBER

Ich bin mit der grenzenlosen
Fülle des Universums
verbunden.

12. OKTOBER

Ich bin voller Tatendrang und
konzentriere mich auf meinen Erfolg.
Ich erreiche jedes meiner Ziele.

13. OKTOBER

Ich entscheide mich jetzt dafür,
lebendig zu sein und wirklich zu leben.
Ich bin glücklich.

14. OKTOBER

Ich bin entschlossen,
in jedem Bereich meines
Lebens Erfolg zu haben.

15. OKTOBER

Liebe und Glück fließen mir von
allen Seiten leicht und mühelos zu.
Ich ziehe nur Gutes in mein Leben.

16. OKTOBER

Mit Dankbarkeit im Herzen
ziehe ich Reichtum und
Wohlstand in mein Leben.

17. OKTOBER

Ich bin genug. Ich darf sein,
wie ich bin. Ich akzeptiere
und liebe mich zutiefst.

18. OKTOBER

Jeden Tag geht es mir in jeder
Hinsicht besser und besser.
Ich werde immer glücklicher.

19. OKTOBER

Ich bin mitfühlend, freundlich
und geduldig mit mir selbst.
Ich darf sein, wie ich bin.

20. OKTOBER

Ich bin überragend in allem,
was ich tue, und der
Erfolg fällt mir leicht.

21. OKTOBER

Ich bin auf dem richtigen Weg.
Ich vertraue darauf, dass ich alles erlebe,
wofür ich bestimmt bin.

22. OKTOBER

Ich danke für ein Leben voller
Gesundheit, Reichtum und Glück.
Ich bin ein Magnet für Fülle.

23. OKTOBER

Freude durchströmt mich mit
jedem Atemzug. Ich bin überzeugt,
dass alle Dinge meinem Besten dienen.

24. OKTOBER

Ich verdiene es, mich selbst
in dem warmen Licht zu sehen,
in dem ich andere sehe.

25. OKTOBER

Ich umgebe mich mit Liebe
und Licht. Ich bin jeden Tag dankbar
und positiv.

26. OKTOBER

Das Universum segnet mich
mit einer klaren Sicht auf den Weg,
der vor mir liegt.

27. OKTOBER

Ich bin großartig. Ich bin ein
göttlicher Ausdruck des Lebens.
Das Universum meint es gut mit mir.

28. OKTOBER

Ich akzeptiere bereitwillig
Veränderungen und befreie mich
von Schmerz und Kampf.

29. OKTOBER

Ich ziehe immer erfolgreiche
Menschen an, die mich verstehen
und ermutigen.

30. OKTOBER

Ich überwinde alle Herausforderungen. Alles entwickelt sich zu meinem Besten.

31. OKTOBER

In allen finanziellen Angelegenheiten treffe ich intuitiv die richtigen Entscheidungen.

NOVEMBER

Ich ziehe alles an, was ich mir wünsche. Alles Gute wird mit Leichtigkeit und Fülle in mein Leben fließen. Ich bin mit der Energie der Quelle verbunden. Alles, was ich suche, werde ich finden. Ich glaube an mich. Wer ich jetzt bin, ist nur ein Bruchteil dessen, was ich werde. Ich werde von der göttlichen Energie beschützt und geführt.

Ich bin bereit für einen erstaunlichen Monat. Jeden Tag werde ich aufgeschlossen, positiv, ruhig und entspannt bleiben. Ich vertraue darauf, dass das Universum mir alles gibt, was ich in diesem Monat brauche und noch mehr. Ich bin perfekt ausgerichtet, um alles zu empfangen, was ich mir wünsche.

01. NOVEMBER

Ich erblühe in Schönheit,
Liebe, Freude, Frieden und
Wohlstand im Garten des Lebens.

02. NOVEMBER

Ich öffne mich für die Quelle
der universellen Lebensenergie.
Ich bin mit allem verbunden.

03. NOVEMBER

Ich weiß, dass ich jederzeit geliebt,
geführt und beschützt bin.
Alles ist gut.

04. NOVEMBER

Ich liebe, wer ich bin, und ich ziehe Menschen an, die mich als Individuum respektieren.

05. NOVEMBER

Ich habe eine Fülle wertvoller Fertigkeiten, Kenntnisse und Talente.

06. NOVEMBER

Ich bin dankbar für alles,
was ich bis jetzt erreicht habe.
Das Universum sorgt für mich.

07. NOVEMBER

Ich umgebe mich mit liebevoller
Unterstützung. Ich stehe zu mir
und meiner Entwicklung.

08. NOVEMBER

Indem ich erfolgreich bin,
schaffe ich neue Erfolg und
Möglichkeiten für andere.

09. NOVEMBER

Ich entscheide, was ich in meinem
Leben wirklich schätze und liebe.
Ich darf ich selbst sein.

10. NOVEMBER

Ich manifestiere alles,
was mit meinem Höheren Selbst
in Einklang steht.

11. NOVEMBER

Ich nehme dankbar an und
gebe freizügig und vergrößere
damit meinen Erfolg.

12. NOVEMBER

Ich bin grenzenlose Energie.
Ich kann alles erreichen,
was ich mir vornehme.

13. NOVEMBER

Ich schließe das Buch der Vergangenheit und begrüße einen neuen Anfang.

14. NOVEMBER

Ich lasse alte, negative Glaubenssätze los, die meinem Erfolg im Weg standen.

15. NOVEMBER

Ich lasse alle Ängste und
Zweifel aus meinem Sein los.
Mein Glaube ist stark.

16. NOVEMBER

Ich glaube an mich selbst.
Ich liebe, wer ich als Person bin.
Ich darf sein, wer ich bin.

17. NOVEMBER

Ich wachse ständig und
entwickle mich zu einem
besseren Menschen.

18. NOVEMBER

Ich bin SchöpferIn meiner Realität
und habe die Macht, das Leben
meiner Träume zu manifestieren.

19. NOVEMBER

Ich arbeite mit faszinierenden,
inspirierenden Menschen zusammen,
die meine Begeisterung teilen.

20. NOVEMBER

Ich habe Vertrauen und Zuversicht,
dass die Dinge in die richtige
Richtung gehen.

21. NOVEMBER

Ich bin immer aufgeschlossen
und begierig darauf,
neue Abenteuer zu erleben.

22. NOVEMBER

Ich bin mächtig. Ich habe
die Fähigkeit, mir ein besseres
Leben für mich vorzustellen.

23. NOVEMBER

Ich bin jetzt bereit, die Veränderungen,
die ich mir für mich wünsche,
anzunehmen.

24. NOVEMBER

Heute wird ein wunderbarer Tag.
Ich bin bereit, diesen Tag mit einer
positiven Einstellung anzugehen.

25. NOVEMBER

Ich bin voller Energie und
strahle Glück aus. Ich bin von
positiven Gedanken umgeben.

26. NOVEMBER

Ich entscheide mich für eine
gesunde Routine, die in mir
Begeisterung auslöst.

27. NOVEMBER

Ich verdiene es, mich selbst
gut und liebevoll
zu behandeln.

28. NOVEMBER

Heute widme ich mich
der Aufgabe, das zu erschaffen,
was ich wirklich erleben will.

29. NOVEMBER

Das Universum hat große
Pläne für mich und es ist Zeit für mich,
sie umzusetzen.

30. NOVEMBER

Ich mache die Welt zu einem
besseren Ort, indem ich einen positiven
und starken Einfluss ausübe.

DEZEMBER

Ich bin dankbar für all die wunderbaren Dinge, die dieser Monat hervorbringt. Ich habe die Macht, meine ideale Realität zu gestalten. Ich mache weiterhin Fortschritte auf dem Weg zu meinen Zielen und Träumen. Ich lasse jeglichen Stress los und heiße Glück und Motivation willkommen, um den neuen Monat zu genießen.

Neue und aufregende Möglichkeiten tun sich für mich auf. Ich bin mit meinem Ziel im Einklang und bewege mich in die richtige Richtung. Ich treffe immer wieder neue Menschen, die mir helfen können, mich zu erheben und mich auf meinem Weg zu begleiten. Meine Zukunft ist hell und voller Erfolg in allen Formen. Mein Leben ist schön.

01. DEZEMBER

Ich bin lebendig und voller Kraft.
Ich bin voller Lebensenergie und
freue mich auf die Zukunft.

02. DEZEMBER

Ich danke für den wunderbaren
finanziellen Reichtum, der sich in
meinem Leben manifestiert.

03. DEZEMBER

Ich bin kraftvoll und präsent
in meinem eigenen Leben.
Ich bin mehr als genug.

04. DEZEMBER

Ich bin mit guter Gesundheit
und einem wunderbaren
Leben gesegnet.

05. DEZEMBER

Ich bin in der Lage,
die Grenzen meiner
Komfortzone zu erweitern.

06. DEZEMBER

Wenn ich mir die Zeit nehme,
mein Leben zu betrachten, finde ich
viele Gründe, glücklich zu sein.

07. DEZEMBER

Ich entscheide mich, geduldig zu sein.
Ich entscheide mich,
dem Prozess zu vertrauen.

08. DEZEMBER

Ich wachse täglich. Ich bin genug.
Ich werde zu der Person,
die ich sein soll.

09. DEZEMBER

Ich liebe mein Leben.
Ich liebe die wunderbaren Menschen,
die mich überall umgeben.

10. DEZEMBER

Ich bin voller Kraft und
Lebensfreude. Jeder neue Tag
bedeutet Freude und Wachstum.

11. DEZEMBER

Ich bin von mir selbst überzeugt.
Ich weiß in meinem Innersten,
dass ich zu Großem bestimmt bin.

12. DEZEMBER

Mein inneres Selbst ist stark,
mein Herz ist treu und
meine Liebe ist bedingungslos.

13. DEZEMBER

Ich bin da, wo ich bin,
weil mein früheres Ich an
die Zukunft geglaubt hat.

14. DEZEMBER

Ich bin unendlich dankbar,
dass ich das Leben erschaffen kann,
das ich mir wünsche.

15. DEZEMBER

Ich bin in mir selbst verwurzelt.
Ich bin Frieden. Ich bin Liebe.
Ich bin Harmonie.

16. DEZEMBER

Ich bin in vollkommenen
Frieden mit meinem Geist,
meinem Körper und meiner Seele.

17. DEZEMBER

Mein höheres Selbst lenkt mich
in die richtige Richtung.
Ich vertraue dem Universum.

18. DEZEMBER

Ich bin zufrieden mit all
meinen Errungenschaften.
Ich bin mutig und ich bin freundlich.

19. DEZEMBER

Ich freue mich auf meine Reise
des Wachstums. Ich vertraue darauf,
wo ich gerade bin.

20. DEZEMBER

Ich bin dankbar für die Möglichkeit,
zu lernen und zu wachsen.
Ich bin so dankbar für mein Leben.

21. DEZEMBER

Wenn ich mehr Fülle in mein Leben lasse, öffnen sich mehr Türen für mich.

22. DEZEMBER

Ich genieße meine finanzielle Freiheit. Ich lebe in einem Universum der Fülle.

23. DEZEMBER

Ich bin von einer großen Menge Magie erfüllt. Ich bin meiner Selbstliebe würdig.

24. DEZEMBER

Das Universum ist gefüllt mit
endlosen Möglichkeiten für mich
und meine Karriere.

25. DEZEMBER

Ich liebe und ehre alles,
was ich erschaffe. Ich schätze alles,
was ich habe und bin.

26. DEZEMBER

Ich lasse die Vergangenheit
los und lebe nur noch
in der Gegenwart.

27. DEZEMBER

Ich biete Hilfe und
Unterstützung an, wann immer ich
dazu in der Lage bin.

28. DEZEMBER

Ich fühle mich vollständig.
Ich weiß, dass ich zu jeder Zeit
geliebt und beschützt bin.

29. DEZEMBER

Es geht mir jeden Tag besser
und besser. Ich vertraue in meine
Fähigkeiten und Erfahrung.

30. DEZEMBER

Ich habe die Möglichkeit,
das Leben meiner Träume zu leben.
Ich bin im Hier und Jetzt.

31. DEZEMBER

Jeder Tag ist eine neue Gelegenheit
für mich, meinem Traumleben einen
Schritt näher zu kommen.

NACHWORT

Liebe Leserin, lieber Leser,

ob Familie, Beruf oder Finanzen: Die Affirmationen in diesem Buch berühren fast alle Lebensbereiche. Sicher haben Sie sich in vielen Affirmationen wiedererkannt und konnten neue Überzeugungen aufnehmen. Ich wünsche Ihnen, dass ihre Hoffnungen und Ziele nach der Lektüre dieses Buches leicht und schnell in Erfüllung gehen.

Wenn Sie bei der ein oder anderen Affirmation das Gefühl hatten, dass sie nicht ganz auf Ihre Situation zutrifft, dann kann ich Sie nur ermutigen, selbst kreativ zu werden: Nehmen Sie die Tagesaffirmationen als Inspirationsquelle und verfassen sie Ihre ganz eigene. Wenn Sie sich konsequent und über mehrere Wochen mit Ihren neuen Glaubenssätzen befassen, dann werden Sie schon bald positive Ergebnisse sehen.

Für mich hat es sich bewährt, gesprochene Affirmationen auch als Audiodateien anzuhören. Die akustische Aufnahme der neuen Glaubenssätze erlaubt es uns, mehr Fokus auf unsere Gefühle und die Visualisierung des gewünschten Ziels zu richten. Mit dem ***Positive Affirmationen Podcast*** haben auch Sie die Möglichkeit, kostenlos gesprochene Affirmationen zu genießen. Schon jetzt gibt es über 50 Folgen mit wichtigen Herzensthemen. Hören Sie doch einmal rein unter: www.highenergymind.com/podcast

Wenn Sie auch von visuellen Reizen angesprochen werden, dann kann ich Ihnen die ***Affirmation der Woche*** ans Herz legen. Jeden Sonntag versende ich ein liebevoll gestaltetes Affirmationsbild per E-Mail. Es ist perfekt als Hintergrundbild für Ihr Smartphone geeignet und erinnert Sie mit jedem Blick aufs Display an Ihre eigene Stärke.

Melden Sie sich jetzt an auf www.affirmationderwoche.de

Philipp Hausser

11:11
Montag, 19. Juli
Alles geschieht zu meinem Besten.
Affirmation der Woche
Perfekt fürs Smartphone geeignet.
Jetzt kostenlos anmelden auf
www.affirmationderwoche.de

Das Werk ist urheberrechtlich geschützt. Alle Rechte vorbehalten. Das Werk darf – auch teilweise – nur mit Genehmigung des Verlags wiedergegeben werden.

Sollte diese Publikation Links auf Webseiten Dritter enthalten, so übernehmen wir für deren Inhalte keine Haftung, da wir uns diese nicht zu eigen machen, sondern lediglich auf deren Stand zum Zeitpunkt der Erstveröffentlichung verweisen.

Über den Autor

Philipp Hausser ist Gründer von High Energy Mind. An der Grenze zwischen Neurowissenschaft und positiver Psychologie tritt er seit Jahren für ein modernes, aufgeklärtes Bild von Spiritualität ein. Seine Publikationen über Websites, Social Media, Podcasts und Newsletter erreichen jeden Monat ein Millionen Publikum.

Für Fragen und Anregungen

publishing@highenergymind.com
www.highenergymind.com

Printed in Poland
by Amazon Fulfillment
Poland Sp. z o.o., Wrocław

27324840R00114

Kiersten White
AMAZEMENT PARK

W0296524

Kiersten White

AMAZEMENT PARK

Roman

Aus dem amerikanischen Englisch
von Kerstin Fricke

PIPER

Entdecke die Welt der Piper Fantasy:
PiperFantasy.de

Wenn Ihnen dieser Roman gefallen hat, schreiben Sie uns unter Nennung des Titels »Amazement Park« an *empfehlungen@piper.de*, und wir empfehlen Ihnen gerne vergleichbare Bücher.

Inhalte fremder Webseiten, auf die in diesem Buch (etwa durch Links) hingewiesen wird, macht sich der Verlag nicht zu eigen. Eine Haftung dafür übernimmt der Verlag nicht.

Wir behalten uns eine Nutzung des Werks für Text und Data Mining im Sinne von § 44 b UrhG vor.

Unser Versprechen für mehr Nachhaltigkeit
Klimaneutrales Produkt
FSC®-zertifiziertes Papier
Hergestellt in Europa

FSC
www.fsc.org
MIX
Papier | Fördert gute Waldnutzung
FSC® C083411

Deutsche Erstausgabe
ISBN 978-3-492-70639-1
© Kiersten Brazier 2022
Titel der amerikanischen Originalausgabe:
»Hide« bei Del Rey, New York, 2022
© Piper Verlag GmbH, München 2023
Redaktion: Catherine Beck
Satz: Satz für Satz, Wangen im Allgäu
Gesetzt aus der Meridien
Druck und Bindung: CPI Books GmbH, Leck
Printed in the EU

An die jüngsten Generationen,
denen wir die Aufgabe übertragen haben,
uns alle zu retten:
Diese Last hätte nicht
auf euren Schultern landen sollen.
Es tut mir so leid.

DER AMAZEMENT PARK wurde 1953 eröffnet.

»Verliert euch im Spaß!«, warben die Poster, und genau so war es: Menschenmengen strömten morgens durch die Tore und taumelten erst wieder heraus, als die Sonne bereits untergegangen war und die Scheinwerfer am Ausgang sie hinausgeleiteten. Es gab keine Karten und keine Übersichtspläne. Dieser Park sollte einen verschlucken. Das Gelände war dicht bewachsen, die Bäume ragten hoch in den Himmel. In Formen geschnittene Hecken säumten jede Mauer und jeden Pfad und ließen alles nur noch wundersamer wirken. Achterbahnen, Schaukeln, Karussells, Spiele, diverse Attraktionen, die zum Lachen oder Gruseln einluden – doch das Haus in der Mitte war stets wegen Renovierung geschlossen.

Der Park hatte von Mitte Mai bis Anfang September geöffnet. *Nur Weiße* stand in den ersten Jahren auf den Schildern, wurde jedoch nur noch angedeutet, als man so etwas nicht mehr offiziell sagen durfte. Alle sieben Jahre konnte man den Park eine Woche lang kostenfrei besuchen. Die Tore standen weit offen, und die Sommerwanderarbeiter und entfernten Verwandten der wohlhabenden Stadtbewohner, die normalerweise zu arm waren, um sich etwas leisten zu können, das allein der Unterhaltung diente, strömten staunend herbei. Es gab keine Ticketverkäufe, keine Zutrittsbegrenzungen, nur einen herrlich vollen Park.

1974 beschloss ein bedeutender Geschäftsmann aus dem Hinterland, den Park während der kostenfreien Woche zu besuchen. Er kam nicht auf Einladung, dachte jedoch darüber nach, zu investieren, da einem seiner entfernten Verwandten der Park gehörte. Nun wollte er sich die Attraktionen zum ersten Mal mit eigenen Augen ansehen und reiste mit seiner Frau und den beiden Kindern an, um dort Urlaub zu machen.

Seine fünfjährige Tochter verschwand spurlos.

Einer der Saisonarbeiter wurde bezichtigt, sie ermordet zu haben, und verhaftet, aber die negative Publicity hinterließ einen Makel, der sich nicht mehr tilgen ließ. Daraufhin wurde der Amazement Park geschlossen.

Irgendwann wuchs ebenso Gras über die Gerüchte, wie die Natur nach und nach Gebäude, Fahrgeschäfte und Achterbahnen überwucherte. Was nicht zerfiel, verrostete, was nicht rostete, verbog sich, und was sich nicht verbog, sackte unter dem Gewicht des Efeus und aufgrund der ausbleibenden Wartung in sich zusammen.

Irgendwo in der Nähe des Zentrums – wo das Haus stand, das immer geschlossen war und zu dem aufgrund des seltsamen Grundrisses des Parks nur wenige Besucher gelangten – hatte sich ein Schuh in den unteren Ästen verhakt. Da niemand den Baum schnitt, wuchs er immer höher, bis sich der Schuh auf Augenhöhe befand.

Er bestand aus Kunstleder, das im Laufe der Zeit unter dem Wetter litt, ausblich und Risse bekam. Der Schuh hatte die perfekte Größe für den Fuß eines fünfjährigen Kindes.

MAN BRAUCHT GELD, *um Geld zu verdienen,* hatte ihr Dad immer gesagt.

Außerdem hatte er mal gesagt *Komm raus, komm raus, wo immer du bist* und dabei das Messer an der Wand entlanggezogen, als sollte das Geräusch die letzten keuchenden Atemzüge ihrer Schwester untermalen. Möglicherweise hatte sich Mack das Keuchen aber auch nur eingebildet. Wer konnte das jetzt noch sagen?

Sie auf jeden Fall nicht, und selbst wenn, hätte sie es nicht getan.

Auch im Augenblick sagt sie nichts, sondern sitzt der Managerin schweigend gegenüber. Das Meeting ist obligatorisch, eine Bedingung für den Aufenthalt in der Obdachlosenunterkunft, obwohl sie schon seit einigen Monaten hier ist und das hier ihr erstes Mal ist.

»Jetzt kommen Sie schon, Mackenzie. Helfen Sie mir, Ihnen zu helfen.« Das Lächeln der Frau sieht ebenso aufgemalt aus wie die Schatten ihrer Wangenknochen und ihre Augenbrauen und ist ebenso kunstvoll. Trotz Macks Schweigen verändert sich ihre Miene kein bisschen. Das ist beeindruckend. Übt sie das zu Hause in ihrem dunklen, stillen Schlafzimmer, indem sie immer wieder die Mundwinkel hochzieht und dabei darauf achtet, dass die Augen unbeteiligt bleiben?

Die Managerin faltet die Hände, ihre Fingernägel sind dunkelrot lackiert. »Ich werde ganz ehrlich zu Ihnen sein.

Hier wird sich demnächst einiges ändern. Ich glaube daran, dass wir jenen helfen können, die bereit sind, sich selbst zu helfen. In diesen Unterkünften herrscht Stillstand – es gibt keine Hoffnung, keinen Fortschritt. Wie sollen wir in einer Gesellschaft ohne Fortschritt leben können?«

Ihre Stimme klingt lebhaft, aber weder die ausgedrückten Gefühle noch das Lächeln erreichen ihre Augen. Sie sind ausdruckslos. Als wären sie hinter irgendetwas verborgen. Mack spürt eine seltsame Verbundenheit mit dieser Frau, zusammen mit einer instinktiven Vorsicht. Allerdings ist sie anderer Meinung. Der Sinn dieser Unterkunft ist nicht etwa Fortschritt, sondern dass die Menschen eine *Unterkunft* haben.

»Ich habe mir Ihre Akte angesehen.« Die Frau deutet auf einen unbeschrifteten Aktenordner auf dem Tisch.

Mack vermutet, dass er leer ist. Sie hofft es jedenfalls.

»Sie sind hier gelandet, weil Sie Pech hatten. Das verstehe ich. Sie hatten kein soziales Sicherheitsnetz, das Sie auffangen konnte. Ein paar Monate ohne Job, Sie konnten keine Miete mehr zahlen, und es ist sehr schwer, aus diesem Loch wieder rauszukommen. Aber Sie müssen Ihr Leben in den Griff bekommen. Tun Sie etwas für die Menschheit. Dazu brauchen Sie nur ein bisschen Glück.«

»Glück wäre, wenn es in den Spendenboxen öfter Tampons gäbe.« Macks Stimme klingt leise und trocken, weil sie sie so selten benutzt.

Die Frau merkt auf, in ihren Augen funkelt es triumphierend. Mack hätte den Mund halten sollen. Schon hält die Frau einen Briefumschlag hoch. »Zufälligerweise kam das Glück per Post. Was Sie daraus machen, liegt ganz bei Ihnen. Im Augenblick ist es eher eine Gelegenheit. Und ich würde behaupten, dass sie perfekt auf Sie zugeschnitten ist.«

Mack hat in ihrem ganzen Leben noch nichts Perfektes

erlebt. *Perfekt* kommt ihr vor wie ein Fremdwort, steif und unangenehm. Aber vielleicht ist es ja ein Job. Ein bisschen Geld, um sich wieder vorzeigbar zu machen, und dann hätte sie wirklich eine Chance. Solange sie nicht nachhaken. Oder zu genau hinsehen. Dann könnte es funktionieren.

Sie nimmt den Zettel, den ihr die Frau über den Schreibtisch zuschiebt. Das Papier ist dick. Es fühlt sich teuer an. Auf einmal ist sich Mack ihrer Hände bewusst – ihrer abgekauten Fingernägel, der glänzenden verbrannten Handflächen, der zerfetzten Nagelhäute. Wenn sie den Zettel loslässt, bleibt dann ein Fleck zurück? An diesem Tiefpunkt ihres Lebens ist es gar nicht so leicht, sich wegen irgendetwas zu schämen, doch dieser Gedanke setzt ihr zu.

Sie macht sich solche Sorgen darüber, einen Fingerabdruck zu hinterlassen – einen, der bei diesem imaginären Vorstellungsgespräch gegen sie verwendet werden kann –, dass sie einige Sekunden braucht, um zu verarbeiten, was sie da liest.

»Ist das ein Witz?«, flüstert sie.

Das Lächeln der Frau verblasst nicht. »Mir ist bewusst, dass es wie einer klingt, aber ich kann Ihnen versichern, dass das Angebot echt ist.«

»Wer hat Ihnen davon erzählt?«

Endlich entspannt die Frau ihre Wangenmuskeln und zieht die Augenbrauen zusammen. »Wie meinen Sie das? Wer hat mir wovon erzählt? Dass dies ein seriöses Angebot ist?«

Von mir, denkt Mack. *Wer hat Ihnen von mir erzählt?* Aber die Verwirrung der Frau kann nicht gespielt sein. Oder doch? Wenn sie sich ein Gesicht aufmalen kann, dann vielleicht auch Gefühle? Mack lässt den Brief sinken. Es bleiben keine Fingerabdrücke auf dem Papier zurück. Doch die Worte hinterlassen Flecken in ihrem Kopf.

»Warum zeigen Sie das mir?« Mack weiß, wie verloren und verängstigt sie klingt, aber das lässt sich nun mal nicht ändern. »Wieso ausgerechnet mir?«

Die Frau lacht auf, nur ganz kurz und abschätzig. »Ich weiß selbst, wie albern das klingt. Das ›Eckstein, Eckstein, alles muss versteckt sein‹-Versteckspielturnier. Das ist ein Kinderspiel, um Himmels willen. Aber dadurch könnten Sie fünfzigtausend Dollar gewinnen, Mackenzie. Mit so viel Geld lässt sich in der Welt einiges bewegen. Sie sind jung. Sie sind intelligent. Sie sind keine Diebin und auch nicht drogenabhängig. Eigentlich dürften Sie gar nicht hier sein.«

Niemand sollte hier sein, und doch sind sie es alle.

Die Frau beugt sich angespannt vor. »Es wird vom Sportunternehmen *Eck Extreme Sports* durchgeführt. Ich kann ein gutes Wort für Sie einlegen, damit Sie auf die Teilnehmerliste kommen. Es gibt natürlich keine Garantie dafür, dass Sie gewinnen, aber … ich denke, Sie haben das Zeug dazu. Dabei geht es letzten Endes vor allem um Ausdauer. Außerdem machen Sie auf mich den Eindruck, als könnten Sie sich sehr gut verstecken.«

Macks Stuhlbeine schaben über den Boden, was sie beide erschreckt. Aber Mack kann sich jetzt nicht in diesem Raum aufhalten, kann nicht nachdenken, nicht, wenn man sie so ansieht. Nicht, wenn sie *wahrgenommen* wird. Die Frau weiß rein gar nichts über Macks Vergangenheit, trotzdem scheint sie irgendetwas zu *wissen*.

»Kann ich darüber nachdenken«, erwidert Mack. Es ist keine Frage.

»Selbstverständlich. Sagen Sie mir einfach bis morgen Bescheid. Wenn Sie nicht mitmachen möchten, findet sich garantiert jemand anderes. Das ist sehr viel Geld, Mackenzie, noch dazu für ein albernes Spiel!« Abermals lacht die Frau. »Ich würde ja selbst daran teilnehmen, aber ich halte nicht mal zwanzig Minuten aus, ohne dass ich pinkeln muss.« Sie wartet darauf, dass Mack in ihr Lachen einstimmt.

Als Mack durch die Tür hinaushuscht, ohne auch nur einen Ton von sich zu geben, wartet sie noch immer.

Alles in der Unterkunft wurde so gestaltet, dass man ständig daran erinnert wird, dass einem nichts gehört. Es gibt keine Spinde. Keine Nischen. Keine Schränke. Keine Schlafzimmer. In einem nichtssagenden eckigen Raum, dessen Decke so hoch ist, dass in den Dachbalken ein Vogel nistet, stehen Pritschen. Auf jeder liegt die gleiche kratzige Decke auf dem gleichen weißen Bettlaken. Die Reihen zwischen den Pritschen müssen stets sauber gehalten werden. Niemand darf zwei Nächte hintereinander auf derselben Pritsche schlafen. Alles, was nicht um neun Uhr früh weggeräumt ist, wird konfisziert und rausgeworfen, daher dürfen sie ihre wenigen Habseligkeiten nicht einmal auf der Pritsche, die nicht die ihre ist, aufbewahren.

Wenn alle Pritschen besetzt sind, ist Mack so gut wie unsichtbar. Sie ist klein. Sie ist ruhig. Aber nun fühlt es sich an, als wäre ein Scheinwerfer auf sie gerichtet. Alle anderen sind längst aufgebrochen. Einige gehen der Arbeit nach, die sie gefunden haben. Manche sitzen draußen auf dem Bürgersteig, bis man sie um 16 Uhr wieder reinlässt. Was der Rest macht, weiß keiner so genau. Mack fragt nicht. Mack erzählt auch nichts, denn sie geht an einen Ort, von dem die anderen nichts erfahren sollen.

Verborgen hinter einer halbhohen Wand, umgeben vom erstickenden Geruch verbrennenden Staubs zischt und rumpelt ein alter Wasserboiler. Sie hat ständig glänzende Verbrennungen an den Händen, weil sie auf den heißen Boiler klettert und sich zwischen den Wänden nach oben stemmt.

Dem Vogel in den Dachbalken hat sie den Namen Bert gegeben. Er baut sich dort oben aus allem, was er findet, Abfall und sogar Haare, ein Nest. Aber wofür baut er es? Wie soll er einen Partner finden und Eier legen? Wird er nicht für immer allein dort oben leben, sicher und geschützt im staubigen Halbdunkel? Mack liegt den ganzen Tag auf dem Bauch, drei Dachbalken neben Bert, und existiert einfach nur. Sie ist so geduldig und leer wie das Nest. Und sobald es 16 Uhr ist, klettert sie wieder runter und schließt sich der müden Menge an, um sich eine Pritsche zu sichern, die nie die ihre sein wird.

Dort oben an ihrem Platz neben dem Vogel kann sie denken; da ist sie sicher und verborgen. Aber sie hat bis morgen Zeit, um sich zu entscheiden. Vielleicht denkt sie bis dahin einfach gar nicht.

Sie bleibt wie angewurzelt stehen.

Alle Pritschen wurden abgezogen. Auch die, auf der sie letzte Nacht geschlafen hat. Die, auf der noch ihr Bündel lag, das sie nicht mit zu der obligatorischen Besprechung nehmen durfte. Aus *Sicherheitsgründen*.

Ihr Bündel ist weg, und somit besitzt sie nur noch das, was sie am Leibe trägt. Jetzt kann sie nicht mal mehr ihre Kleidung waschen, ohne nackt vor dem Waschbecken stehen zu müssen. In welcher öffentlichen Toilette wird man ihr das schon erlauben? Man wird sie bemerken. Man wird sie sehen.

Sie weiß, dass sie die Frauen, die für die Unterkunft verantwortlich sind, gar nicht erst bitten muss, ihr das Bündel zurückzugeben. Sie werden es nicht tun und sie nur als Unruhestifterin bezeichnen. Ihre Zeit hier ist zu Ende. Weniger als das bisschen Sicherheit, das sie bisher hatte, erträgt sie nicht. Sie weiß, wie das ist und was es einen kostet.

Eckstein, Eckstein, alles muss versteckt sein. Aber manchmal reicht versteckt sein einfach nicht.

Im Büro sitzt das Lächeln der blonden Frau noch immer wie angegossen, als hätte sie nur auf Macks Rückkehr gewartet. Als hätte sie damit gerechnet.

»Okay«, flüstert Mack. »Ich mach's.« *Komm raus, komm raus, wo immer du bist,* trällert er in ihrem Kopf.

Doch das wird sie nicht tun. Sie wird gewinnen.

Schließlich hängt ihr Leben diesmal nicht davon ab.

VIERZEHN TEILNEHMER. SIEBEN TAGE. Die Liste steht. Sämtliche Vorbereitungen für die Lieferungen in den Park sind getroffen – Lebensmittel, Benzin für den Generator, Decken und Pritschen und was sonst noch alles benötigt wird. Vorräte für das Team außerhalb des Parks stehen bereit. Handy-Störsender. Filme und Bücher für die lange Wartezeit. Hochdruckreiniger für das unausweichliche Ende.

Die Liste wird zusammen mit den Fotos verteilt. Jeder soll sie sich einprägen. Nur wenige tun es. Die Teilnehmer werden nebeneinander an die Wand von *Ray's Diner* geheftet. Niemand soll auf den Gewinner wetten – das ist strikt gegen die Regeln –, aber das hält sie nicht davon ab, eine Rangliste zu erstellen, Voraussagen zu treffen, einen Favoriten auszuwählen. Die Teilnehmer lassen sich in zwei Gruppen aufteilen.

Eine besteht aus den Ehrgeizigen:

Die Fitness-Influencerin
Der Graffitikünstler
Die YouTuberin mit eigener Prank-Show
Der App-Entwickler/Housesitter
Die Schmuckdesignerin/Hundeausführerin
Der begeisterte CrossFit-Trainer
Die Schauspielerin mit heftigen Lebensmittelallergien

Die anderen wirken eher festgefahren:

Der Schriftsteller mit starkem Menschenhass
Der Junge, der gleichzeitig verbannt und verloren ist
Der freundlichste Tankwart in Pocatello, Idaho
Die Veteranin
Der Solaranlagenverkäufer
Die ewige Praktikantin
Und Mack, die ein Niemand ist, wenn es nach ihr geht

Siebzehn Stunden in drei verschiedenen Bussen und zu guter Letzt in einem Minivan, und irgendwann wird Mack mitten im Nirgendwo abgesetzt. Sie fragt sich manchmal, was anonymer ist: eine Großstadt mit so vielen Menschen, dass keiner mehr den anderen wahrnimmt, oder ein leerer Landstrich, in dem niemand lebt. Als sie aus dem Van in eine Staubwolke tritt und von niemandem empfangen wird, tippt sie eher auf Ersteres. Sie kann gefühlt kilometerweit sehen, und zwar in jede Richtung, in die die Straße führt. Was wiederum bedeutet, dass man sie ebenfalls sehen kann.

Wird man ihr wohl ein Busticket spendieren, wenn sie nicht gewinnt? Oder sitzt sie dann hier fest? Sie hat nicht die leiseste Ahnung, wo *hier* überhaupt ist oder in welchem Staat sie sich gerade befindet. Es ist auf eine wilde Art und Weise grün, und sie sieht hohe Bäume und hört das Summen von Insekten. Das Land wirkt flach, doch weiter als bis zu den Bäumen kann sie nicht sehen.

Sie lässt sich am Straßenrand nieder und umklammert die Reisetasche mit dem *Eck Extreme Sports*-Aufdruck, die man ihr gegeben hat. Darin befinden sich sieben T-Shirts und vier Hosen, alle in unterschiedlichen Schwarztönen. Neu, aber trotzdem irgendwie ausgeblichen. Sie fühlen sich vertraut an.

Außerdem ist da noch eine Kulturtasche, für die Mack

sehr dankbar ist. Die Müsliriegel und die Wasserflasche haben kaum die ersten der siebzehn Stunden, die sie für die Anreise benötigt hat, überlebt. Wer Hunger hat, muss was essen. Es wäre doch sinnlos gewesen, mit wenig auszukommen, wo sie doch zur Abwechslung mal den Luxus eines vollen Bauchs genießen konnte.

Nach einer Stunde steigert sich ihre Unruhe und scheint ihr den Brustkorb zuzuschnüren. Niemand ist aufgetaucht. Die Bäume ragen hinter ihr auf. Die leere Straße erstreckt sich vor ihr.

Hat das Spiel bereits angefangen? Hat sie längst verloren?

Es könnte schlimmer sein. Sie ist sehr weit von allem entfernt, was sie kennt, und hat Kleidung zum Wechseln. Zahnpasta, eine Zahnbürste, Deodorant, einen Kamm. Eine robuste Tasche. Im Grunde ist sie jetzt schon weiter als zuvor.

Das Protestieren eines oftmals misshandelten Autos dringt schon lange, bevor sie den weiteren Van sehen kann, an ihre Ohren. Sie hat resigniert. Entweder will man sie abholen – *gefunden!* – oder man bringt sie zum eigentlichen Spiel.

Der Wagen spuckt drei Leute aus und fährt dann einfach weiter die unendliche Straße entlang. Zwei Frauen und einen Mann. Eigentlich eher einen Jungen, schätzt Mack. Er kann nicht viel älter sein als sie, und er ist viel größer, aber etwas – seine jungenhafte Frisur, sein rundes Gesicht, das langärmlige Oberhemd, das in die schlecht sitzende marineblaue Stoffhose gestopft wurde – lässt sie vermuten, dass er von jemand anderem angezogen wurde.

Eine der Frauen scheint sich mit dem Auge einer Künstlerin fürs Detail gestylt zu haben. Sie ist ebenso Make-up und Haarprodukte wie Mensch, und Mack staunt über diese visuelle Perfektion. Es fällt ihr beinahe schwer, sie anzusehen. Die andere Frau trägt ein schwarzes Tanktop über einer ausgebeulten Cargohose und humpelt leicht, während sie von der Straße zu Mack herübergeht.

Die humpelnde Frau, deren kurz geschorene Haare ihre großen, dunklen Augen betonen, betrachtet Mack schamlos. Die schöne Frau nimmt Mack überhaupt nicht zur Kenntnis. Sie starrt mit finsterer Miene auf ihr Handy und hält es noch höher, als hätte sie dann besseren Empfang. Und der Junge blickt überallhin, nur nicht zu den Frauen in seiner Nähe. Ein feiner Schweißfilm bedeckt seine Stirn, und er hat feuchte Flecken unter den Achseln. Für sie sieht er aus, als wollte er nur von hier weg.

Jemand hat noch größere Angst als Mack. Das ist beruhigend.

»Verdammte Scheiße, hier hat man wirklich keinen Empfang«, schimpft die schöne Frau schließlich und umklammert ihr Handy wie eine Art Talisman. »Aber das Licht ist ohnehin zu grell.« Zum ersten Mal sieht sie Mack an, die sich noch weiter von der Straße entfernt hat und nun fast an der Baumgrenze steht. »Haben die dir irgendwas erzählt?«

Mack schüttelt den Kopf. Als der Van sie an der Bushaltestelle eingesammelt hat, wollte der Fahrer nur wissen: »Eckstein?« Er hatte sogar nachgefragt, doch sie hatte ihm nur eine gemurmelte Antwort gegeben und dann so getan, als wäre sie eingeschlafen.

»Ava«, sagt die Frau mit dem Buzz Cut.

»Was?«, faucht die Schöne.

»Ava.«

Die Schöne wirft beide Hände in die Luft. »Was?«

Die andere Frau zieht eine Augenbraue hoch, und man sieht ihr an, dass ihr gleich der Geduldsfaden reißt. »Wir haben uns im Wagen nicht unterhalten, daher stelle ich mich jetzt vor. Ich bin Ava. Und du heißt …?«

Endlich entspannt sich die Schöne und lacht schnaubend auf. »Gott, entschuldige, aber ich werde immer so zickig, wenn ich Hunger habe. Ich heiße ebenfalls Ava, darum war ich so verwirrt.«

»Möge die beste Ava gewinnen, Ava zwei.« Als Buzz-Cut-Ava schief grinst, bekommt sie Grübchen, in denen man sich verlaufen könnte.

»Das habe ich vor.« Die schöne Ava klingt jedoch eher amüsiert als gehässig. Sie zieht sich zwischen die Bäume zurück und schießt mehrere Selfies. Buzz-Cut-Ava sieht Mack erwartungsvoll an.

»Mack.« Mack nennt ihren Namen, als wäre er ein vollständiger Satz, und hofft, dass er als solcher akzeptiert wird.

Buzz-Cut-Ava setzt sich auf den Boden, streckt lässig ein Bein aus und positioniert das andere mit den Händen. »Freut mich, dich kennenzulernen, Mack. Ich hoffe, ich werde dich finden, aber das ist nichts Persönliches.«

Dann deutete sie mit dem Kinn auf den Jungen, der die Straße überquert hat und auf der anderen Seite entschlossen den Kopf von ihnen abwendet. Er hat die Schultern hochgezogen, und seine Haltung lässt weniger auf Anspannung, sondern vielmehr auf Kapitulation schließen. Jetzt schon.

»Das ist LeGrand. Er wurde zur selben Zeit wie ich und vor Ava zwei aufgelesen. Als ich die Jacke ausgezogen habe, hat er sich so ruckartig abgewandt, dass ich schon befürchtete, er bricht sich den Hals. Der arme Junge hat schreckliche Angst vor Frauen. Das könnte ihm einen Vorteil verschaffen. Er versucht derart inständig, uns nicht ansehen zu müssen, dass er vermutlich nie aus seinem Versteck rauskommt.«

»Wahrscheinlich ist er schwul.« Die schöne Ava setzt sich neben ihre Namensvetterin auf den Boden. Die Schöne ist schlank und knochig, die andere ist kräftiger und wirkt stark. Mark bewundert den Schwung ihrer

Schultern und ihre robuste Mitte und beneidet sie darum. Ihr Aussehen ist auf eine andere Art herausfordernd als das der schönen Ava, wenngleich beide Aufmerksamkeit erregen.

Macks Haare sind so kurz geschnitten, dass sie sowohl als Mann als auch als Frau durchgeht. Sie trägt übergroße T-Shirts und ausgebeulte Hosen, steckt die Hände in die Taschen, schiebt die Schultern vor und verbirgt ihre Brüste. Die beiden Avas verstecken nichts.

Mack geht davon aus, dass sie beide schlagen wird.

»Er ist nicht schwul«, erklärt Buzz-Cut-Ava, zupft einen langen Grashalm aus und hält ihn sich an den Mund. Sie pustet dagegen, doch es ist kein Ton zu hören. »Wenn er so viel Angst vor der Haut einer Frau hat, dann muss er interessiert sein.« Sie lehnt sich zurück und mustert Mack mit zusammengekniffenen Augen. »Was ist deine Geschichte?« In der Art, wie sie eine kecke Augenbraue hochzieht, schwingt gleichermaßen etwas Verspieltes und Abschätzendes mit.

Keiner dieser Menschen ist Macks Freund. Sie hat keine Freunde. Und sie wird auch nie welche haben. Sie kann nett und freundlich tun und leise antworten, um Buzz-Cut-Ava zufriedenzustellen, aber sie entscheidet sich für eine andere Taktik.

»Verpiss dich«, erwidert Mack.

Die schöne Ava runzelt die Stirn und wirkt gekränkt. Die Miene von Buzz-Cut-Ava verändert sich, allerdings wirkt sie weder in die Ecke gedrängt noch wütend. »Cool.« Sie wendet sich wieder der Straße zu.

Mack zieht sich noch weiter in den Schatten zurück, wo sich ihr die beiden Avas trotz ihrer Abfuhr anschließen. Die Sonne knallt gnadenlos auf sie herab, ebenso gnadenlos wie die Insekten, die um sie herumschwirren. Nach einer oder zwei Stunden hält der nächste Van neben ihnen. Die schöne Ava läuft hin, um den Fahrer zu begrüßen, doch es ist wie beim letzten Mal: Er wurde nur angeheuert, um hier jemanden abzusetzen.

Im Laufe des Tages treffen noch drei weitere Vans ein, bis schließlich vierzehn Personen neben der Straße warten. Sie scheinen alle im selben Alter zu sein, Mitte zwanzig plus oder minus ein paar Jährchen.

Inzwischen ist Mack gelassener geworden. Bei so vielen Menschen – von denen mehrere verzweifelt versuchen, ihre Dominanz zu demonstrieren und bemerkt zu werden, indem sie laut reden und lachen – fällt sie kaum noch auf. Nur Buzz-Cut-Ava starrt sie weiterhin unverfroren an und zwinkert ihr jedes Mal zu, wenn sie dabei ertappt wird.

Als der letzte Van weggefahren ist, starren alle wartend die Straße entlang.

Fünf Stunden später hat sich die Stimmung drastisch verändert. Alle sind durchgeschwitzt. Es gibt keine andere Sitzgelegenheit als den Boden. Die Handys funktionieren nicht. Keiner hat etwas zu essen oder Wasser dabei – doch ein äußerst muskulöser Mann bietet stündlich mehr Geld für etwas zu essen. Eine der Frauen, eine Brünette, die mit ihrem strahlenden weißen Lächeln aussieht, als wäre sie einer Zahnpastawerbung entsprungen, weint. Mehrere Leute schwören, online vernichtende Bewertungen über das Erlebte zu hinterlassen. Mehrere Männer schlagen vor, weiter die Straße entlang bis zur nächsten Stadt zu gehen, doch die Furcht, den Wettbewerb dadurch zu verpassen, hält sie davon ab. Alle sind gereizt und wütend. Außer LeGrand, der auf Distanz bleibt und vollkommen verloren wirkt, Buzz-Cut-Ava, die mit ihren Armen als Kopfkissen ein Nickerchen macht, und Mack, die weiß, dass sie noch zwei volle Tage hungern kann, bevor sie nicht mehr funktionstüchtig ist. Der Ansatz eines Lächelns umspielt ihre Lippen.

Sie kann das hier gewinnen.

Als der Himmel sich langsam rot und lila zu färben beginnt wie ein blauer Fleck, trifft ein Bus ein. Entschuldigungen werden zusammen mit Wasserflaschen und Sandwiches ausgehändigt. Ihre Gastgeberin, eine Frau, die die mittleren Jahre längst hinter sich gelassen hat, einen pastellfarbenen Hosenanzug trägt und deren Haare der Schwerkraft zu trotzen scheinen, freut sich derart aufrichtig, sie zu sehen, dass man ihr den Planungsschlamassel schnell verzeiht. Ein Nachmittag, wo vom Vormittag hätte die Rede sein sollen, verschwundene E-Mails, kein Empfang, eine Litanei an Ausreden, die mit Kalorien und Flüssigkeitszufuhr verabreicht wird … Allerdings werden ihr einige Frauen wohl nie vergeben, dass sie in den Wald pinkeln mussten.

Die Frau verspricht eine baldige Erklärung. Aber sie haben noch eine lange Fahrt vor sich, und wenn sie alle vielleicht schnell, schnell, schnell in den Bus einsteigen könnten, denn es gibt noch so viel zu besprechen, so viel vorzubereiten, eine ach so aufregende Woche liegt vor ihnen!

Wasser wird heruntergestürzt, das Essen verschlungen, man macht Witze. Die Toilette im Bus wird dankbar und ausgiebig genutzt.

Alle nehmen Platz, wobei die Teilnehmer eine erste Sortierung vornehmen. LeGrand sitzt allein. Die schöne Ava nimmt Mack gar nicht mehr zur Kenntnis und konzentriert sich auf Leute ihres Niveaus. Buzz-Cut-Ava folgt Mack in die Busmitte und setzt sich neben sie, ohne zu fragen. Das ist ein Problem. Mack will unsichtbar sein, will unterschätzt werden, will verschwinden. Immerhin geht es hier um ein Versteckspiel.

Es wird Nacht. Der Bus fährt los. Vierzehn von der

Hitze erschöpfte und wieder mit Flüssigkeit versorgte Leute wackeln nahezu im Einklang mit den Köpfen.

Es werden keine Instruktionen erteilt. Alle sind längst eingeschlafen.

Während sie schlafen, ein kleiner Überblick.

Die Hundemarken von Buzz-Cut-Ava fallen aus ihrem Tanktop. Eine gehört ihr. Die andere nicht. Ihr Kopf rutscht auf Macks Schulter. Macks Kopf ruht an Avas weichem Haarflaum. So viel Körperkontakt haben beide seit Jahren nicht mehr erlebt. Sie verschlafen ihn.

Die schöne Ava, das angehende Instagram-Model, hat den schönen Jaden entdeckt, den angehenden CrossFit-Studiobesitzer. Sie hat keine Sponsoren und er kein Fitnessstudio, doch beide sprudeln über vor Hoffnung und Versprechungen. Der Kopf der schönen Ava ist gegen die Fensterscheibe gesackt. Sie schnarcht und wäre entsetzt, wenn sie wüsste, dass ihr das in der Öffentlichkeit passiert ist, doch außer ihrem Fahrer und der Gastgeberin ist keiner mehr wach, um es zu hören. Der Fahrer richtet den Blick mit grimmiger Entschlossenheit auf die Straße. Die Gastgeberin schlendert durch den Gang und berührt die Stirnen der Männer und Frauen federleicht, als würde sie einen Segen verteilen.

Dabei übersieht sie jedoch LeGrand, der ganz hinten sitzt, verloren und allein, selbst inmitten von Menschen. Das ist nicht seine Welt, und er weiß nicht, wie er darin existieren soll. Nichts, rein gar nichts ergibt Sinn. Er träumt davon, Gemüse auszugraben, seine Finger tun weh, und er buddelt tiefer, immer tiefer, und findet nichts, obwohl er weiß, dass er etwas finden müsste, dass er nach etwas suchen sollte, aber er kann nichts anderes tun, als im Dunkeln weiter im Dreck zu wühlen. Er sucht nicht nach Gemüse. Er hebt ein Grab aus, und es tut weh, und er hat Schmerzen und schreckliche Angst, weil er weiß, wessen Grab es ist.

Ian hat ein Notizbuch auf dem Schoß. Der dazugehörige Stift, das Teuerste, was er besitzt, ist auf den Boden gefallen. Er wird es jedoch erst merken, wenn er aus dem Bus ausgestiegen ist und ihn für immer verloren hat. Wie soll er ohne Stift schreiben? Zugegeben, auch mit Stift hat er noch nichts geschrieben, aber er wird fest davon überzeugt sein, dass ihn nur der verschwundene Stift vom Schreiben abhält. Er ist hier, um sich inspirieren zu lassen. Und wegen des Geldes. Ein bisschen Geld, ein bisschen Sicherheit, und schon kann er den großen amerikanischen Roman schreiben.

Brandon sieht im Schlaf freundlich aus. Die Art, wie er völlig aufrecht sitzend schlummert, als wäre er bereit, im nächsten Moment zu Diensten zu sein, falls er gebraucht würde, hat etwas Wohltuendes und Hilfsbereites. Was auch immer noch passieren mag, er hatte schon jetzt eine tolle Zeit und wird mit jedem Ergebnis zufrieden sein. Offen gesagt weiß er nicht mal, was er mit dem Geld anstellen soll, falls er gewinnen sollte. Er kann sich schlichtweg nicht vorstellen, irgendjemanden zu schlagen. Es kommt ihm unbedeutend vor, nach dem Sieg zu streben, fast schon gemein. Denn wenn er gewinnt, verlieren dreizehn andere. Für ihn ist das hier ein Abenteuer. Eine Urlaubsreise. Er hat keinen Tag mehr freigehabt, seit er mit vierzehn bei der Tankstelle eingestellt wurde. Aber jetzt wartet Grammy nicht mehr auf ihn. Seit ihrem Tod fühlt er sich ein bisschen verloren. Alles, was er sich wünscht, ist ein Abenteuer.

Sein Sitznachbar ist in sich zusammengesackt und sitzt schon seit Stunden mit wackelndem Kopf da. An seinen Händen sind noch immer Farbreste, da er an der letzten Bushaltestelle seinen Graffiti-Tag hinterlassen musste. Er ist auch bereit, dem Wettbewerb sein Zeichen aufzudrücken, und hofft darauf, hier etwas zu schaffen, das ihm zurück in die Welt folgt. Denn er wird der nächste Banksy sein. *Nein.* Er wird der erste Atrius sein. (Sein richtiger Name lautet Kyle, doch er hasst ihn und alles, was Kyle war und werden könnte. Dummerweise hat er Atreus jedoch falsch geschrieben, daher teilt er sich die Chance, im Internet gefunden zu werden, mit einer Krankenkasse. Was für ein Markenversagen für jemanden, der so entschlossen ist, außerhalb von Marken zu existieren.)

Christian ist mit einem Lächeln auf den Lippen eingeschlafen, insgeheim jedoch verzweifelt. Hier scheint keiner ein guter Kontakt zu sein. Seine Vorstellung, hier mögliche Geschäftsbeziehungen aufzubauen, erscheinen ihm inzwischen ebenso unrealistisch wie seine Chancen, diesen dämlichen Wettbewerb zu gewinnen. Vielleicht lernt er ja wenigstens jemanden von Eck Extreme Sports kennen. Jedes Unternehmen braucht einen guten Verkäufer. Wenn er noch mal an eine Tür klopfen und lächelnd fragen muss, ob Interesse an einer Solaranlage besteht …

YouTuberin Sydney und App-Entwickler Logan fanden im Wald sofort die richtige Wellenlänge, wie es Christian auch nur zu gern getan hätte. Sie planen bereits eine gemeinsame App, die auf Sydneys noch in den Kinderschuhen steckender Prank-Show basiert. Einen nationalen Prank-Wettbewerb. Das wird eine große Sache. Sie strahlen sogar im Schlaf und sind sich ihrer imaginären großartigen Zukunft gewiss. Abendessen mit Musk, Wohltätigkeitsveranstaltungen mit Gates, Partnerschaften mit Frye Technologies und so viele furchtbare Pranks, um das zu erreichen.

Rebecca hat sich genau ausgerechnet, wie viel es kosten wird, von Körbchengröße A auf C aufzustocken. Sie vermutet, dass C reicht. Der Agent, mit dem sie sich getroffen hat, meinte, sie hätte Potenzial, bräuchte jedoch etwas mehr Oberweite, um interessant zu sein. Sie weiß jedoch bis heute nicht, ob er von beruflichem oder privatem Interesse gesprochen hat. C ist der Buchstabe, der sie ihren Träumen näherbringt, und fünfzigtausend Dollar entsprechen ziemlich genau der Summe, die sie braucht. Sie drückt sich beim Schlafen die Handtasche voller Epi-Pen-Injektoren an die Brust, als wäre es eine Sicherheitsdecke.

Rosiee möchte einfach nur ein bisschen Schmuck verkaufen. Nur einmal. Nur, um zu beweisen, dass sie keine Versagerin ist, wie ihre Mutter ihr prophezeit hat. Aber als Silberschmiedin braucht man Silber, und um Silber zu kaufen, benötigt man Geld. Sie versteckt sich schon seit vier Jahren vor ihrem Ex, da kann sie sich auch problemlos eine Woche lang hier verstecken. Ihr Ohr ist derart mit Schmuck behangen, dass er gegen die Fensterscheibe klimpert, an der ihr Kopf lehnt. Der Blick der Gastgeberin wandert über die Schlange, die sich um Rosiees Handgelenk schlängelt. Wirklich hübsch. Sie hat tatsächlich Talent.

Im vorderen Teil des Busses sitzt Isabella, die ewige Praktikantin. Sie hat schon in mehr Firmen Praktika gemacht, als sie zählen kann. Jetzt will sie auch die Führungsriege von Eck kennenlernen. Sie braucht ein Gehalt. Himmel noch eins, sie braucht eine Zahnversicherung. Mit fünfzigtausend Dollar kann sie nicht mal ihren immensen Studienkredit zurückzahlen. Mit dem unfassbar teuren Abschluss hat sie bisher noch keinen Job gefunden. Sie knirscht selbst im Schlaf mit den Zähnen.

Der Bus holpert durch die Nacht wie durch einen Tunnel und trägt vierzehn verzweifelte Träumer wie in einem Kokon durch die Welt.

VIERZEHN MÜDE AUGENPAARE werden geöffnet. Alle glauben, sie wären aufgewacht, weil der Bus angehalten hat.

Aber da irren sie sich. Der Bus steht schon seit Stunden hier. Während sie schliefen, kam ein halbes Dutzend Leute herein, überprüfte die Namen und Fotos und hakte sie auf einer Liste ab. Die pastellfarbene Frau schwebte erneut im Gang auf und ab und presste segnend die Finger an jede Stirn, bevor sie sich den anderen vor dem Bus anschloss. Sie besteht auf dieses Ritual, diese Formalität, und alle senken die Köpfe und schweigen eine Minute lang. Einige scharren mit den Füßen und können es kaum erwarten, wieder zu verschwinden. Manche verdrehen die Augen. Nur sehr wenige schließen in inniger Dankbarkeit die Lider. Danach sind sie fertig und verschwinden, um letzte Vorbereitungen zu treffen, ihre Posten einzunehmen oder sich bis zum nächsten Treffen in ihre Häuser einzuschließen, ehe es endlich vorbei ist.

Ohne jegliche Hinweise auf ihre Besucher regen sich die Buspassagiere. Unverzüglich werden elf Handys aus Hosen- oder Handtaschen geholt. »Kein Empfang?«, fragt Isabella und wird immer panischer. Was ist, wenn ein Jobangebot eingetrudelt ist? Wenn einer ihrer zahllosen verschickten Lebensläufe als interessant gekennzeichnet wurde? Wenn sich jemand auf LinkedIn mit ihr vernetzen möchte? Noch nie hat jemand inständiger und verzweifelter auf eine E-Mail gehofft als Isabella.

»Bei welchem Provider bist du?« Jaden schlingt die Arme um die Sitzlehne, weil er seinen Bizeps so am besten zur Geltung bringen kann. Früher hat er so etwas immer absichtlich gemacht, inzwischen ist es ihm ins Blut übergegangen. Er hat sich und seinen Körper bis zur Perfektion trainiert.

»Bei Verizon.«

»T-Mobile geht auch nicht.«

»AT&T ist auch tot«, schaltet sich die schöne Ava mit finsterer Miene ein. »Nicht mal die App von Eck Extreme Sports, die wir runterladen sollten, funktioniert. Dabei wollte ich eigentlich gleich auf Insta live gehen.«

»Und was ist mit der Verschwiegenheitserklärung?«, wirft Isabella ein.

»Ich hatte selbstverständlich nicht vor, irgendwelche Details zu erwähnen.« Die schöne Ava verzieht das Gesicht.

»Ja, das war die krasseste Verschwiegenheitserklärung, die ich je gesehen habe!«, sagt Jaden.

Die meisten anderen lachen und nicken, waren jedoch in Wirklichkeit noch nie an etwas derart Wichtigem beteiligt, dass sie eine solche Erklärung hätten unterschreiben müssen. Doch das würden sie alle niemals zugeben.

»Ich hab vier Balken«, erklärt Sydney, was ihr diverse verlangende – wenn nicht gar verzweifelte – Blicke einbringt. »Ha, verarscht!« Sie zuckt zusammen, sobald ihr die Worte über die Lippen gekommen sind. Für ihre YouTube-Show braucht sie eindeutig einen besseren Slogan. Außerdem hassen die anderen, die sich wieder auf ihre Sitze sinken lassen, sie jetzt. Selbst Logan rückt von ihr ab. So viel zu ihrer genialen App-Partnerschaft. Im grellen Morgenlicht kommt ihr das Ganze gar nicht mehr so wahrscheinlich vor.

»Hat echt keiner von euch Empfang?« Rebecca geht auf leicht wackligen Beinen durch den Gang und presst ihre Handtasche mit den EpiPen sorgsam an sich.

Alle halten ihre wertlosen Handys hoch. Rebecca bleibt neben Mack und Ava stehen, die beide kein Handy herausgeholt haben. Ava reißt die Augen weit auf, und ihr olivfarbenes Gesicht wirkt recht blass.

»Handys?«

Mack schüttelt den Kopf. Rebecca interpretiert es so, dass Mack ebenfalls keinen Empfang hat, und kommt gar nicht auf die Idee, Mack könnte kein Handy besitzen.

»Was ist mit dir?«, will Rebecca von Ava wissen. »Hast du Empfang?«

»Lass mich verdammt noch mal in Ruhe«, murmelt Ava, ohne aufzublicken. Ava war bisher so ruhig und fröhlich. Dieser Sinneswandel macht Mack nervös. Rebecca geht weiter, um LeGrand zu wecken, der nur so tut, als würde er schlafen. Er hat ebenfalls kein Handy. Alle um ihn herum sind von dieser Vorstellung bis ins Mark erschüttert. Sie legen die Hände fester um ihre Geräte, die nun nichts weiter als teure Kameras sind.

Ava reibt sich über den Kopf mit den kurz geschorenen Haaren. Mack begreift, dass Ava für sie nur noch *Ava* und nicht mehr Buzz-Cut-Ava ist. In Macks Weltanschauung stellt sie die entscheidende Ava dar. Als Mack – noch vor Ava – aufgewacht ist, ruhte Avas Kopf auf ihrer Schulter. Das sanfte Kribbeln von Avas kurzen Haaren auf Macks Haut hat sie an einen Welpen erinnert. Ebenso erschreckender- wie bestürzenderweise war Mack ein wenig traurig, als Ava auf einmal aufwachte und sich aufsetzte.

»Hast du geschlafen?« Avas Frage klingt bedeutsamer, als sie sollte.

Mack nickt. Sie kann überall schlafen. Sie hat auch geschlafen, als er der Sache endlich ein Ende bereitet hat. Sie hat es nicht gehört. Die Polizei war schon seit Stunden vor Ort gewesen, als sie endlich aufwachte und ihr Versteck verließ. Der Schlaf war schon immer ihre Zuflucht und ihr größter Trost gewesen. Die Albträume stellen sich eher ein, wenn sie wach ist.

»Ich schlafe nicht in der Öffentlichkeit.« Ava blickt sich beunruhigt um. »Nicht in Flugzeugen, nicht in Bussen und auch an keinem anderen Ort, an dem ich nicht weiß, wer sich in meiner Nähe aufhält, und an dem ich mich nicht sicher fühle.« Sie hatte das Nickerchen am Vortag nur vorgetäuscht und während dieser Zeit die Unterhaltungen um sich herum belauscht und die Konkurrenz eingeschätzt.

Als Mack mit Avas Kopf auf ihrer Schulter aufgewacht war, hatte sie sich sicher gefühlt. Zu Unrecht? »Es war ein langer Tag«, hauchte Mack mehr, als dass sie es sagte.

»Ich bin beim Reisen schon ganze vier Tage ohne Schlaf ausgekommen.« Ava verkrampft die Kiefermuskeln und lockert sie wieder. Sie schaut in den vorderen Teil des Busses, in dem weder der Fahrer noch die Gastgeberin zu sehen ist. Dann greift sie in ihre Tasche und tastet auf dem Boden herum. »Wo ist deine Wasserflasche von gestern?«

Mack überprüft ihr Gepäck. Die Flasche ist nicht mehr da. Sie schüttelt den Kopf, und ein Teil von Avas Unruhe geht auf sie über.

»Hey!«, ruft Ava und steht auf. »Seid ihr alle letzte Nacht eingeschlafen? Oder ist irgendjemand wach geblieben?« Alle schütteln den Kopf. »Weiß irgendwer, wo wir sind?«

»Die Frage kann ich beantworten!« Ihre Gastgeberin steigt wieder ein und strahlt sie ebenso an wie die Morgensonne.

Ava lehnt sich stirnrunzelnd zurück. »Vierzehn Menschen, und keiner ist wach geblieben.«

»Vielleicht hast du dich ja sicher gefühlt?«, flüstert

Mack. Ihre Schulter ist an der Stelle, an der eben noch Avas Kopf ruhte, ganz kalt.

»Hast du dich denn sicher gefühlt?«

Mack sieht aus dem Fenster. Das hatte sie in der Tat, zumindest in den wenigen Sekunden des Aufwachens. Und zwar zum ersten Mal seit sehr langer Zeit. Doch das Gefühl ist jetzt verschwunden, und es beruhte auf Einseitigkeit, was sie noch trauriger macht.

»Willkommen im schönen Städtchen Asterion! Es ist in gewisser Hinsicht ein technisches Wunder«. Ihre Gastgeberin kichert in sich hinein. »Eine von Natur aus handyfreie Zone! Überall hier findet sich ein bestimmtes Mineral im Boden – früher wurde es abgebaut. Es stört die Handysignale allerdings derart stark, dass die Unternehmen kapituliert haben. Daher werden Sie für die Dauer des Wettbewerbs leider keinen Handyempfang haben.«

»Was ist mit WLAN?«, erkundigt sich Rebecca, die Schauspielerin, die sich als ihre Anführerin aufspielt.

»Wir haben einige schöne, altmodische Münztelefone. Sie können sie heute Vormittag gern benutzen, während wir letzte Vorbereitungen treffen, bevor es in den Wettkampfbereich geht. Ein Anruf kostet fünfundzwanzig Cent, aber Ferngespräche sind teurer, daher sollten Sie vermutlich lieber die Vermittlung anrufen.«

»Wer muss denn heutzutage noch fürs Telefonieren bezahlen?« Rosiee spricht aus, was alle denken, während sie an einem ihrer schweren Silberarmbänder herumspielt.

»Wieso müssen wir eine App runterladen, die wir nicht mal benutzen können?«, grummelt die schöne Ava.

Als das Wort »App« fällt, merkt Logan auf. Die App wurde von Frye Technologies entwickelt, dem bedeutenden Unternehmen aus dem Silicon Valley, mit dem er sich den Nachnamen teilt. Es ist einer der Gründe, warum er in die App-Entwicklung gehen möchte. Er spürt schon jetzt eine Verbindung dahin und glaubt, es wäre sein Schicksal, ebenso erfolgreich zu sein.

Aber die Frau winkt nur ab. »Ach! Die App. Das hatte ich ja ganz vergessen. Sie brauchen sie für den Wettbewerb, also löschen Sie sie bloß nicht. Sie sammelt Informationen, gibt Feedback, all so was. Damit kenne ich mich nicht aus. Und es tut mir leid, dass Sie hier keinen Handyempfang haben – ich weiß ja, wie sehr Sie junge Leute Ihre Handys lieben! –, aber das gehört in der Tat zu den Punkten, die uns hierher nach Asterion geführt haben. Denken Sie bitte an die Verschwiegenheitserklärungen. Eck Extreme Sports nimmt dieses Thema sehr ernst. Das Turnier befindet sich noch in der Entwicklungsphase, daher müssen sie den Informationsfluss jederzeit steuern können. Es wird sogar in Betracht gezogen, das Konzept als Realityshow zu verkaufen.«

Die Hälfte der Teilnehmer merkt auf, als wären sie Hunde, die etwas gewittert haben. Die andere Hälfte sackt in sich zusammen wie Hunde, die jahrelang misshandelt wurden.

»Aber da ist natürlich noch nichts entschieden. Wir haben uns alle Rechte gesichert. Sie werden garantiert Hunger haben. Der *Star Diner* ist bereit und wartet nur auf Sie. Während Sie etwas essen, bringe ich Sie hinsichtlich des heutigen Tagesplans auf den neuesten Stand.«

Mack macht sich auf ihrem Platz ganz klein. Sie hat kein Bargeld dabei.

»Ich kann dich einladen«, sagt Ava. Anscheinend nimmt Ava Mack deutlicher wahr, als ihr lieb ist.

LeGrand räuspert sich. Seine Stimme ist ungewöhnlich tief, wenn man sein Babyface bedenkt, und die Art, wie er redet, gibt zu verstehen, dass er sich seiner Stimme bewusst ist und ihretwegen schämt. »Mir wurde … äh … mir wurde gesagt, dass Essen und Trinken gestellt werden?«

»Aber selbstverständlich, mein Bester.« Der Lippenstift der Gastgeberin prangt inzwischen auf ihren Schneidezähnen, sodass ihr Lächeln blutig aussieht. »Das Frühstück geht auf uns! Und all Ihre Mahlzeiten während des Wettbewerbs werden vor Ort gestellt. Nun, wo Sie hier sind, müssen Sie sich nur noch darum kümmern, nicht gefunden zu werden.«

LeGrand ist sichtlich erleichtert. Auch Mack ist froh. Sie will nicht mit leerem Bauch in den Wettbewerb einsteigen, und sie möchte auch niemandem etwas schuldig sein. Insbesondere nicht Ava.

»Komm raus, komm raus, wo immer du bist!«, trällert einer der Männer mit schriller Stimme.

Mack dreht sich der Magen um. Möglicherweise bekommt sie doch keinen Bissen herunter.

Ein Computer. Ein winziges Apartment in einer heruntergekommenen Stadt. Niemanden, mit dem sie reden muss, und nichts, was es zu tun gibt, außer den Rest ihres Lebens rumzukriegen. Das ist alles, was sie braucht. Sie kann das hier schaffen. Sie muss es tun.

Sie steigen aus dem Bus. Die Gastgeberin drückt jedem ein zusammengeschnürtes und laminiertes Paket in die Hand. »Wie heißen Sie?«, will Rebecca von ihr wissen und rutscht noch weiter in die Rolle der Anführerin. Sie besitzt diese Qualität, diese Extraportion Charisma, die sie von den anderen abhebt. Aus diesem Grund sieht jeder genauer hin und versucht herauszufinden, ob sie wirklich hübscher ist, als sie erscheint. Sie *benimmt* sich jedenfalls so. Vielleicht macht das den Unterschied.

Die schöne Ava rückt näher an sie heran, entfernt sich und tritt doch wieder näher. Sie dreht sich um und stellt den Blickkontakt zu Mack her. Dann verdreht sie die Augen, als würden sie eine sarkastische Unterhaltung führen.

Mack hat keine Ahnung, was sie ihr damit vermitteln will.

Die Gastgeberin lacht über Rebeccas Frage. »Ich bin Linda! Eigentlich wollte ich mich Ihnen schon gestern Abend vorstellen, aber Sie sind alle so schnell eingeschlafen, und ich wollte Sie nicht wecken.«

Ava stößt ein leises skeptisches Geräusch aus. Mack rückt bewusst von ihr ab und näher an die Gruppe heran. LeGrand ist dort. Er starrt mit alarmierter Miene in seinen Rucksack. Mack macht ihren auf.

Papierkram voller Juristenlatein. Sie überfliegt die Bedingungen. Die Wiederholung der Verschwiegenheitserklärung. Die Erlaubnis, sich filmen zu lassen. Die Freigabe ihrer Rechte am eigenen Bild. Zustimmungen zu Interviews, Presseerklärungen und Promoveranstaltungen nach dem Wettbewerb, falls der Veranstalter dies für angemessen erachtet.

Mack ist bereit, alles zu unterschreiben, was man ihr vorlegt. Danach wird sie das Geld einstecken und die Biege machen. Ihre Vergangenheit darf auf keinen Fall für all diesen Mist ausgeschlachtet werden. Aber mit fünfzigtausend Dollar kann sie untertauchen. Sie überfliegt das gute Dutzend mit Rechtssprache gefüllter Seiten, bis sie zur Zusammenfassung nebst Zeitplan gelangt. Der *Star Diner* steht für diesen Vormittag auf dem Plan, zusammen mit Anweisungen. Diese sind alle im Paket enthalten. *Großer Gott!* Sie werden dort rumsitzen müssen, während Linda ihnen das alles vorliest.

Ein Schwall heruntergekühlter Luft umfängt sie, als sie den Diner betreten. Brandon, der zwar seine Tankstelle, aber nie seine Komfortzone verlassen hat, hält allen lächelnd und nickend die Tür auf, was die meisten jedoch nicht mal zur Kenntnis nehmen. Rosiee, die über und über mit Schmuck behangene Frau, schenkt ihm ein Lächeln. Sein Grinsen wird breiter und schmalziger. So sieht es jedoch nicht mehr aus, als Mack an ihm vorbeihuscht. Vielmehr runzelt er leicht die Stirn und versucht, sie einzuordnen. Da LeGrand jedoch das Ende der Reihe bildet, lässt Brandon die Tür zufallen und sperrt sie somit in dem eisigen Diner ein, der dauerhaft nach Speck riecht. Als sich Mack später umzieht, kann sie den Geruch noch immer wahrnehmen, der sogar in ihrem BH festsitzt.

Mack sucht sich einen Tisch in der Mitte aus und verstaut ihre Tasche unter den Füßen. Keiner der anderen hat seine Sachen mitgenommen, nur die wandelnde Zahnpastawerbung umklammert weiterhin ihre Handtasche, als würde ihr Leben davon abhängen. Andererseits ist Mack vermutlich auch die Einzige, deren gesamter Besitz sich in dieser Reisetasche befindet.

Ein Mann mit dickem Bauch und noch dickeren Unterarmen, auf denen dichtes graues Haar prangt, das von seinem Kopf verschwunden ist, kommt aus der Küche und wischt sich die Hände an einer fettigen Schürze ab. »Hey-ho, sieh sich das einer an! Lasst mich raten: Ihr wollt auch glutenfreie Varianten. Wie wäre es mit einem tierversuchsfreien Avocadotoast aus frei laufender Haltung? Die Avocados wurden in einer Hippie-Kommune gezüchtet und jeden Abend in den Schlaf gesungen, und ihnen war verboten, sich mit Gluten auch nur anzufreunden.« Er lacht über seinen Witz.

Rebecca hebt höflich eine Hand. »Ich habe in der Tat Lebensmittelallergien …«

Der Mann winkt ab. »Das ist alles nur Einbildung. Eure Generation … Ganz im Ernst. Wisst ihr, wie viele Kinder zu meiner Zeit allergisch gegen Erdnüsse waren? Kein einziges! Aber heute sind alle so empfindlich. Sie reagieren auf dies und auf das. Lasst euch endlich Eier wachsen und lernt, wie Erwachsene zu essen.« Er liefert diese Rede so geschmeidig ab, als hätte er sie oft geprobt.

Rebeccas Lächeln verblasst nicht, und sie hat auch die Hand nicht sinken lassen. »Ich könnte wirklich sterben, wenn ich Nüsse oder Schalentiere esse oder irgendetwas, das damit in Kontakt gekommen ist.«

»Und doch stehen Sie hier und sind alles andere als tot!«

»Gary«, säuselt Linda. »Wir wissen über Rebeccas Allergien Bescheid. Für sie wurde ein spezielles Frühstück vorbereitet. Hast du das etwa vergessen? Frag Ray.«

Gary schürzt die unpassend vollen und roten Lippen und stößt ein Schnauben aus. »Ist ja schon gut. Muss noch jemand auf seine zimperlichen Eingeweide achten? Hm? Mir ist durchaus bewusst, wie schwer es ist, Mommys Keller zu verlassen und in der wirklichen Welt herumzulaufen.«

»Gary.«

Er hebt grinsend eine Hand. »War nur Spaß. Diese jungen Leute können doch wohl einen Witz erkennen, oder nicht?«

»Nur um das klarzustellen: Ich lebe in der Garage meiner Eltern, nicht in ihrem Keller«, merkt Jaden an.

Gary klopft ihm lachend auf die Schulter. »Der Junge gefällt mir. Habt ihr diese Muskeln gesehen? Wow!« Gary drückt Jadens Schulter und nickt. »Ich weiß, auf wen ich mein Geld setze.«

»Sie dürfen wetten?«, fragt die schöne Ava.

»Nein«, faucht Linda. Sie holt tief Luft und setzt ihr Lächeln wieder auf. »Nein, aber einige Einwohner dieser Stadt interessieren sich selbstverständlich für den Wettbewerb. Das ist das größte Event, das hier seit Jahren stattgefunden hat. Würden Sie jetzt bitte ihre Bestellungen aufnehmen, damit wir zum Wesentlichen kommen können?«

Gary brummelt vor sich hin. »Wir haben aus dem Nichts eine internationale Kette aufgebaut, ein globales Diner-Phänomen, aber bitte, gut, okay, nehme ich eure Bestellungen eben auf wie eine stinknormale Kellnerin.« Seine finstere Miene ist wie in sein Gesicht gemeißelt, doch er macht sich an die Arbeit.

»Hey, wer ist Ray Callas?«, will Brandon wissen und blickt von dem eingerahmten Magazinartikel über den Kleinstadt-Diner, der die Weltherrschaft übernommen hat, an der Wand auf. Ein anderer alter Mann, der gerade die Küche verlässt, bleibt stehen.

»Das bin ich«, antwortet er.

»Mein Dad heißt mit Nachnamen Callas. Was für ein Zufall! Vielleicht sind wir ja miteinander verwandt!« Brandon strahlt und scheint sich aufrichtig über diese Verbindung zu freuen, aber Ray schüttelt nur den Kopf.

»Nein.« Ohne weiteren Kommentar hilft Ray Gary dabei, Wassergläser und abgegriffene Speisekarten zu verteilen.

Mack bestellt Pancakes, Rührei mit Speck und Würstchen und Toast und Obst und einen Orangensaft.

Gary zieht eine buschige Augenbraue hoch. »Das nenne ich mal einen anständigen Appetit.« Er beugt sich ein wenig vor. »Bist du ein Junge oder ein Mädchen? Wie soll man das denn erkennen?« Er deutet auf ihren neutralen Haarschnitt und die weiten Klamotten.

»Niemand ist dazu verpflichtet, sich das Geschlecht auf die Stirn zu schreiben.« Ava lässt sich auf den Stuhl neben Mack sinken.

»O Gott, verschone mich vor Lesben mit eigener Meinung. Hat euch denn noch nie jemand gesagt, dass ihr nur den Richtigen finden müsst?« Garys Grinsen ist gleichzeitig raubtierhaft und aggressiv. »Wisst ihr, zu meiner Zeit haben wir nicht *beschlossen*, dass wir keine Lust auf Geschlecht, Ehe oder Fortpflanzung haben. Wir haben einfach akzeptiert, wie Gott uns geschaffen hat, ohne jedem in unserer Umgebung unsere Meinung aufzudrängen. Außerdem hatten wir Jobs, arbeiteten anständig und zogen bei unseren Eltern aus, als wir noch längst keine vierzig waren.«

»Das ist ja eine coole Geschichte, Mann«, meint Ava. »Erzählen Sie mir gleich noch, wie Sie jeden Tag bei Wind und Wetter dreißig Kilometer zu Fuß zur Schule gegangen sind, dass Sie keine sechsstelligen Schulden machen mussten, nur um studieren zu können, und dass Ihr erstes Haus weniger gekostet hat als ein Auto? Denn dann erzähle ich Ihnen, wie Ihre Generation die meine verarscht hat.«

Etwas Hartes und Kaltes stiehlt sich in sein Grinsen, und seine Sprechweise verändert sich, als er wiedergibt, was er auf Facebook gelesen hat. »Du beißt früh ins Gras, so viel steht fest. Erweise Älteren gefälligst Respekt. Ich bin Veteran.«

»Ich ebenfalls.« Ava lehnt sich auf dem Stuhl zurück und gähnt. »Ich nehme dasselbe wie sie, nur mit einem Schokomilchshake statt Orangensaft.«

Linda räuspert sich. Gary reißt ihnen die Speisekarten aus den Händen und geht weiter. An ihrem Tisch bleibt Linda stehen und legt ihnen beiden sanft eine Hand auf die Schulter. »Kümmert euch nicht weiter um Gary. Er meint es nur gut. Wir sind alle sehr froh, dass ihr hier seid.«

»Gary erinnert mich an meinen Grandpa«, sagt Ava, kaum dass Linda gegangen ist. »Und meinen Grandpa habe ich abgrundtief gehasst.«

Zu Macks Überraschung setzt sich auch die schöne Ava zu ihnen. Sie wirkt aufgebracht und blickt ständig zu Rebeccas voll besetztem Tisch hinüber. LeGrand steht ganz allein am Tresen und starrt das Paket stirnrunzelnd an. Er hat die ganze Zeit über auf dieselbe Seite geblickt. Der große, schlaksige Kerl mit dem freundlichen Gesicht bietet Ray an, ihm hinten zur Hand zu gehen, aber Ray winkt ab. Da gesellt sich der Schlaksige auch zu ihnen. Er sitzt kerzengerade und mit eifrigem Lächeln da.

»Hey! Ich bin Brandon. Seid ihr auch so aufgeregt?«, will er wissen.

Jetzt kennt Mack auch seinen Namen. Brandon, Ava, die schöne Ava, LeGrand. Sie beschließt, dass sie sich keinen weiteren Namen merken will. Der Großteil davon ist sowieso unbedeutend.

»Wegen des Frühstücks?«, fragt Ava.

Brandon lacht auf. »Nein, obwohl ich heilfroh bin, dass es Frühstück gibt. Ich übernehme normalerweise die Nachtschicht und habe seit Jahren nicht mehr richtig gefrühstückt! Aber nein. Ich meinte, wegen des Spiels. Das wird bestimmt lustig, denkt ihr nicht auch?«

Die schöne Ava setzt ein Lächeln auf, das unbeirrbar wirkt. Sie sitzt in perfekter Haltung da und sieht sich weiter um, betrachtet die Wände und die Ecken, in denen die Wände gegen die Decke stoßen.

»Wonach hältst du Ausschau?«, erkundigt sich Mack, die einfach nicht anders kann.

Die Art, wie die schöne Ava ihre Umgebung scannt, macht sie nervös und bringt sie auf den Gedanken, es gäbe da etwas, das sie ebenfalls finden müsse.

»Nach Kameras. Das wollen sie doch bestimmt auch alles festhalten, oder nicht?«

Mack zuckt zusammen und schließt sich der Suche an. Doch sie entdeckt nichts, das wie eine Kamera aussieht. »Noch haben wir die neuen Dokumente nicht unterschrieben«, merkt Ava an.

Die schöne Ava entspannt sich und sackt ein wenig in sich zusammen. Sie wirft Brandon einen kritischen Blick zu. Er sieht auf unscheinbare Weise angenehm aus. Nicht besonders attraktiv, aber auch nicht hässlich. Ein schmales Gesicht, schiefe Zähne, kleine, gütige Augen. An ihm ist rein gar nichts Bedrohliches. Sie beschließt, seine Frage zu beantworten, da es keine der anderen getan hat. Aber sie bleibt freundlich und flirtet nicht mit ihm. Er ist kein guter Verbündeter. »Ja, ich glaube auch, dass es großen Spaß machen wird!«

Mack und Ava geben keinen Kommentar ab. Es wäre Mack wie eine Lüge vorgekommen, Aufregung vorzutäuschen. Aber als Brandon sie erwartungsvoll mustert, fühlt sie sich schlecht und ringt sich ein schnelles Nicken ab.

»Ich gehe eher davon aus, dass es schrecklich wird«, erklärt Ava und greift nach unten, um ihr rechtes Bein zu verrücken.

Brandon lacht auf, als hätte sie einen Witz gemacht, und Ava lässt ihn in dem Glauben. Als das Frühstück serviert wird, reagiert Linda wie erwartet und macht sich daran, ihnen den gesamten Text aus ihrem Paket laut vorzulesen. Der einzige Trost ist, dass sie die rechtlichen Punkte am Anfang überspringt. Die liest ja ohnehin niemand.

Sobald Linda anfängt, den Plan vorzulesen, legt LeGrand seinen mit erleichtertem Seufzer beiseite und beugt sich vor, um ihr gebannt zuzuhören. Mack tut es nicht. Sie hat sich sämtliche relevanten Informationen längst eingeprägt, alles andere sind nur Details.

Vierzehn Teilnehmer.

Sieben Tage.

Ein dreißigminütiges Zeitfenster zu Beginn jeden Tages, um sich zu verstecken – und zwar ab Einbruch der Dämmerung.

Das Spiel wird fortgesetzt, bis es dunkel wird.

Abends verlassen alle ihre Verstecke und kehren ins Hauptlager zurück, um das Abendessen zu sich zu nehmen und sich schlafen zu legen.

»Bekommen wir Hütten zugewiesen? Wie sieht die Unterkunft genau aus?«, fragt Isabella. Der Freund einer Freundin hat ihr ein Apartment untervermietet, das sie sich mit zwei Mitbewohnern teilt, daher ist sie sehr erpicht darauf, etwas Größeres zu bekommen als den umgebauten Wandschrank, den sie dort als angebliches Schlafzimmer bekommen hat. Darüber hinaus muss sie durch ein Badezimmer laufen, um ihr Zimmer zu erreichen, was bedeutet, dass sie ihr Schlafzimmer nicht betreten oder verlassen kann, wenn einer ihrer Mitbewohner duscht oder auf der Toilette sitzt.

»Oh.« Linda schürzt die Lippen. »Es handelt sich eigentlich eher um einen Zeltplatz. Selbstverständlich gibt es Toiletten und Duschen sowie einen überdachten Pavillon mit Pritschen und Bettzeug. Auf diese Weise können wir Sie jeden Tag viel leichter hin und her transportieren, und Sie bekommen mehr Freizeit.«

»Pritschen?« Isabella hatte sich geirrt. Dies war keine Verbesserung. Wie in aller Welt sollte sie es so schaffen, jeden Tag vorzeigbar auszusehen? Dabei musste sie während des Wettbewerbs unbedingt einen Job an Land ziehen. »Wir schlafen im Freien?«

»Das ist leider Teil des Spiels.«

»Was ist mit der Verpflegung während des Tages?«, will Rebecca wissen. Sie beneidet Menschen, die sich nicht wegen allem, was sie zu sich nehmen, Gedanken machen müssen.

»Wir stellen Essenspakete bereit, die Sie mit in den Park nehmen können.«

»In den Park?« Ava setzt sich ruckartig auf. Das ist das erste Detail über den Wettbewerbsort, das sie erfahren.

Linda schlägt sich eine Hand vor den Mund. »Upsi! Vergessen Sie das ganz schnell wieder. Aber wir stellen jeden Morgen Vorräte bereit, aus denen Sie sich etwas zusammenstellen können.«

»Und wenn wir auf die Toilette müssen?«, fährt Rebecca fort. »Machen wir tagsüber auch Pausen?«

Linda räuspert sich. »Ich sagte ja bereits, dass wir Ihnen alles Notwendige zur Verfügung stellen, darunter auch verschließbare Gläser.«

»Ist schon scheiße, eine Frau zu sein.« Jaden und Logan stoßen lachend die Fäuste gegeneinander.

»Wir dürfen nicht mal Pinkelpausen machen?« Rebecca fummelt nervös an ihrem Silberarmband herum. Sie hatte schon häufiger mit Harnwegsinfektionen zu tun und will auf keinen Fall eine weitere riskieren.

»Leider nein. Das Spiel läuft von Sonnenaufgang bis zur Abenddämmerung. Wenn Sie aus irgendeinem Grund gefunden werden – sei es ein medizinischer Notfall, weil Sie auf die Toilette müssen oder Hunger bekommen, aus welchem Grund auch immer –, sind Sie raus. Ohne Ausnahme.«

Mack muss sich das Grinsen verkneifen, da die meisten anderen unruhig auf ihren Stühlen herumrutschen und miteinander tuscheln. Die vorsichtige Blondine aus der Unterkunft hatte recht gehabt, denn Mack trainierte inzwischen seit Jahren genau das. Bisher hatte sie nie Glück gehabt – oder sie ist der glücklichste Unglücksrabe auf der Welt, je nach Standpunkt –, aber vielleicht, nur vielleicht, wendet sich das Blatt gerade.

»Mackenzie Black?« Der muskulöse Kerl sieht sich suchend um.

Mack reagiert nicht. Ihr Teller ist so gut wie leer.

»Wieso kommt mir der Name so bekannt vor?«

Sie hätte auch die Rückseite lesen sollen. Dort werden alle Namen aufgeführt. Verdammt! Derartige Komplikationen haben ihr gerade noch gefehlt.

Die Zahnpastawerbung steht auf. Linda bespricht vor der Tür mit einigen Männern, die mit einem Lieferwagen gekommen sind, letzte Details. Gary ist glücklicherweise wieder in der Küche verschwunden. »Wir sollten uns einander vorstellen! Als wir gestern auf den Bus gewartet haben, konnte ich mich nicht mit allen unterhalten. Also, ich bin Rebecca Andrews und Schauspielerin. Ich mag lange Strandspaziergänge und alberne Wettbewerbe. Allerdings finde ich es offen gesagt bedauerlich, dass unsere Gruppe nicht diverser ist, was die …«, sie stutzt und scheint nach einem Wort zu suchen, wirkt dann sichtlich enttäuscht, dass sie nicht eloquenter ist und ihr nichts Besseres einfällt, »… um die Diversität unseres wunderschönen Landes widerzuspiegeln.«

Ava und Rosiee, die einzigen Menschen im Raum, die nicht weiß sind oder als weiß durchgehen, werfen sich einen leidgeprüften Blick zu, reagieren jedoch ansonsten nicht darauf. Mack kann es ihnen nicht verdenken. Es ist ja nicht so, als wollte Rebecca ihren Platz abgeben, damit jemand »Diverseres« die Chance auf den Sieg bekommen könnte.

Als Nächstes steht ein Mann auf, der ein Poloshirt mit der Stickerei eines Firmenlogos und eine Stoffhose trägt. Er sieht aus, als müsste er eigentlich ein Klemmbrett in der Hand halten. »Christian Berry. Solaranlagenverkäufer, daher sprecht mich ruhig an, wenn ihr ein Haus habt, und ich helfe euch weiter.« Er sieht sich erwartungsvoll um, aber niemand meldet sich.

So geht es weiter. Einige versuchen, ein oder zwei witzige Sprüche einfließen zu lassen, so wie es die Zahnpastawerbung getan hat. Andere nennen nur ihren Vor- und Nachnamen. Ein lässiger Typ, der trotz der Hitze Beanie und Hoodie trägt, sagt nur ein Wort.

»Atrius wie die Versicherung?«, hakt der Klemmbrettmann nach.

»Nein, wie der …« Er seufzt. »Ja, ich habe mich nach einer Krankenkasse benannt. Das ist sozusagen Gesellschaftskritik. Ich kann mich nicht krankenversichern, also werde ich eben zur Versicherung.«

Ava lacht auf. Atrius sieht sie dankbar an.

Ein blasser Kerl mit tief liegenden Augen – Mack weiß noch, dass er den ganzen Nachmittag über einem Notizbuch gehockt hat, ohne jedoch etwas zu schreiben – runzelt die Stirn und verschränkt die Arme. »Mir ist völlig schleierhaft, was das bringen soll. Wir sind keine Freunde. Wir sind hier, um alle anderen zu schlagen. Daher interessieren mich weder eure Namen noch eure Jobs oder eure Hoffnungen und Träume.«

»Ach, Ian, jetzt sei doch nicht so.« Brandon grinst. »Der Wettbewerb kann doch trotzdem Spaß machen, oder nicht?«

»Ich stimme Ian voll und ganz zu.« Ava zuckt mit den Achseln. »Ich wünsche euch zwar allen das Beste, hoffe aber auch, dass ihr verliert. Ich bin übrigens Ava.«

»Die *andere* Ava«, wird sie sofort von der schönen Ava korrigiert. *»Ich* bin Ava und …«

Der muskulöse Typ lehnt sich zurück und verschränkt die Arme. »Ich bin Jaden Harrell.«

»Wie dieser Spinner Brent Harrell?«, fällt ihm Ava ins Wort.

»Wer ist das?« Jaden runzelt die Stirn, und sein Bizeps zuckt.

»Der Supreme-Court-Richter, der am College Frauen belästigt hat und heute Entscheidungen für das ganze Land treffen darf.«

Jaden ist sichtlich genervt, dass ihn Ava unterbricht und auch noch etwas weiß, von dem er keine Ahnung hat, und verspannt sich. Dabei erinnert er an einen Hahn, der das Gefieder aufplustert, um angesichts einer Gefahr größer zu wirken. »Wen interessiert denn der Scheiß? Jedenfalls bin ich Jaden. Aber wer ist Mackenzie Black?«

»Mack?« Die schöne Ava wendet sich ihr zu. »Das bist du, oder?«

Mack hat ihren Teller geleert, steht auf und verlässt den Diner. Die Hitze begrüßt sie wie eine alte Freundin und legt sich wie eine Umarmung um sie. Linda winkt ihr strahlend zu, kommt jedoch nicht näher. Sie hakt Punkte auf einer Liste ab. Macks Tasche hängt ihr angenehm schwer über der Schulter.

Die Straße ist von sommergrünen Bäumen gesäumt, die alle aussehen, als wollten sie dem Idealbild eines Kleinstadtbaums entsprechen. Der Asphalt schimmert in perfektem Schwarz, und die Bürgersteige schlängeln sich wie Bäche zwischen den Bauminseln hindurch. Die Fassaden sämtlicher Gebäude sind gut erhalten und sauber. Helle Fensterläden, fröhliche Farben, dekorative Fenster. Das alles kommt ihr vor wie aus einem Film. Fast vermutet Mack, dass es hinter den Ladenfronten keine Häuser gibt, sondern nur Holzbalken, die die Fassaden stützen, präzise angebrachte Scheinwerfer und Tische für die Handwerker, was man jedoch nur sieht, wenn man die Straße entlanggeht.

»Das ist eine blühende Gemeinde«, sagt der Busfahrer. Er ist mittleren Alters, wirkt jedoch älter und lehnt sich an einen Baum, wobei er ein Sandwich isst, das ihm fast schon leidzutun scheint. »Eine gute Stadt. Eine sichere Stadt. Keine Verbrechen. Jeder hat einen Job. Sehr viele Unternehmen, die im ganzen Land neue Arbeitsplätze schaffen. Sogar in der ganzen Welt.«

»Darf ich wieder in den Bus steigen?«, fragt Mack.

Er nickt und starrt noch immer sein Sandwich an, statt sie eines Blickes zu würdigen. »Dafür lohnt es sich, zu kämpfen. Für solche Orte. Sie sind etwas Besonderes. Selten. Traditionen, verstehen Sie?«

Sie versteht es nicht und steigt wortlos ein.

»In welchem Staat sind wir eigentlich?«, fragt Jaden beim Aussteigen aus dem Bus.

Linda tippt sich seitlich an die Nase. »Wenn Sie es nicht wissen, werde ich es Ihnen auch nicht verraten! Der genaue Ort muss ein Geheimnis bleiben. Möglicherweise kehren wir hierher zurück, und in diesem Fall dürfen sich zukünftige Teilnehmer keinen Wettbewerbsvorteil verschaffen, indem sie ihn bereits vor Spielbeginn googeln. Das steht auch in der Verschwiegenheitserklärung, die Sie unterschrieben haben.«

»Ja, stimmt.« Er reckt sich ausgiebig. Mack hat noch nie jemanden gesehen, der so wie er ständig angestarrt werden möchte. Nicht einmal die schöne Ava oder die Zahnpastawerbung können da mithalten.

Alle anderen steigen nach ihm aus. Sie sind nur ein paar Häuserblocks weit gefahren und haben vor einem eleganten, wenngleich etwas deplatziert wirkenden Gebäude angehalten. Im Gegensatz zu der sehr amerikanisch erscheinenden Hauptstraße ist dieses Haus ganz in Weiß gehalten. Griechische Säulen stehen davor. Ein Kiesweg inmitten von beschnittenen Buchsbäumen und Brunnen, aber es ist niemand da, um sich daran zu erfreuen. Genau wie in der Hauptstraße. Mack hat fast den Eindruck, sie wären die einzigen Menschen in der Stadt. Allerdings hätte sie schwören können, hinter den Fensterscheiben einige Gesichter zu sehen, als sie an mehreren Geschäften vorbeigefahren waren.

»Was ist das für ein Ort?«, erkundigt sich der Schriftsteller irritiert.

»Ein Spa.« Linda streckt strahlend eine Hand aus. Mehrere Frauen und wenige Männer klatschen vor Begeisterung. Mack überkommt ein ganz ungutes Gefühl. Ava seufzt genervt. LeGrand weicht in Richtung Bus zurück.

»Ich werde hier warten«, sagt er, doch die Tür ist schon wieder geschlossen.

»Ach, Unsinn! Das ist ein Geschenk. Die nächste Woche wird schwierig genug, da möchten wir Sie vorher ein bisschen verwöhnen.«

»Wann lernen wir die Leute von Eck Extreme Sports kennen?«, will die Praktikantin wissen. (Mack fragt sich, wie jemand sein muss, der sich einem Haufen unterbeschäftigter oder arbeitsloser Leute mitten in einem Diner mit den Worten »mache im Moment ein Praktikum, bin aber bereit für die nächste Herausforderung« vorstellt.) Sie trägt einen Blazer und eine Nadelstreifenhose. »Sind sie da drin?«

»Nein, meine Liebe. Und jetzt kommen Sie bitte. Man wartet schon auf Sie, und wir wollen doch keine Zeit vergeuden!«

»Wieso besuchen wir dann überhaupt ein Spa?«, murmelt Ava.

Mack würde am liebsten mit LeGrand beim Bus bleiben, aber Linda dreht sich noch mal um, ergreift LeGrands Ellbogen und steuert ihn ins Haus. Anscheinend ist dieser Besuch ebenso unvermeidlich wie die vorschriftsmäßige Besprechung in der Unterkunft.

Der Fußboden besteht aus schwarzem Marmor und ist derart auf Hochglanz poliert, dass man sein Spiegelbild darin sehen kann. Die Wände und Möbel erstrahlen in makellosem Weiß. Der Art von Weiß, die Menschen wie Mack förmlich *Fass mich nicht an* ins Gesicht schreit. Der Art von Weiß, die Menschen wie Rebecca *Du hast mich verdient* ins Ohr säuseln.

Direkt gegenüber der gewaltigen Eingangstür hängt ein in Gold gerahmtes, überlebensgroßes Porträt. Darauf ist ein junger Mann in Uniform zu sehen, die vermutlich aus einem der Weltkriege stammt, auch wenn Mack nicht sagen kann, aus welchem. Er starrt sie an. Die Ränder des Porträts sind dunkel, doch er ist von Licht umgeben, sodass es beinahe an einen Heiligenschein erinnert. Sein Blick wirkt entschlossen, und er hebt leicht hochnäsig das Kinn, während er sie betrachtet. Mit einer Hand hält er sich ein kleines dunkles Buch auf Herzhöhe vor die Brust.

»Wer ist das?« Die schöne Ava bleibt vor dem Gemälde stehen.

Lindas Lächeln bleibt an Ort und Stelle, doch sie kneift reflexartig die Augen zusammen, als sie das Bild betrachtet. »Der Gründer der Stadt. Gewissermaßen. Es klingt ziemlich lächerlich, wenn man behauptet, eine Person hätte eine Stadt gegründet, wo so etwas doch immer mehrere Menschen erfordert. Er hat es ganz gewiss nicht allein geschafft! Und nun gehen die Männer bitte nach rechts, während die Damen mir folgen.«

Sie trennen sich, die Männer werden in den einen Flügel gebracht, die Frauen in den anderen. Ein Schwimmbecken erstreckt sich über die gesamte Länge des Gebäudes. Durch hohe Fenster dringt Licht herein, das im wabernden Dampf beinahe lebendig wirkt. Die hübschesten Frauen entkleiden sich am zaghaftesten. Ava zieht sich ohne das geringste Zögern aus. Ihr rechtes Bein gleicht einem Bild von Jackson Pollock, so abstrakt, deformiert und vernarbt sieht es aus. Seufzend lässt sie sich ins Wasser gleiten.

»Okay, ich habe meine Meinung geändert. Das hier ist doch keine Zeitverschwendung.« Sie grinst und taucht unter. Als sie wieder auftaucht, läuft ihr das Wasser über den Kopf.

Die anderen folgen ihr nach, allerdings versuchen sie so lange wie möglich, sich hinter einem Handtuch zu verbergen. Die schöne Ava nimmt das Handtuch selbst im Wasser nicht ab. Sie hält in den Ecken Ausschau nach Kameras. Findet keine. Dennoch ist sie nicht beruhigt.

Rebecca dreht mit eleganten Schwimmzügen langsame Runden.

Die schöne Ava ist *enttäuscht* und enttäuscht von sich, weil sie enttäuscht ist. Sie ist Feministin. Sie will sich nicht mit den anderen Frauen vergleichen, nicht einmal in Gedanken. Aber vor ihrem geistigen Auge sieht sie längst, wie die Staffel aussehen wird, falls sie jemals ins Fernsehen kommt. Rebecca spielt die Hauptrolle. Die schöne Ava wird »die andere heiße Braut« sein, die jedoch vernachlässigbar ist. Vielleicht kann sie eine Affäre mit einem der Männer anfangen. Das dürfte sie in der Geschichte interessanter machen. Brandon erscheint ihr als das leichteste Ziel, ist jedoch nicht fotogen genug. Jaden wäre ein geeigneter Kandidat. Sie gibt sich als Fitnessmodel aus, und er ist CrossFit-Trainer. Das ist eine gute Kombination. Sie würde viel lieber Zeit mit Mack verbringen, denn sie hat etwas sehr Beruhigendes an sich. Oder mit dem lieben Brandon. Ihn könnte sie sogar mögen, wenn sie diese Gefühle zuließe. Aber sie wird Jaden ins Visier nehmen.

Dabei hat sie gar keine Ahnung, ob es überhaupt eine Show geben wird. Das weiß keiner von ihnen. In dieser Hinsicht sind die Unterlagen sehr schwammig verfasst. Aber wenn auch nur eine geringe Wahrscheinlichkeit besteht, wird sie sich entsprechend verhalten. Und sie wird dafür sorgen, dass sie die Angebetete ist und nicht die Nebenbuhlerin. Oder die *andere* Ava.

Sie ist eifersüchtig auf Brandon, weil er so aufgeregt ist und dies als Abenteuer statt als Gelegenheit betrachtet. Im Grunde ist sie es leid, alles in eine Gelegenheit verwandeln, jedes Hobby, jedes Interesse, jedes Talent, selbst ihr gottverdammtes Gesicht und ihren Körper bei dem verzweifelten Versuch ausschlachten zu wollen, genug Geld zu verdienen. Als sie das letzte Mal mit ihrem Vater gesprochen hat – wie lange ist das jetzt her, ein Jahr? –, hat er sie bezichtigt, faul zu sein und nicht zu arbeiten, aber in Wirklichkeit arbeitet sie *die ganze Zeit,* ebenso wie alle anderen ihrer Altersklasse, die sie kennt. Sie kann sich damit nur nicht wirklich den Lebensunterhalt verdienen. Noch nicht.

Mack hat sich die am weitesten entfernte Ecke ausgesucht. Sie taucht unter, weicht sich die Haare ein und lässt sich durchdringen, so lange es nur geht, bis ihre Lunge beinahe platzt und dunkle Punkte vor ihren Augen tanzen. Und dann wartet sie noch weitere volle dreißig Sekunden, bevor sie den Kopf schräg legt, sodass Nase und Mund aus dem Wasser ragen. Der Dampf ist so dicht, dass man sie nicht entdeckte, wenn man nichts von ihrer Anwesenheit wüsste.

Isabella setzt sich auf die Treppenstufen und verschränkt ungeduldig die Arme. Wenn die Organisatoren nicht hier sind, kann sie auf dieses Erlebnis verzichten. Die Anspannung in ihrem Bauch, die selbst mit noch so viel warmem, herrlichem Wasser nicht gelindert werden kann, gibt ihr zu verstehen, dass sie eigentlich auf alles verzichten könnte. Sie steht als Erste auf, da sie den Dampf, die Hitze und den unablässigen Druck hinter sich lassen muss. Eine Assistentin folgt ihr hastig mit einem weichen weißen Bademantel und führt sie in den Nebenraum.

Rosiee verharrt am Rand des Pools, stützt das Kinn auf die Arme und lässt die Beine treiben. Sie spielt mit dem Haufen Silberschmuck, den sie abgenommen hat. Die fehlende Kleidung macht ihr nichts aus, aber ohne Schmuck fühlt sie sich nackt. Schließlich hat sie in jedes Stück etwas von sich einfließen lassen. Dieser Ring stammt aus der Zeit, als sie ihre Mutter zum Teufel geschickt und beschlossen hat, kein Wort mehr mit ihr zu wechseln. Das breite Armband wurde mit ihren letzten Silberreserven geschaffen, und zwar in der Nacht, bevor sie Mitch weggelaufen ist. Die feine Kette mit dem spitz zulaufenden Herzanhänger ist eine Erinnerung an ihre scharfsinnige Großmutter, den einzigen Menschen, der je an sie geglaubt hat. Wer ist sie, wenn sie diese Kette nicht um den Hals trägt?

Wer wird sie sein, wenn dieser Wettbewerb vorbei ist

und sie sich abermals der Realität stellen muss? Sie lässt sich tiefer ins Wasser sinken und kneift die Augen so weit zu, bis sie nur noch das sich auf dem Silber spiegelnde Licht sieht. Ein neues Stück nimmt vor ihrem geistigen Auge Gestalt an. Eines, das von Triumph und Stärke geformt wurde.

Sydney ist nach Plaudern zumute, aber alle anderen sind so ekstatisch. Vielleicht fällt ihr ja ein neuer Prank ein. So viele Fremde, die nackt zusammenhocken? Aber das Wasser ist zu heiß, der Dampf macht sie ein wenig schwummrig, und selbst wenn ihr ein Prank einfiele, hat Linda ihnen an der Tür die Handys abgenommen.

Pranks sind dumm. Das weiß sie selbst.

Nächste Woche wird sie siebenundzwanzig, und sie fragt sich schon seit einer Weile, wann die Schwelle erreicht ist, ab der sie nicht mehr als Mitte zwanzig gilt, sondern *Ende* zwanzig ist und rein gar nichts vorzuweisen hat. Sie verbringt ihre ganze Freizeit damit, Teenagern in den sozialen Medien zuzusehen, damit sie ihre Bewegungen, ihr Verhalten und ihr Sprachmuster nachahmen kann. Manchmal befürchtet sie schon, das FBI könnte sich ihren Browserverlauf ansehen und sie fragen, warum sie ein solches Interesse an minderjährigen Mädchen hat. Doch jetzt, da sie sich in einem Raum mit Frauen ihres Alters aufhält, hat sie nicht die geringste Ahnung, was sie ihnen sagen soll oder wie man ohne Drehbuch eine richtige Unterhaltung führt.

Mann, wie sehr sie sich hasst. Hier drin ist es viel zu leise. Sie erträgt das keine Sekunde länger, also steht sie auf und lächelt. »Das ist toll!«, verkündet sie und lässt sich in den Nebenraum führen.

LeGrand weigert sich, die Kleidung auszuziehen oder sich in einem Raum aufzuhalten, in dem andere das tun.

Er setzt sich in die Lobby und wartet. Unter dem Porträt steht eine weiße Couch – die so offensichtlich noch nie von einem Kind angefasst wurde, dass seine Sehnsucht nach Almera ihm beinahe körperliche Schmerzen bereitet. Die Welt ist riesig, Angst einflößend und verwirrend, und er begreift nicht, wie er überhaupt hierhergekommen ist. Er möchte nur noch nach Hause, Almera in die Schubkarre setzen und sie so schnell durch die Gegend schieben, wie er nur kann, bis sie vor Lachen kreischt.

Die anderen Männer sitzen in der Sauna. Es geht ihnen allen hundeelend, und doch tun sie so, als würden sie es genießen. Mit Ausnahme von Brandon. Ihm gefällt es wirklich. Er lehnt sich zurück, atmet tief ein und entspannt den ganzen Körper. Er sitzt in einer Sauna! Noch letzte Woche musste er nachts um drei die Toilette der Tankstelle putzen, nachdem sich dort jemand aus allen Öffnungen erleichtert hatte. Heute befindet er sich in einem todschicken Spa. »Ist das nicht super?«, fragt er.

Atrius hat schwarze Fingernägel, die er sich lackiert, um die Farbreste, die eigentlich immer darunter zurückbleiben, zu verbergen. Er zupft beiläufig am Lack herum und langweilt sich zu Tode.

Jaden und Logan unterhalten sich über den Sport. Es ist eine regelrechte Erleichterung, ein gemeinsames Thema zu haben. Keiner erwähnt den bevorstehenden Wettbewerb.

Christian hofft genau wie Isabella, die Organisatoren kennenzulernen. Linda hat ein paar Andeutungen fallen gelassen – es könnte zu einem jährlich veranstalteten Event werden –, und er will dabei mitmischen. Er kann sich sehr gut vorstellen, in dieser schönen Stadt sesshaft zu werden. Jemanden zu heiraten. Rosiee kommt ihm kurz in den Sinn, zusammen mit der Fantasie von Grillfesten im Garten und gesichtslosen, aber hinreißenden Kindern, die sie umringen. Irgendjemand hat ihm mal erzählt, gemischtrassige Kinder wären die niedlichsten, und seitdem muss er andauernd daran denken. Er ist sich allerdings nicht sicher, ob ihn das nicht vielleicht zu einem Rassisten macht. Doch er wäre ein guter Dad und ein guter Ehemann. Er könnte vielleicht Lindas Job übernehmen. Dann müsste er nicht mehr von Tür zu Tür hausieren gehen. Er würde das Klemmbrett feierlich auf dem Grill verbrennen.

Ian knickt als Erster ein. Er eilt hinaus und atmet dankbar die kühle Luft ein. Dabei sagt er sich, dass das Ganze nur eine Erfahrung ist. Eine Studie. Er wird die Erlebnisse hinterher in seinen Werken verwenden. Ihm dreht sich der Kopf, als er von einer älteren Frau in den Nebenraum geführt wird.

Man kann ebenso kalt wie heiß duschen. Dekadente Platten voller Leckereien stehen bereit. Salzpeelings. Massagen. LeGrand bleibt auf der Couch sitzen. Mack verlässt den Pool erst, als die anderen längst hinausgegangen sind. Beim Betreten der Duschen muss sie durch eine Parfümwolke, die Rebecca hinterlassen hat, und hat eine Idee.

Sie duscht, benutzt jedoch keines der bereitstehenden Produkte. Auch die Massage lehnt sie ab – nachdem sie so viele Jahre nicht berührt worden ist, befürchtet sie, dabei durchzudrehen oder einen Heulkrampf zu bekommen –, ebenso die dazugehörigen Duftöle. Ihr Deodorant ist geruchlos. Lächelnd sitzt sie allein in ihrem Bademantel da. Sie wird auf jede nur denkbare Weise unsichtbar werden.

Letzten Endes lassen sich zwölf Teilnehmer massieren. Sie tragen perlenbesetzte Masken und können daher nicht sehen, dass die ältere Frau, die sie massiert, die ganze Zeit lautlos weint. Sie wüscht sich, die anderen beiden hätten ihr auch gestattet, ihnen diese Wohltat angedeihen zu lassen. Das ist das Einzige, was sie ihnen anbieten kann, das letzte Zeichen der Dankbarkeit für das, was sie alle tun werden.

»Verdammte Scheiße«, ruft das Prank-Mädchen aus und fasst damit präzise zusammen, was ihnen allen durch den Kopf geht, als der Bus vor dem alten gusseisernen Tor anhält. Die letzten Sonnenstrahlen fallen beinahe horizontal zwischen den Bäumen hindurch und lassen die ganze Szenerie in einem grünlichen Schimmer erscheinen.

Über dem Tor steht auf einem ausgeblichenen und angeschlagenen Schild »Willkommen im Vergnügungspark«. Verrostete Kreise, die einst Glühbirnen enthalten haben, umgeben jedes Wort, und der Rost hat rote Farbverläufe darunter entstehen lassen, die an Tränenspuren erinnern. Aber das alte Schild passt ganz und gar nicht zum Tor. Wo das Schild in vergnügungsparktypischen grellen Tönen gehalten ist, sieht das Tor zwar älter, jedoch gut gewartet aus. In die Metallstreben wurden Symbole eingearbeitet, die ein Muster ergeben. Mack kann es beinahe erkennen, fast einen Sinn darin finden ... und schafft es doch nicht. Ihr Blick gerät auf Abwege, und sie kann sich nicht auf das konzentrieren, was sich dort befindet. Es ist beinahe so, als sollte sie woanders hinsehen.

Und sie ist müde.

Alle anderen pressen sich gegen die Fensterscheiben und versuchen, durch die dichte Mauer aus Bäumen zu spähen, die sie umgibt. Ein drei Meter hoher Zaun aus Metallkabeln mit Stacheldraht an der Spitze verliert sich nahezu im Grün. Er schreit einen förmlich an: *Halt dich fern!* Doch Mack stört das nicht, vielmehr atmet sie erleichtert auf. Das Spiel findet im Freien statt. Dort wird es zweifellos auch Gebäude geben, aber sie wird sich nicht *drinnen* verstecken müssen. Ihre Sorge – nicht ihre größte, denn nach dem, was ihrer Familie zugestoßen ist, gibt es so was für sie nicht mehr – war, dass sie in ein Haus eingesperrt werden. Doch das hier ist etwas anderes. Das ist okay. Damit kommt sie klar.

Sie muss es einfach.

Linda steht mit dem Rücken zum Park und sieht nicht mal aus dem Fenster. »Wir fahren direkt in Ihr Basislager. Bitte denken Sie daran, dass Sie sich dort nur von Sonnenuntergang bis Tagesanbruch aufhalten dürfen. Es gibt keine Freiflächen und keine Auszeiten. Sobald es hell geworden ist, hat das Spiel begonnen.«

»Dürfen wir heute Abend noch ein bisschen den Park erkunden?«, wirft Ava ein.

»Bedenken Sie bitte, dass Sie einen umfangreichen Haftungsausschluss unterschrieben haben. Der Park ist schon seit Jahrzehnten verlassen. Einige der Gebäude sind baufällig. Es gibt Lücken in den gepflasterten Wegen, und der Asphalt hat Risse bekommen. An vielen Orten besteht die Gefahr, zu stolpern und zu stürzen, wenn man nicht gut genug sehen kann. Das Gelände ist eindeutig nicht barrierefrei.« Ihr Lächeln wirkt zuckersüß.

Ava versteift sich. Mack zuckt bei der vorgetäuschten Sorge peinlich berührt zusammen. Sie vermutet, dass Ava von allen Anwesenden die Fitteste ist, macht sich jedoch ganz klein, statt es auszusprechen.

Linda klatscht einmal empathisch in die Hände. »Außerdem darf sich keiner einen Vorteil verschaffen. Sie fangen alle zur selben Zeit an und behalten sich gegenseitig im Auge, damit sich niemand mitten in der Nacht wegschleicht.« Sie zwinkert. »Was für ein Abenteuer!«

»Na, dann mal los!«, ruft Jaden.

Der Busfahrer umklammert das Lenkrad. »Die Sonne steht noch am Himmel.«

»Ach, Quatsch, es ist …«

»Ich werde das Tor erst nach Sonnenuntergang öffnen.«

»Schon okay«, versucht Brandon die seltsame Anspannung nach der eindringlichen Reaktion des Busfahrers zu lockern. »Können Sie uns etwas über den Park erzählen?«

Mack lehnt sich zurück und blendet Lindas muntere Zusammenfassung des Vergnügungsparks für die ganze Familie, der Mitte des letzten Jahrhunderts einige Dekaden lang in Betrieb war, geflissentlich aus. Linda wird ihnen ohnehin keine nützlichen Details nennen. Das hat sie von vornherein klargestellt. Außerdem lässt man sie nicht in den Park, solange sie noch genug sehen können, um sich irgendwie einen Vorteil zu verschaffen.

Ava rutscht auf den Platz neben Mack und zeigt aus dem Fenster. »Das ist eine Person, oder?«

Das, was Mack für einen Stein gehalten hat, ist tatsächlich eine Statue. Sie erkennt die Andeutung eines Kopfs, den Umriss eines Menschen. Und davor eine perfekte abgetrennte weiße Hand, die den Weg entlangdeutet, den sie hergekommen sind. Mack deutet mit dem Kinn darauf.

»Na, wenn das mal nicht unheimlich ist.« Ava setzt sich aufrecht hin. »Eine Woche in einem verfallenden und wahrscheinlich gefährlichen alten Themenpark. Trotzdem ist das nicht der schlimmste Sommerurlaub, den ich je erlebt habe.«

»Kann ich auch nicht behaupten«, flüstert Mack.

»Hast du gesehen, wie sich die andere Ava an Jaden ranschmeißt? Glaubst du, es werden schon erste Allianzen gebildet?«

Ein Blick gibt ihr zu verstehen, dass die schöne Ava näher als erforderlich neben dem Muskelprotz sitzt. Mack zuckt mit den Achseln. »Es kann nur einen Sieger geben, was bringen da irgendwelche Partnerschaften?«

Ava nickt nachdenklich. »Da hast du auch wieder recht. Sollte ich da drin also Hilfe brauchen …«

Erneut reagiert Mack nur mit einem Achselzucken.

»Auch gut. Aber …« Ava legt sich eine Hand aufs Herz und setzt eine übertrieben ernste Miene auf. »Falls du

Hilfe brauchen solltest, verspreche ich dir, dass ich ein richtig schlechtes Gewissen bekomme, sobald du ausscheidest, Mack.«

Mack lacht schnaubend auf. Ava beobachtet zufrieden durch halb geschlossene Lider, wie die Sonne endlich untergeht und der Fahrer aussteigt und das Tor öffnet. Die Scharniere quietschen, und das Geräusch hallt als einziges durch den lauen Sommerabend. Zwar sieht der restliche Park verwildert aus, aber der Zaun wurde stets gut in Schuss gehalten, passt allerdings auch nicht zum deutlich älteren Tor.

»Wir sind im Spiel also auf uns allein gestellt. Damit komme ich klar«, flüstert Ava. »Aber pass mal auf. Ich weiß, dass ich paranoid bin, aber ich gehe fest davon aus, dass sie uns was ins Wasser getan haben. Und wenn so ein Mist noch mal passiert, dann stehe ich dir bei. Tust du das auch für mich?«

Mack nickt. Dieses Versprechen kann sie problemlos geben. Sie rechnet nicht damit, es je brechen zu müssen.

Der Fahrer steigt wieder ein und lenkt den Bus vorsichtig in den Park. Die Straße ist holprig und aufgerissen. Er muss mehrmals um Trümmer herumlenken, die in der rasch zunehmenden Dunkelheit kaum zu erkennen sind. Beinahe macht es den Anschein, als wäre diese Straße nicht Teil des ursprünglichen Parks gewesen – mehrere Mauern wurden eingerissen, und an den Stellen, an denen die Straße verbreitert wurde, türmen sich noch die Steinhaufen. Der Fahrer biegt mehrmals ab, was jedoch rein willkürlich erscheint. Aufgrund des quälend langsamen Tempos und der gewundenen Straße lässt sich schwer ausmachen, wie weit sie gefahren sind, als sie ihr Ziel endlich erreichen.

»Da wären wir«, verkündet Linda. »Ich bleibe bis zur Startzeit morgen früh bei Ihnen und kehre dann erst bei Sonnenuntergang wieder zurück.«

»Und wer holt uns raus?«, will die Praktikantin wissen.

Linda lacht auf. »Na, ich ganz bestimmt nicht! Können Sie sich vorstellen, wie eine Frau meines Alters in diesen Schuhen durch den Park rennt? Das ist alles Teil des Spiels. Sie werden es schon herausfinden.«

»Ich nicht«, begehrt der Kerl, der neben der Prankerin sitzt, auf und erhebt sich. »Ich habe nicht die Absicht, das herauszufinden.«

Der Schriftsteller verdreht die Augen. »Gratuliere.«

»Der Typ übersteht nicht einmal die ersten beiden Tage«, stellt Ava fest, doch ihre Bemerkung geht im Tumult der anderen unter, die ihre Sachen zusammensuchen und aus dem Bus steigen.

»Welcher?«, hakt Mack nach, als hätte sie sich die Namen gemerkt.

»Beide. Eigentlich so gut wie alle. Ich schätze die Chancen sämtlicher Männer als äußerst gering ein.«

»Was ist mit LeGrand?«

Ava dreht sich um und mustert den jungen Mann, der noch immer auf der Rückbank hockt. »LeGrand? Ist das dein Ernst? Ich sehe ihn förmlich vor mir, wie er verloren mitten auf der Straße steht.«

Mack schultert ihre Tasche. »Er macht auf mich den Eindruck, als wüsste er, wie man sich versteckt.«

»So was erkennt man wohl nur, wenn man das selbst auch weiß …« Ava grinst schief. »Du bist mein Geheimfavorit. Selbst wenn du neben mir sitzt, habe ich immer das Gefühl, du wärst gar nicht wirklich da.«

»Komm raus, komm raus, wo immer du bist!«, schreit Jaden vor dem Bus.

Mack zuckt zusammen und drückt sich eine Schulter ans Ohr. Das Geräusch von Schritten. Der Klang eines Messers, das über Holz gezogen wird. Das Keuchen ihrer Schwester, so feucht und blubbernd. Mack hätte Ava nicht versprechen dürfen, zu ihr zu stehen, wenn es hart auf hart kommt, denn sie weiß längst, dass sie das nicht tun wird.

Selbst ohne vier Wände und ein Dach ist das Lager eine Stufe besser als die Unterkunft. Die Pritschen sehen ordentlich aus, die Decken sind weich, und ein Tisch voller Essen und Wasser gibt Mack zu verstehen, dass sie haben kann, was sie will und wann immer sie will – und es auch mitnehmen darf. Doch angesichts der Beschwerden und der Fassungslosigkeit einiger anderer hatten sie nach dem Spa mit einer weitaus besseren Unterbringung gerechnet.

»Das ist ja super.« Brandon stellt seine Tasche auf die Pritsche neben Macks. »Ich war noch nie campen! Immer nur angeln. Als mich mein Dad früher besucht hat, sind wir immer zum Snake River gefahren. Ich kam zwar mit einer ganzen Sternenkonstellation an Mückenstichen wieder nach Hause, hatte jedoch einen Heidenspaß.«

Mack weiß nicht, was sie darauf erwidern soll, darum hält sie den Mund.

Das scheint Brandon nichts auszumachen. »Ist es okay, wenn ich neben dir schlafe?«

Mack nickt. Er legt sich auf den Rücken, verschränkt die Hände hinter dem Kopf und starrt das Dach des Metallpavillons über ihren Köpfen an. Brandon ist harmlos. Sie hat nichts gegen seine Nähe und wird keinen Gedanken mehr an ihn verschwenden, sobald er erst mal ausgeschieden ist.

Linda macht eine ausschweifende Geste. Der Pavillon ist das Einzige im Park, was wirklich neu aussieht. Ein Zementboden unter einem Wellblechdach und ein angrenzendes Gebäude mit Toiletten und Duschen. Die Deckenlampen erschaffen orangefarbene Teiche um sie herum, die allen die Farbe zu entziehen scheinen und nicht über den Rand des Betons hinausreichen. Neben den Versorgungstischen stehen ein Minikühlschrank und mehrere Geräte, deren Zweck Mack nicht ergründen kann. »Dies ist während der nächsten sieben Tage Ihr Zuhause«, sagt Linda. »Laut der Wettervorhersage wird es nicht regnen, und die Temperaturen sollen auch nachts im angenehmen Bereich bleiben.«

»Können wir nicht irgendwo anders schlafen und mit dem Bus hergebracht werden?«, fragt das Prank-Mädchen.

Mack überlegt, ob es nicht treffender wäre, sie als Prank-*Frau* zu bezeichnen, aber … es kommt ihr falsch vor, sie als erwachsen einzustufen.

»Nein, die Organisatoren sind der Ansicht, dass so etwas nur stören würde. Das Spiel soll vollimmersiv sein.«

»Wo sollen wir unsere Handys aufladen?« Der Mann, der neben der Prankerin steht, hält sein Gerät hoch, das an einen schwarzen Ziegelstein erinnert.

»Logan«, murmelt Brandon vor sich hin, als wollte er sich den Namen einprägen. Wenigstens einer versuchte offenbar, sich die Namen zu merken.

Linda schüttelt den Kopf und tätschelt das klobige schwarz-rote Gerät, das ihr bis zu den Knien reicht. »Der Generator ist für das Licht und den Strom gedacht. Es gibt keine Adapter, an denen sich ein Handy anschließen lässt.«

»Und wie sollen wir Fotos oder Videos machen?« Das Prank-Mädchen drückt sich das tote Handy an die Brust.

»Wir haben uns jegliche Bild- und Videorechte des Spiels gesichert. Selbst wenn Sie Ihre Handys benutzen könnten, würden Sie damit den Vertrag brechen, den Sie unterschrieben haben.«

Damit scheinen die offiziellen Anfragen beendet zu sein. Unterhaltungen, fröhliche oder leise, je nachdem, wer gerade spricht, hallen durch die warme Nacht, während sich alle eine Pritsche aussuchen. LeGrand zieht seine so weit wie möglich von der nächsten Frau weg und legt sich vollständig bekleidet und mit dem Rücken zu allen anderen darauf.

Ava beäugt kritisch die Wasserflaschen. Mack geht hinüber, schnappt sich eine und stürzt den Inhalt herunter. Danach macht sie dasselbe mit einer zweiten. Sie hat im Laufe des Tages bewusst wenig getrunken, daher muss sie jetzt ihren Flüssigkeitshaushalt ausgleichen. Zwar wird sie dann nachts aufwachen und auf die Toilette müssen, doch das ist ihr die Sache wert.

Staunend beobachtet Ava sie dabei. Mack nimmt sich einige Proteinriegel und einen Armvoll der Dinge, die sie erreichen kann. Ihr Plan ist, sich an diesem Abend den Bauch vollzuschlagen und dann morgen nur etwas Leichtes zu sich zu nehmen. Sie ist es ohnehin nicht gewohnt, zwischen dem Frühstück und dem Abendessen etwas zu essen.

»Hey!«, sagt die Prankerin, als sie bemerkt, wie viel Mack zu ihrer Pritsche schleppt.

»Wir füllen die Vorräte jeden Tag auf«, versichert Linda ihr. »Sie müssen nicht weiter als bis morgen planen.«

Mack steckt genug Proteinriegel für vier Tage in ihre Tasche. Morgen wird sie noch mal so viele mitnehmen, übermorgen ebenfalls und auch jeden Tag darauf, bis sie ausscheidet oder gewinnt. Sie kehrt zum Tisch zurück. Dort liegen auch noch einige zusammengewürfelte Gegenstände. Die Sonnencreme macht sie auf und schnüffelt daran, um sie dann wieder wegzulegen, weil sie duftet. Aus demselben Grund lehnt sie das Insektenschutzmittel ab. Von den leeren Schraubgläsern nimmt sie zwei an sich, dazu einige Feuchttücher und mehrere Packungen Taschentücher.

Ava reißt die Augen auf, als sie begreift, wofür diese Dinge gedacht sind. »Stimmt.« Sie macht Mack alles nach. Mack bedauert es, sich nicht in Ruhe vorbereiten zu können, doch bis zu Spielbeginn wird sie wohl nicht mehr allein sein.

»Was ist, wenn wir unsere Tage bekommen?«, ruft Ava. Linda zuckt zusammen und beäugt die Männer, als wäre ihr allein die Vorstellung peinlich.

»Das wäre … bedauerlich.« Sie sagt das viel zu ernst und setzt eine traurige Miene auf.

Mack fragt sich, ob Linda – die garantiert schon seit einigen Jahrzehnten in der Menopause ist – inzwischen vergessen hat, wie eine Periode so ist. Auch wenn man noch sosehr schimpft, ist es irgendwann wieder vorbei.

Linda räuspert sich. »Auf den Toiletten stehen Hygieneartikel bereit.«

»Ich sollte erst in zwei Wochen meine Tage kriegen«, säuselt Jaden mit schriller Stimme.

Ava tätschelt seine Schulter, was jedoch eher einem Klaps gleicht. »Ich habe schon Blutgerinnsel ausgeschieden, die mehr Ausdauer hatten als du, mein Junge.«

Mack muss lachen. Oh, sie hofft sehr, dass Ava bald ausscheidet, denn sie kann sie schon jetzt viel zu gut leiden.

Jaden, der puterrot angelaufen ist, wirft sich reflexartig in die muskulöse Brust. Doch er tut es für das falsche Publikum. Mack wendet sich bereits wieder dem Tisch zu und packt ein, was sie noch gebrauchen kann. Ava nimmt widerstrebend mehrere Wasserflaschen mit und folgt Mack zu ihrer Pritsche. Aber Brandon hat sich die daneben längst gesichert. Mack ist erleichtert, weil sich Ava einen anderen Schlafplatz suchen muss. Wenn Ava weg ist, wird ihr vieles leichter fallen. Sie isst auf und kuschelt sich unter ihre Decke.

»Wer bleibt wach, um dafür zu sorgen, dass niemand abhaut?«, will die Praktikantin wissen.

»Ich halte heute Nacht Wache.« Linda streicht der Praktikantin mütterlich übers Haar. Möglicherweise haben sie dank ihrer geteilten Vorliebe für Hosenanzüge eine Verbindung aufgebaut. »Dies ist die einzige Nacht, die ich bei Ihnen bleiben werde, aber so können Sie alle in Ruhe schlafen und haben die Gewissheit, dass ich aufpasse.«

Mack ist das alles egal. Sie schließt die Augen. Morgen muss sie bereit sein, und darauf kann sie nur ihren Körper vorbereiten. Am nächsten Tag wird sie allein sein, sich verstecken, ihren Gedanken ausgeliefert werden. Sie kann rein gar nichts tun, um sich dagegen zu wappnen.

TAG EINS

MACK ÜBERPRÜFT NOCH einmal ihre Tasche. Sie lässt die Hälfte ihrer Kleidungsstücke auf der Pritsche liegen – nur äußerst ungern –, aber sie braucht den Platz für ihre Vorräte.

Jaden und ein anderer Mann machen Dehnübungen. Die schöne Ava schließt sich ihnen an. Auf einmal dehnt sich die Hälfte aller Teilnehmer, als würden sie an der Startlinie eines Rennens stehen.

Das ist gar keine so schlechte Theorie. Wer immer sie sucht, könnte in der Nähe des Lagers anfangen und von dort aus immer größere Kreise ziehen. Aber das ist eine derart offensichtliche Strategie, dass Mack vermutet, in Lagernähe ebenso sicher zu sein wie überall sonst. Jetzt, da sie mehr von ihrer Umgebung erkennen kann, kommt ihr das Ganze zunehmend absurder vor. Wie soll man in dieser Wildnis irgendjemanden finden? Die Baumwipfel biegen sich über ihren Köpfen, die Wege um sie herum sind völlig überwuchert. Undurchdringliches Gebüsch oder derart hohe Mauern, dass sie die Sichtlinie komplett versperren, säumen sämtliche Pfade. Es ist noch immer dunkel, aber selbst wenn dem anders wäre, hätte sie von der Lichtung, auf der sich das Lager befand, keine fünf Meter weit sehen können. Wenn sie an die Herfahrt dachte, dann ging sie davon aus, dass es im restlichen Park genauso aussah.

»Brichst du auf?«, fragt Brandon, der vor Aufregung ganz rote Wangen bekommen hat.

Mack schüttelt den Kopf.

»Cool. Ich glaube, ich gehe mal los. Viel Glück!« Er reicht ihr die Hand und schenkt ihr ein freundliches Lächeln. Vielleicht wird Mack ihn ja doch vermissen. Sie schüttelt seine Hand.

»Das wünsche ich dir auch.« Sie wünscht ihm in der Tat Glück, sich allerdings mehr.

Linda sitzt in einem Quad, das überhaupt nicht zu ihrem pastellfarbenen Hosenanzug passen will. Sie mustert die Gruppe mit Tränen in den Augen. Plötzlich runzelt sie die Stirn, als wäre ihr etwas eingefallen. »Es gibt da etwas, das ihr wissen solltet«, sagt sie. »Wenn ihr ein kleines, in Leder gebundenes Buch findet, bekommt ihr einen Bonus, sobald ihr es mir aushändigt.«

»Was denn für einen Bonus?«, fragt Ava zur selben Zeit, als Jaden ruft: »Wo ist es denn?«

In Lindas Augen blitzt etwas auf, das an Gereiztheit erinnert, doch sie behält ihren süßlichen Singsang bei. »Wenn ich euch das verraten würde, wäre es ja wohl kaum eine Herausforderung, das Buch zu finden.« Sie klatscht in die Hände, was sie immer tut, wenn sie das Thema wechselt. »Jetzt sollten wir aber anfangen! Viel Glück! Und … los!« Sie lässt den Motor des Quads an und fährt davon.

Die Frage hinsichtlich des Bonus hat Linda nicht beantwortet, und Mack ist sich sicher, davon auch nichts in den Unterlagen gelesen zu haben. Das kommt ihr zu diesem Zeitpunkt des Spiels wie eine seltsame Ergänzung vor. Da sie keinen guten Grund hat, danach zu suchen, beschließt Mack, die Sache gleich wieder zu vergessen. Aktiv zu versuchen, etwas zu finden, während jemand nach ihr sucht? Das ist das Risiko nicht wert.

Während sie lauscht, wie das Motorgeräusch von Lindas Quad in der Ferne verklingt, fragt sich Mack, ob die Sucher – das scheint der Titel zu sein, mit dem die anderen jene meinen, die sie suchen werden – auch Quads fahren. In diesem Fall wären sie leicht anhand des Lärms zu erkennen.

Sie wendet sich von den Auspuffgasen ab, die wie Parfum in der Luft hängen. Alle anderen sind bereits aufgebrochen, nur Ava hält sich noch auf der gegenüberliegenden Seite des Lagers auf. Ava nickt und verschwindet zwischen den Bäumen. Mack tut dasselbe und geht in eine andere Richtung.

Komm raus, komm raus, wo immer du bist.

Sie erschaudert, da sich eiskalte Furcht in ihrem Nacken bemerkbar macht.

Im frühmorgendlichen Dunst sieht alles träge und weich aus. Aber die dichten, verwilderten Pflanzen voller Dornen lassen sie die Idee, sich einfach in die Hecke zu zwängen und dort zu verbergen, gleich wieder verwerfen. Sie folgt den schwach erkennbaren Überresten eines überwucherten Pfads, der sie vom Lager wegführt.

Die Uhr tickt. Sie kann es mit jedem Herzschlag spüren. Aber sie beeilt sich nicht. Formen nehmen in der Dunkelheit Gestalt an. Was sie zuerst für einen riesigen Baum hielt, der vor ihr aufragt, stellt sich als Statue heraus, die fast von Efeu verschluckt wird. Die einst in Formschnitt gebrachten Bäume haben sich wie Albträume verändert und das Bekannte derart verzerrt, bis es zu etwas Monströsem geworden ist.

Sie wendet den Blick von einem gequälten, aufgequollenen Kopf ab, der sein blättriges Entsetzen gen Himmel schreit. Die Äste sind eng und klein. Selbst wenn sie klettern könnte, gäbe es dort kein gutes Versteck. Zudem stört sie etwas an diesen Bäumen, die irgendwie unheimlich aussehen. Sie wirken auf eine Art krank, die sie nicht in Worte zu fassen vermag. Aber Mack will nichts mit ihnen zu tun haben.

Der Weg schlängelt sich in fast schon aggressiver Weise

durch das Gelände. Er verläuft nicht so, wie es ein Pfad tun sollte. Anstatt sie zu einem Ziel zu bringen, scheint er entschlossen zu sein, die Menschen zu verwirren. Es gibt keine geraden Linien. Alles schlägt Kurven, sodass man im Allgemeinen nur wenige Meter weit sehen kann. Die meisten überwucherten Wege sind von Steinmauern begrenzt, was in einem Themenpark irgendwie irritiert – sie versperren den schnellsten Weg zu den Attraktionen. Mack schlägt willkürlich andere Richtungen ein. In der unsichtbaren Ferne – Entfernungen sind ohne Orientierungspunkte und aufgrund des undurchdringlichen Grüns unmöglich zu schätzen – stößt jemand einen Fluch aus.

Vor ihr tut sich eine Öffnung in den Bäumen auf. Da sie bisher nichts Vielversprechendes entdeckt hat, hält sie auf die Lichtung zu und steht vor einer Reihe kleiner, einsturzgefährdeter Gebäude an einem offeneren zentralen Weg. In der nächsten Hütte sitzt ein Mann mit dem Rücken zu ihr an einem verrotteten Klavier.

Er rührt sich nicht.

Sie verharrt ebenso reglos.

Als sie es nicht länger aushält, atmet sie aus und schleicht näher. Dort, wo sich das Gesicht befinden sollte, sieht sie nur eine nackte, weggehackte Leere. Eine Statue. Möglicherweise war dies zu seiner Glanzzeit ein Clown gewesen, der an einem Klavier saß und das Publikum erfreute, aber jetzt wirkte das Ganze ziemlich gruselig.

Kurz überlegt sie, sich auf den Schoß der Statue zu setzen und so versteckt zu sein, solange niemand genauer hinsieht, aber sie verwirft den Gedanken wieder, denn so hätte sie sich den Tag über von diesem Gesichtslosen umarmen lassen müssen. Seine einstmals behandschuhten Hände sind verrottet und von Schimmelflecken und dunklen Stellen übersät. Sie sehen aus wie Klauen oder Knochen.

Mack wendet sich ab. Dies muss der Bereich mit den Spielen gewesen sein. Liegt er etwa in der Mitte? Bezeichnete man diesen Teil eines Jahrmarkts oder Vergnügungspark überhaupt so? Sie weiß es nicht. Zahlreiche Stände drängen sich aneinander. Einige sind eingestürzt, und die noch stehenden daneben erinnern an triumphierende Schläger. An den intakten Ständen finden sich Tresen, Regalbretter, ein schummriges Inneres. Es böte sich an, sich darin zu verstecken.

Stattdessen blickt sie nach oben.

Von einem Stand in der Nähe hängt ein Schild mit einst fröhlichen Quietscheentchen in Netzen von der halb eingestürzten Decke. *Maddie.* Eine Erinnerung trifft sie wie ein Schlag, sodass Mack vor Verblüffung beinahe nach hinten getaumelt wäre.

Maddie (mit drei? Vielleicht vier? Mack erinnert sich nicht und verweilt auch nicht bei dem Schmerz und den Schuldgefühlen, die sich einstellen, weil sie sich nicht daran erinnern kann) hatte ein Knäuel gelbes Garn, das sie zu einem unfassbaren Gewirr wickelte, dessen Größe dem ihrer Faust entsprach und das ihren Worten zufolge eine Ente namens Poopsie sei. Sie schleppte es überallhin mit – auch in die Badewanne, wo es sich auflöste und den Abfluss verstopfte. Während Mack schweigend zusah und Maddie jammerte, fischte ihre Mom schweigend, aber innerlich tobend, einen Faden nach dem anderen heraus und geriet immer mehr ins Schwitzen, je größer die Gefahr wurde, dass ihr Vater nach Hause kommen könnte.

Poopsie. Mack hatte nicht mehr an Poopsie gedacht, seit sie Maddie ihren Plüschhasen geschenkt hatte, damit sie sich nach dem Verlust der imaginären Ente nicht länger in den Schlaf weinte. Aber jetzt steht sie hier, spielt ein gottverdammtes Versteckspiel und steht vor einer Bude voller Quietscheentchen.

Mack glaubt nicht an Zeichen, und selbst wenn sie es täte, hätte Maddie keinen Grund, ihr ein hilfreiches zu schicken. Ganz im Gegenteil. Aber ihr läuft die Zeit davon, daher klettert Mack über den Tresen und zieht sich am Dachrand hoch. Wie sie vermutet hat, ist das Dach in der Mitte eingesackt, hat im Laufe der Jahre den Elementen nachgegeben. Das Holz ist aufgequollen und knarzt, was nur etwas alarmierend, jedoch nicht bedrohlich klingt. Wenn es einstürzt, wird sie vermutlich aufgespießt, bricht sich aber keine Knochen. Mack stellt ihre Tasche ab und legt sich flach in die Vertiefung in der Mitte des eingesunkenen Dachs. Von dieser Stelle kann sie nur die Abgrenzungen des Dachs um sie herum und das klare, blasse Licht des Morgenhimmels sehen. Was auch bedeutet, dass sie vom Boden aus nicht zu sehen ist.

Maddie hat sie gelehrt, sich in unerwarteten Blickachsen zu verstecken. Das haben sie jetzt davon.

Sie schüttelt die Erinnerung ab – wenngleich nur im sprichwörtlichen Sinne, da das Dach bei jeder Bewegung protestierend knackt –, holt einen Proteinriegel aus der Tasche und packt ihn vorsichtshalber schon mal aus. Kein Wasser. Notfalls pinkelt sie sich eben in die Hose. Sie hat Ersatzkleidung dabei und kann sich umziehen, bevor sie ins Lager zurückkehrt. Falls sie das Lager jemals wiederfindet. Ihr Weg hierher bestand nur aus Bäumen und Kurven und wies keinerlei Orientierungspunkte auf. Sie hätte besser aufpassen müssen.

Der Himmel wird blau. Das Spiel hat angefangen.

Mack schließt die Augen und wartet.

Die Sonne schleicht am Himmel entlang, wie sie es immer tut. Hin und wieder wandert ein Insekt über Macks Beine, wie es Insekten so an sich haben. Mack tut nichts, so wie immer.

Die Wartezeit ist langweilig und heiß. Mit quälend langsamen Bewegungen zieht sie ein T-Shirt aus der Tasche und legt es sich über das Gesicht, um sich vor der Sonne zu schützen. Sie hat einen ganz trockenen Mund und liegt unbequem auf der unebenen Oberfläche.

Alles ist gut.

Sie achtet darauf, nicht einzuschlafen, befindet sich allerdings in einem trägen Schwebezustand, der fast einer Meditation gleicht. In einer ihrer Pflegefamilien gab es eine Tochter, die ständig meditierte. Sie hat es Mack beigebracht. Sie entdeckten Mack ständig dabei, wie sie reglos und mit geschlossenen Augen dasaß. »Ich tue so, als wäre ich tot«, sagte sie dann immer. »Das gefällt mir.« Ihnen gefiel es nicht. Sie schickten sie kurz darauf wieder weg.

Die erdrückende Hitze wird immer schlimmer. Mack ist froh darüber, eine lange Hose und ein langärmliges Shirt zu tragen, weil ihre Haut dadurch geschützt wird, doch ihr Gesicht scheint selbst durch das T-Shirt zu kochen. Sie hört es aufgrund ihrer leisen Atemzüge fast nicht, aber …

Leise Schritte. Nicht ganz der richtige Rhythmus für einen Menschen. Und dann – noch schwerer zu hören, da ihr Herz nun auch noch rast – eine Art Schnüffeln und Scharren. Gibt es im Park etwa Tiere?

Das darauffolgende Seufzen klingt jedoch weniger nach einem Tier. Leise, schwerfällige Schritte bewegen sich weiter.

Falls es ein Tier war, schien es sich auf zwei Beinen zu bewegen. Und wenn es sich um einen Sucher handelte, ist Mack verwirrt. Sie hatte mit Quads gerechnet. Lauten

Rufen. Nicht einem nahezu lautlosen Suchen. Auf einmal fühlt sie sich ... gejagt.

Doch das ist sie nicht. Sie kann jederzeit gehen. Sie kann einfach aufstehen und durch das Tor spazieren. Es würde nicht einmal jemanden interessieren. Sie versteckt sich nicht, weil sie es tun muss, sondern weil das die einzige Fähigkeit ist, von der sie jemals profitieren konnte.

»Scheiß auf dich, Dad«, flüstert sie. Und wartet.

Das Karussell sieht aus, als wäre es einem Horrorfilm entsprungen. Allerdings keinem mit besonders hohem Budget, sondern eher einem dieser billigen B-Movies, die dazu verdammt sind, in den Tiefen von Netflix oder auf dem DVD-Grabbeltisch zu verschwinden. Die abgeplatzten und verfallenden Pferde sehen allerdings nicht furchterregend, sondern armselig aus. Ein früher mal fröhlich wirkendes Schild hängt schief an einer Ecke und wackelt langsam im Wind. *Auf zum Rennen!* steht darauf, doch die Farbe ist längst verblasst, sodass nur noch Holz auf Holz und erhabene Buchstaben zurückgeblieben sind. Hier finden längst keine Rennen mehr statt. Wenn überhaupt, dann will Rosiee von hier wegrennen.

Aber sie muss sich langsam beeilen. Soll sie nach dem Buch suchen? Aber wie in aller Welt soll sie in dieser albtraumhaften Landschaft einen kleinen Gegenstand finden? Nervös dreht sie an ihren Silberringen herum und ist sich überdeutlich bewusst, dass es jeden Augenblick dämmern wird. Wahrscheinlich ist es unklug, sich in einem so auffälligen Objekt zu verstecken, aber in diesem verdammten Park ist irgendwie nichts augenscheinlich. Kein Wunder, dass er geschlossen wurde. Wer würde hier schon mit Kindern herkommen wollen? Man wäre den ganzen Tag über nur auf der Suche nach irgendetwas und würde in all dem Grün herumirren. Vielleicht sah es hier ja früher etwas ordentlicher aus.

Sie klettert auf das Karussell. Die Plattform ist verrostet und fällt auseinander. Eine der Stangen, auf denen ein Pferd befestigt war, ist gebrochen, und als sich Rosiee zur Seite dreht, um dem Holzklotz auszuweichen, schabt sie sich am Metall den Arm auf, der sofort blutet. »Scheiße«, zischt sie und legt die andere Hand auf die Wunde.

Essen, Toilettengänge, Erste Hilfe – all das ist ein Grund, auszuscheiden. Sie kommt schon klar. Einige Blutstropfen rinnen ihr zwischen den Fingern hindurch und fallen herunter. Reicht schon ein einziger Tag, damit man eine Infektion bekommt? Vermutlich. Sie geht weiter. Ihre Schritte gleichen einem bedächtigen Tanz um weitere Verletzungen, während sie in die Mitte vordringt. Zwei Abdeckplatten am runden Zentrum des Karussells haben sich gelockert. Sie quetscht sich dazwischen und achtet dabei auf ihren Arm. Früher einmal besaß sie Kurven – bei Gott, wie sie ihre Kurven geliebt hat, das Gewicht ihrer Brüste, den weichen Trost ihres Bauchs –, doch sie hat durch den Stress und die Armut zu stark abgenommen. Sie zwängt sich zwischen die großen Metallzahnräder, die den Motor einst angetrieben haben. Der Platz reicht gerade so aus, um sich hinzusetzen, und sie kann nicht nach draußen schauen. Winzige Lichtfäden dringen von oben herein. Das muss reichen.

Sie gießt sich etwas Wasser über den Arm. Er blutet noch immer leicht, aber die Wunde muss nicht genäht werden. Sie bedauert es, keinen Stoffstreifen dabeizuhaben, um sich einen Notverband anlegen zu können. Als sie daran denkt, sich in etwas einzuwickeln, geraten ihre Gedanken auf Wanderschaft.

Manchmal, wenn es mit Mitch richtig schlimm wurde – schlimmer noch als sonst, denn schlimm war es immer –, saß sie hinten im Kleiderschrank und stellte sich vor, ganz klein zu sein. Nicht dünner, sondern wirklich klein, so wie ein Kind. Und dann legte sich sie in Embryohaltung hin, wickelte sich in den Schal ihrer Großmutter ein und hörte für einige kostbare Momente auf, sie selbst zu sein.

Nachdem sie gegangen war, hatte er ihr Fotos dieses Schals geschickt. Dann, als sie nicht reagierte, folgte ein Video, auf dem er den Schal zusammen mit all ihren Fotos verbrannte.

Sie umklammert den Anhänger, der ihr um den Hals hängt, und schmiert versehentlich etwas Blut daran. Heute erschafft sie ihre eigenen Erinnerungen aus Silber und Metall. Starke, schöne Erinnerungen, die nur ihr allein gehören.

Christian lacht, als er die Achterbahn auf einem großen, relativ freien Landstrich erspäht. Auch wenn er die Solaranlagen nicht selbst auf den Dächern anbringt, musste er sie oft genug warten und kennt keine Angst vor Leitern oder Höhen.

Die Achterbahn ist ein Skelett aus Holz und nicht einmal die größte im Park, was er jedoch nicht weiß. Einige Teile sind in sich zusammengesackt. Er entscheidet sich für den Abschnitt, der am stabilsten erscheint, und klettert am Außengerüst rauf. Leicht verschwitzt und mit diversen Splittern in der Haut kommt er einige Minuten später oben an.

Um festzustellen, dass die Idee gar nicht mal so gut war.

Hier oben gibt es nichts als verrottende Gleise. Selbst wenn er sich flach hinlegt, kann man ihn vom Boden aus sehen. Von diesem Aussichtspunkt aus entdeckt er dummerweise keine besseren Optionen. Die Bäume greifen gierig nach dem Himmel und verdecken alles. Er kann einige Gebiete erkennen, wo möglicherweise Gebäude stehen, ein Riesenrad in der Ferne sowie einige andere Fahrgeschäfte, die aus dem Blätterdach herausragen, doch sie sind in der kurzen Zeit, die ihm zur Verfügung steht, nicht zu erreichen.

Hinter einer gewaltigen Senke steht ein einzelner Wagen auf den Gleisen. Christian holt tief Luft und hält darauf zu. Erst auf halbem Weg wird ihm bewusst, dass er hier tatsächlich sterben könnte. Aber er muss im Wettbewerb weit genug kommen, um das Unternehmen zu beeindrucken. Ein gebrochener Hals beeindruckt jedoch niemanden. Und ganz bestimmt nicht Rosiee.

Während er sich ausmalt, einen netten Job zu finden, und bereits die Möbel für das größte Haus in der Stadt aussucht (ohne Sonnenkollektoren auf dem Dach, scheiß auf die Stromrechnung), in dem er mit Rosiee und ihren beiden Kindern zu wohnen gedenkt, erreicht er den Wagen und klettert hinein.

Wo er überrascht auflacht. Auf der Innenseite des Wagens ist der Mädchenname seiner Mutter ins Metall gestanzt. *Stratton Engineering,* steht da. Was ist das denn bitte schön für ein Zufall? Er hat ihre Familie nie kennengelernt, da sie enterbt wurde, nachdem sie mit seinem Vater durchgebrannt war. Das ist allerdings keine romantische Geschichte. Sie handelt vielmehr davon, wie sie langsam zermürbt und aufgerieben wurde und vor seinen Augen alterte. Christian war immer überzeugt davon, dass sie ihre Entscheidung bereut hat … dass sie es bereut hat, ihn zur Welt gebracht zu haben … dass sie es bereut hat, all das aufgegeben zu haben, was sie früher gehabt hatte. Sie ist vor drei Jahren an Brustkrebs gestorben. Einmal hat er gelesen, dass sich Stress im Körper festsetzen kann, wo er schwärt und sich vermehrt, gewissermaßen als Krebsgeschwür des Geists, das den des Körpers ergänzt. Demzufolge hat sie ihre Entscheidung, das Geld und den Komfort seinem beschissenen Loser von einem Dad zuliebe aufzugeben, tatsächlich umgebracht, nicht wahr?

Es kommt ihm wie ein Zeichen vor, dass er den Namen Stratton hier liest. Als wäre dies seine Gelegenheit, in die Welt zurückzukehren, die sie verlassen hat. Die Welt, die er für sich, seine Frau und seine Kinder schaffen will. Lächelnd macht er es sich bequem und genießt die Gesellschaft der imaginären Rosiee, während die echte inmitten eines Motors blutend Angst und Wasser schwitzt.

Logan hatte schon immer Angst vor Clowns. Vor ein paar Jahren sorgte der Doppelschlag durch die neuen *Es*-Filme und die im Wald gesichteten Clowns dafür, dass der immer wiederkehrende Albtraum, den er in seiner Kindheit zurückgelassen zu haben glaubte, wieder zurückkehrte. Damals schlief er wochenlang schlecht. Zwar hätte er seine Phobie keinem anderen Menschen gegenüber eingestanden – er schafft es ja kaum, sie sich selbst einzugestehen –, aber ist sie eigentlich wirklich so dumm? Ihm kommt sie deutlich vernünftiger vor als beispielsweise die Angst vor Haien. Schließlich kommt kein Hai an einen ran, solange man nicht ins Meer geht. Aber Clowns? Anscheinend trifft man die jetzt sogar im Wald.

All das kommt Logan in den Sinn, während er den riesigen Clownskopf anstarrt. Was sein ursprünglicher Zweck war, lässt sich nicht mehr sagen. Die Nase ist abgefallen, und nur noch ein Auge weist Farbe auf. Aber der klaffende Mund des Clowns ist ein Eingang, flankiert von rissigen roten Lippen und bräunlichen Zähnen. Er hat keine Ahnung, was sich dahinter befindet, denn das Gebäude existiert nicht mehr. (Dort stand nie ein Gebäude. Dies war der Eingang eines Zelts, in dem eine Zaubershow stattfand, die sich die Kinder gezwungenermaßen anschauen mussten, damit ihre Eltern einige herrliche Minuten im Schatten sitzen und ihre Füße ausruhen konnten, während sie herauszufinden versuchten, wo sich wohl das nächste Fahrgeschäft befand. Logan wäre erleichtert, wenn er wüsste, dass der Clown eigentlich völlig fehl am Platze war.)

»Kneif die Arschbacken zusammen«, raunt sich Logan zu. Welchen besseren Weg gibt es, sich einer Angst zu stellen, als in den Schlund der Bestie zu springen – oder in diesem Fall in den Mund eines Clowns? Logan klettert hinein und entdeckt eine perfekte Stelle in Körperform zwischen den Zähnen und der Zunge.

Siehst du? Clowns tun dir gar nichts. Dieser Clown hilft ihm sogar. Eines Tages wird das eine lustige Geschichte abgeben, die er seinen Angestellten erzählt, wenn er Teil von Frye Technologies geworden ist. Oder, besser noch, wenn ihm Frye Technologies gehört. Er muss nicht mal den Namen ändern, wenn er die Firma übernimmt. Wenn er sich seine Zukunft ausmalt – davon träumt, welche App letztendlich diese Kette an Ereignissen einleiten wird –, fühlt er sich, als würde er ein Glas warme Milch trinken, denn es ist farblos, beruhigend und einschläfernd.

Logan, der einst von Albträumen gequält wurde, in denen Clowns die Hauptrolle spielten, schläft in einem ein. Genau wie der Clown braucht Logan eine neue Nase oder zumindest eine umfangreiche Nebenhöhlenoperation. Sein Schnarchen hallt durch die Luft, das vom höhlenartigen Mund des Clowns, in dem er schläft, noch verstärkt wird.

Um vierzehn Uhr hat Isabella die Nase voll.

Es ist heiß. Sie muss pinkeln. Den ganzen Tag über war kein Geräusch zu hören gewesen. Das Ganze kommt ihr zunehmend wie ein alberner Streich vor. Als hätte diese Sydney die Sache geplant. Großer Gott. Hat sie da etwa den Nagel auf den Kopf getroffen? War es vielleicht nur eine dramatische ironische Anspielung für das Publikum, als sie den anderen von ihrer Prank-Show erzählt hat?

Nein, das kann nicht sein. Kein YouTuber könnte sich so etwas leisten. Es sei denn, sie hat nur so getan, als wäre sie YouTuberin. Isabellas Herz rast, und ihr Atem geht flach und schnell. Sie schließt die Augen und reißt sich zusammen. Nein. Eck Extreme Sports muss es wirklich geben.

Schließlich hat sie sich haufenweise Notizen gemacht, die sie ihnen geschickt zu präsentieren gedenkt. Verständlich. Vermischt mit Lob und einem Handlungsplan, wie man die Marke verbessern und bei diesem dämlichen Wettbewerb geschickt ins Rampenlicht stellen kann. Sie will sowieso nicht gewinnen. Sie will einen gottverdammten Job. Sie will, dass ihr diese erbärmlichen Mistkerle, die es sich leisten können, ein Kinderspiel für fünfzigtausend Dollar zu veranstalten, ein Gehalt nebst Zusatzleistungen zahlen.

Sie zwängt sich aus dem Gebüsch, in dem sie die ganze Zeit gekauert hat. Ihr Blazer verfängt sich, und sie spürt den Ziehfaden bis ins Mark. Sie kann sich keinen neuen Blazer leisten. Das ist ihr bestes Outfit für Vorstellungsgespräche.

Beschämt und wütend weigert sich Isabella, noch tiefer zu sinken. Sie wird auf gar keinen Fall in die Büsche pinkeln. Ihre Pumps erzeugen so gut wie kein Geräusch, als sie sich den Weg zurück zum Lager bahnt und innerlich bereits die Rede probt, die ihr den Job bei diesen Arschgeigen sichern wird. *Vielleicht,* denkt sie und timt das Lächeln genau, das ihre Worte abmildern soll, *könnte man die Effizienz eines Preisgelds von fünfzigtausend Dollar für einen Wettbewerb, der weder beworben noch sonst wie bekannt gemacht wird, noch einmal überdenken.*

Nachdem sie eine halbe Stunde gelaufen ist und sich dabei gesammelt hat, geht sie fest davon aus, dass ihre Rede gleichzeitig abgerundet und improvisiert wirken wird, wenn sie sie endlich einem Unternehmensangehörigen vortragen darf. Aber sie hat einen Fehler gemacht. Es gibt keine Orientierungspunkte, nach denen sie sich richten kann. Die Bäume sind so hoch und stehen so dicht, dass sie zusammen mit den Begrenzungen der Wege so gut wie alles verdecken. Und sie ist jetzt schon viel zu lange unterwegs.

Sie biegt an einer hohen Hecke ab, weil sie darauf hofft, dass sich dahinter etwas Nennenswertes verbirgt, und folgt ihr. Eine Ecke wirkt nicht ganz so dicht bewachsen. Sie geht dort weiter. Als sie zum vierten Mal die Richtung ändert und versucht, den Kurs zu korrigieren, hat sie Blasen an den Füßen und ist vor Erschöpfung und Frustration den Tränen nahe. Das ist das dämlichste Spiel aller Zeiten.

Sie zieht den Blazer und die Schuhe aus und setzt sich mitten auf den Weg. Ihre Blase ist so voll, dass ihr schon die Eierstöcke wehtun. In diesem Zustand wird sie garantiert niemanden davon überzeugen, sie einzustellen. Verdammt noch mal, im Augenblick würde sie sogar einen Job als Klofrau annehmen, ohne auch nur mit der Wimper zu zucken.

Dann hört sie leise Schritte, die näher kommen.

»Gott sein Dank«, sagt sie, wischt sich über die Augen und steht auf. »Du hast mich gefunden.« Sie dreht sich zu ihrem Retter um.

Der Sonnenuntergang ist ihr nie zuvor derart bedeutsam vorgekommen. Mack sieht fasziniert zu, wie das Blau in Lila und dann in sanftes Indigoblau übergeht. Sie hat seit sehr langer Zeit keinen Sonnenuntergang mehr gesehen – er war es nicht wert, ihr Bett in der Unterkunft dafür aufzugeben. Aber jetzt fragt sie sich, ob es sich nicht doch gelohnt hätte.

Obwohl Linda von Sonnenuntergang gesprochen hat, rührt sich Mack erst, nachdem sie zehn Sterne am Himmel gezählt hat. Ihr ganzer Körper protestiert beinahe ebenso laut wie das Dach unter ihr. Alles knackt und stöhnt. Sie kriecht vorsichtig hinunter und lässt sich zu Boden fallen. In ihrem Rücken macht sich eine schmerzhafte Verhärtung bemerkbar, doch die Stelle wird sie nie erreichen können, und sie muss so dringend pinkeln, dass es bestimmt wehtun wird. Aber sie hat es geschafft, ohne in die Hose zu machen, und das ist kein kleiner Sieg.

Es wird eine Ewigkeit dauern, das Lager wiederzufinden, daher kauert sie sich hinter die Hütte mit dem Klavier und gießt dort das Unkraut. Als sie aufblickt, überkommt sie eine Erleichterung, die es mit dem Entleeren ihrer Blase aufnehmen kann. Ein Scheinwerfer ist direkt gen Himmel gerichtet und ruft sie ins Lager zurück.

Selbst mit dem Lichtsignal braucht sie fast eine Stunde, bis sie dort angekommen ist. Kein Weg ist gerade. Alle winden, drehen und schlängeln sich, um auf einmal in eine ganz andere Richtung zu führen. Sie achtet auf ihre Umgebung, so gut es ihr möglich ist, trinkt dabei Unmengen an Wasser und schlingt Proteinriegel herunter. Ihr Versteck hat ihr gefallen, und sie würde es morgen gern erneut aufsuchen. Und sie wird dabei versuchen, nicht an Maddie, Poopsie oder irgendetwas anderes als daran, sich zu verstecken, zu denken.

Zu ihrer Überraschung ist sie trotz ihres geringen Tempos die dritte, die zurückkehrt. Linda winkt ihr aus dem Licht zu. Muskelprotz Jaden und die schöne Ava sitzen bereits am Tisch mit den Lebensmitteln, stecken die Köpfe zusammen und scheinen ins Gespräch vertieft zu sein. Als Mack auftaucht, rücken sie abrupt auseinander.

»Ich hab mich noch nie so gelangweilt oder mein Handy derart vermisst. Das war der schlimmste Tag meines Lebens, und ich muss noch sechs weitere durchstehen!«, beschwert sich die schöne Ava und verdreht die Augen, um ihren fröhlichen Ton Lügen zu strafen.

Mack leert mehrere Wasserflaschen, schnappt sich einen Apfel und geht in Richtung Dusche. Das Trinken hat schon gutgetan, doch selbst dieser lauwarme Wasserstrahl ist die reinste Wonne. Sie bleibt so lange wie möglich darunter, spült sich gründlich ab und wäscht die Anspannung des Tages weg.

Noch sechs Tage. Sechs Tage sind gar nichts.

Als sie endlich aus der Dusche kommt, sind zehn Teilnehmer zurückgekehrt. Alle haben Sonnenbrand, sind verschwitzt, voller Insektenbisse und -stiche und schlecht gelaunt. Mit Ausnahme von Brandon natürlich.

»Das war ja was!«, erklärt er und trägt einen vollen Teller zu seiner Pritsche. »Ich glaube, ich habe im ganzen Leben noch nie so lange stillgehalten. Ich hab da diese komische alte Achterbahn entdeckt, die im Kreis verläuft – oder vielmehr als Zylinder, glaube ich. Ist das nicht ein 3-D-Kreis? Nein, das wäre eine Sphäre. Wie auch immer, jedenfalls führt da ein Ring immer wieder um den Rahmen. Sie heißt Zyklon. Ziemlich cool! Mir kam es ziemlich offensichtlich vor, aber wie hätte ich mir diese Gelegenheit entgehen lassen können? Ich bin also raufgeklettert – ich war fest davon überzeugt, dass das ganze Ding unter mir zusammenbricht – und habe mich recht weit oben versteckt. Mann. Ich wünschte, ich hätte abends nach unten fahren können. Wäre das nicht super, wenn hier noch alles funktionieren würde?«

Mack würde ihm gern sagen, dass er keine Informationen weitergeben soll. Aber er ist so glücklich und unbesorgt, warum sollte sie ihm da die Laune verderben?

Er bemerkt, dass sie einen Keks beäugt, und reicht ihn ihr, ohne darum gebeten worden zu sein. »Hat einer von euch nach dem Buch gesucht? Ich hab nicht die geringste Ahnung, wie wir das da draußen finden sollen. Versteckt ihr euch morgen an derselben Stelle, oder sucht ihr euch eine neue?«

Ava lässt sich aufs Ende von Macks Pritsche sinken. Sie ist verschwitzt und schmutzig, und es ist ebenso erfrischend, sie zu sehen, wie es war, das Wasser zu trinken. »Strategisch gesehen macht das vermutlich keinen Unterschied«, erwidert Ava. »Der ganze Park ist bestimmt zwei bis drei Kilometer lang. Ich bin auf dem Rückweg eine Weile am Rand langgegangen. Nur da wurde das Gestrüpp beseitigt. Und es würde mich echt wundern, wenn sie überhaupt jemanden finden. Es ist ja nicht so, als gäbe es nur eine begrenzte Anzahl an Orten, an denen sie nachsehen und die sie von einer Liste abhaken können.«

Brandon reicht Ava seinen letzten Keks. »Ich glaube, ich suche mir morgen trotzdem etwas anderes. Dann ist es aufregender!«

Sie grinst ihn an. »Ja, vierzehn Stunden der Stille und Reglosigkeit. Da gibt es jede Menge Möglichkeiten, sie aufregender zu gestalten. Aber ich bin echt froh, dass ihr beide noch nicht ausgeschieden seid.«

Mack kämpft gegen die instinktive Erleichterung und Freude an, die sie beim Anblick der zurückgekehrten Ava empfunden hat. Denn Ava ist eine harte Konkurrentin. Mack sollte enttäuscht sein, dass sie noch dabei ist. Sie beugt sich von der anderen Frau weg und überprüft, wer alles zurückgekehrt ist.

Der Schriftsteller, der sein Notizbuch umklammert und völlig erschöpft aussieht. Alle werfen ihm einen kurzen Blick zu, bis sie erkennen, dass er nur sein Notizbuch in der Hand hält und nicht etwa den von Linda erwähnten Bonus.

LeGrand hockt bereits in seiner Ecke.

Die Frau mit den traurigen Augen – Ruby? Rosiee? Vielleicht sollte Mack doch anfangen, sich die Namen zu merken, da jetzt langsam die Ersten ausscheiden … – spielt mit ihrem Silberschmuck herum und hat einen Verband am Arm.

Jaden und die schöne Ava setzen ihre geheime Unterhaltung fort.

Die Zahnpastawerbung plaudert mit der gut gelaunten Linda. »Bekommen wir noch weitere Informationen über das Buch?«, fragt sie.

Linda lacht auf. »Nein, nein. Haltet einfach die Augen danach offen.«

»Und was ist mit dem Bonus?«, ruft Ava ihr zu.

»Darüber erfahrt ihr mehr, wenn ihr ihn erhaltet!«

»Na, dann scheiß drauf!«, murmelt Ava.

Mack sieht es genauso und vermutet, dass es den meisten anderen ebenso geht. Was bringt es, hinter einem Bonus her zu sein, wenn man nicht mal weiß, woraus er besteht?

Das Prank-Mädchen hat einen so heftigen Sonnenbrand, dass ihre Haut fast lila ist, als sie ins Lager geschlurft kommt. »Hat jemand Logan gesehen?«, erkundigt sie sich und drückt sich eine Wasserflasche gegen die Wange.

Der Klemmbrettmann kommt aus der Toilette und ist demzufolge ebenfalls zurückgekehrt. Mack hat beim besten Willen keine Ahnung, wer Logan ist, tippt aber auf den unscheinbaren Typen mit umgedrehter Baseballkappe, der bisher immer neben der Prankerin gesessen hat. Entweder er oder der lässige Kerl mit dem Beanie und den schwarzen Fingernägeln, allerdings kann sich Mack nicht vorstellen, dass sich die Prankerin um ihn Sorgen machen würde. Die einzige andere Teilnehmerin, die noch nicht wieder im Lager gesehen wurde, ist die Praktikantin, die mit Pumps und Hosenanzug in den Park stolziert ist. Mack wundert sich nicht, dass sie noch nicht zurück ist.

»Kein Logan. Keine Isabella. Kein Atrius.« Ava runzelt nachdenklich die Stirn. »Hey, Linda! Wer fehlt noch?«

Lindas Antwort kommt wie aus der Pistole geschossen. »Logan und Isabella.«

»Wer ist Isabella?«, will Brandon wissen und zieht beschämt eine Grimasse, weil er sich nicht an sie erinnern kann.

Ava hilft aus. »Blazer. Sah aus, als wollte sie zu einem Vorstellungsgespräch und nicht etwa in einem heruntergekommenen Dschungel voller Rost Verstecken spielen.«

»Ich wollte zusammen mit Logan eine App entwickeln«, jammert die Prankerin. Sie sieht aus, als wäre sie den Tränen nahe. »Wann kommen sie noch mal her, um sich zu verabschieden?«

»Sie sind fort, Sydney«, sagt Linda.

»Was, wirklich?« Die schöne Ava reißt bestürzt die Augen auf. »Ohne Abschied? Ohne irgendeine Zeremonie oder ein Interview?«

»Sie wurden gefunden und sind ausgeschieden. Zwei pro Tag, wie es die Spielregeln vorsehen.«

Mack runzelt die Stirn. Dieses Detail kannten sie bisher nicht. Dabei scheint es ihr wichtig zu sein. Warum müssen sie sich noch weiter verstecken, wenn nur zwei Personen pro Tag ausscheiden und diese an diesem Tag längst gefunden wurden?

Ava scheint über dasselbe nachzudenken. Sie macht den Mund auf, doch Linda kommt ihr eiskalt zuvor, indem sie energisch in die Hände klatscht. »Falls ihr noch etwas braucht, legt mir einfach eine Nachricht auf den Tisch. Morgen früh werdet ihr durch einen Alarm darauf hingewiesen, dass das Spiel eine halbe Stunde darauf anfängt. Wir sehen uns …« Sie hält inne und versucht sich an einem Lächeln.

Mack fragt sich, ob sie wegen Isabellas Ausscheiden

traurig ist, da sich die beiden Frauen mit der Vorliebe für Hosenanzüge angefreundet zu haben schienen.

»Ich sehe die meisten von euch dann morgen Abend. Schlaft gut.«

Sie lässt den Motor ihres Quads aufheulen und verschwindet in der Dunkelheit.

»Verdammt, das war echt eiskalt«, kommentiert Jaden.

»Vielleicht ist es wie beim *Bachelor*, und man darf sich nur verabschieden, wenn man weitergekommen ist und das Publikum bereits Interesse an einem hat«, wirft die Zahnpastawerbung ein.

»Was für ein Publikum?«, murmelt die schöne Ava und sieht sich erneut im Pavillon um, als könnte ihr eine Kamera entgangen sein.

Das Prank-Mädchen – Sydney hatte Linda sie genannt – sackt auf ihre Pritsche. Die neben ihrer und eine weitere in der Mitte wurden bereits leer geräumt. »Ich hab mir nicht mal seine Nummer geben lassen.«

»Wenn Linda das nächste Mal hier ist, kann sie dir die Nummer garantiert geben.« Die Zahnpastawerbung setzt sich neben die Prankerin und legt ihr einen Arm um die Schultern.

Sydney zuckt bei dem Körperkontakt zusammen. »Morgen schmiere ich mich dick mit Sonnencreme ein.«

Die Gruppen lösen sich auf, und alle gehen schlafen. Obwohl Mack den ganzen Tag nur rumgelegen hat, ist sie erschöpft. Sie versucht, die wunde Stelle an ihrem Rücken zu erreichen, kommt jedoch nicht ran.

»Soll ich dir helfen?« Ava streckt eine Hand aus. »Natürlich nur, wenn du willst.« Ava kommt gerade aus der Dusche. Sie riecht nach Wasser auf sauberer Haut. Mack will eigentlich ablehnen, muss Nein sagen, doch ihr Kopf verrät sie, da er nahezu eigenständig nickt. Ava macht sich ans Werk, und dann hätte Mack nicht einmal mehr Nein sagen können, wenn sie gewollt hätte.

»Großer Gott, Mack. Ich habe noch nie jemanden getroffen, der so unfassbar angespannt ist, und ich war schon in Bombenentschärfungsteams.« Ava lacht leise auf. Ihre Hände sind nicht weich, sondern kräftig und suchend, sodass sie die empfindlichsten Stellen finden.

»Hey.« Die schöne Ava gesellt sich zu ihnen.

Mack ärgert sich augenblicklich über ihre Anwesenheit und möchte, dass sie wieder geht. Doch Ava massiert sie weiter, während die schöne Ava die Stimme senkt. »Hat eine von euch irgendwelche Kameras gesehen?«

»Was?« Mack reißt die Augen auf.

Die schöne Ava beugt sich näher an sie heran. »Kameras. Habt ihr welche gesehen? Denn sie meinten ja, dass das hier vielleicht zu einer Show werden könnte. Aber bisher wurde keiner von uns gefilmt oder interviewt, und ich konnte auch noch keine einzige Kamera entdecken.«

»Vielleicht sind sie gut versteckt«, mutmaßt Ava. »Oder die Sucher haben sie dabei. GoPros oder etwas in der Art.«

»Ja, das kam mir auch schon in den Sinn. Aber welche Rolle spielen dann wir? Es ergibt doch keinen Sinn, so eine Show aufzuziehen. Man konzentriert sich auf die Menschen, die den Wettbewerb gewinnen wollen, und nicht etwa auf die, die sie suchen. Gut, man könnte auch beides machen, aber dann müsste man auf jeden Fall auch die filmen, die sich verstecken.«

Ava hält inne. Beide Avas sehen Mack an und warten auf ihre Meinung.

»Es könnte nur ein Testlauf sein«, schlägt sie vor. »Bei dem sie herausfinden wollen, ob die Spielmechanik funktioniert.« Sie hofft, dass Ava sie weiter massiert, sobald diese Unterhaltung vorbei ist.

»Gut möglich.« Die schöne Ava runzelt die Stirn. »Das kommt mir allerdings wie ein sehr kostspieliger Testlauf vor, wenn sie nicht einmal Einstellungen proben oder eine Rahmengeschichte darum entwickeln.«

»Oder sie tun es, und wir bekommen nur nichts davon mit«, gibt Mack zu bedenken.

»Ja. Kann sein. Haltet ihr morgen bitte die Augen nach Kameras offen?«

»Wir erzählen es dir, wenn wir welche entdecken. Es sei denn, du scheidest vorher aus«, meint Ava verschmitzt.

Die schöne Ava starrt sie erbost an. »Ich werde nicht ausscheiden.«

Brandon kehrt aus dem Sanitärbereich zurück, und die schöne Ava steht auf. Mack, die nun herrlich entspannt ist, sich wohlfühlt und davon ausgeht, dass Ava sie nicht weiter massieren wird, will eigentlich nur noch schlafen.

»Ist euch auch aufgefallen, dass Atrius noch nicht wieder zurück ist?« Der Klemmbrettmann späht in die Dunkelheit. Er hat sich ein sauberes Poloshirt angezogen, leuchtend blau und mit einer Art Firmenlogo über dem Herzen. »Das ist doch Betrug. Wahrscheinlich sucht er nach dem Buch oder erkundet die besten Verstecke.«

Einige andere Teilnehmer murmeln zustimmend.

»Als ob er da draußen irgendwas sehen könnte«, kontert Ava. »Außerdem ist es nun wirklich nicht besonders schwer, ein gutes Versteck zu finden.«

»Erzähl das Logan.« Sydney geht zum Scheinwerfer und schaltet ihn aus.

»Hey«, protestiert die Zahnpastawerbung. »Wie soll er uns denn jetzt finden?«

»Das ist mir echt egal. Wenn er draußen bleiben will, um sich einen Vorteil zu verschaffen, kann er das gern die ganze Nacht tun.« Sydney stampft zu ihrer Pritsche zurück.

Ava steht auf und streckt sich.

»Vielen Dank«, sagt Mack, wobei die Worte einer Opfergabe auf dem Altar eines unbekannten Gotts gleichen. Sie weiß nicht, was sie noch tun oder wie sie ihr diese Freundlichkeit vergelten kann. »Soll ich dich auch massieren?« Sie hat so etwas noch nie zuvor getan, aber sie schuldet anderen auch nur höchst ungern was. Außerdem ärgert sie sich darüber, dass sie jetzt schon vermisst, wie sich Avas Hände angefühlt haben. Sie kann niemandem etwas schuldig sein, den sie zunehmend mehr mag.

»Nein, schon gut. Du siehst total kaputt aus. Ruh dich aus. Vor dir liegt ein weiterer Tag völliger Reglosigkeit.« Avas Grinsen wirkt gequält. Mack erkennt erst jetzt, wie müde Ava aussieht.

»Hast du überhaupt geschlafen?«

»Fühl dich niemals sicher.« Ava kehrt zu ihrer Pritsche zurück.

Mack wacht mitten in der Nacht auf. Sie schleicht auf Zehenspitzen in die Toilette. Leise Stimmen erregen auf dem Rückweg zu ihrer Pritsche ihre Aufmerksamkeit. Zwei Gestalten sitzen am Rand des Lagers. Zuerst vermutete sie, es handle sich um die schöne Ava und Jaden. Dann bemerkt sie, dass der Mann lautlos weint.

»Schon okay«, flüstert Ava – Macks Ava. »Ich bleibe bis zum Morgengrauen bei dir.«

Mack kann den Mann nicht erkennen. Doch die Art, wie er sich zusammenkrümmt, erzählt eine Geschichte, die Mack nur zu gut vertraut ist.

»Das musst du nicht tun«, erwidert er. LeGrand.

»Ich hab eh nichts Besseres vor.«

Mack spürt ein Ziehen in der Brust. LeGrand leidet. Sie möchte mit ihm zusammen Wache halten. Mit Ava.

Sie geht zu ihrer Pritsche zurück.

TAG ZWEI

MACK WIRD SCHON vor dem Alarm wach. Sie lässt die Kleidung des Vortags zusammengefaltet unter der Pritsche liegen und nimmt sich eine Extradecke vom Vorratstisch. Sie ist sehr leicht und dunkel. Perfekt.

»Hey, dürfen wir Requisiten verwenden?«, fragt Jaden.

Der Klemmbrettmann setzt sich auf und reibt sich müde die Augen. »Das erscheint mir nicht fair.«

»In den Regeln steht nichts, was dagegenspricht.« Die Frau mit dem Silberschmuck dreht sich um, wobei ihr ein hübscher Herzanhänger aus dem Tanktop rutscht. Langsam legt sie all ihre Ringe und Armreifen an, als würde sie in eine Rüstung steigen. Sie überprüft ihren Verband. Die Wunde hat ein bisschen genässt, jedoch nicht schlimm. »Außerdem ist eine Decke wohl kaum ein Vorteil.«

Jetzt bekommt Mack glatt ein schlechtes Gewissen, weil ihr der Name der Frau nicht einfallen will.

»Das wissen wir nicht«, entgegnet Jaden.

»Dann nimm dir doch auch eine«, faucht Ava. Ihre Augen sind rot und von dunklen Schatten umlagert. Sie hat überhaupt nicht geschlafen. »Aber hör auf, Mack auf den Sack zu gehen.«

»Apropos Sack.« Jaden deutet mit dem Kopf auf Atrius, der am Tisch sitzt, isst und sich den Beanie tief in die Stirn gezogen hat. »Wo warst du letzte Nacht?«

Atrius zuckt mit den Achseln. »Hab mich umgeschaut.«

»Das ist Betrug!«

Atrius grinst. »Entschuldige, ich wollte sagen, ich hab mich verlaufen. Irgendjemand hat den Scheinwerfer ausgeschaltet.«

»Ja, Pech gehabt.« Sydney bürstet sich erbittert die Haare. »Wenn du gewinnst, reiche ich formell Beschwerde ein.«

Bei Atrius' Grinsen wird Mack warm ums Herz. Ihm ist das alles offensichtlich egal. Sie geht zum Tisch – mit der Decke in der Tasche – und nascht, während sie ihre Vorräte für den heutigen Tag zusammenstellt. Atrius' Hände und Arme sind mit einem feinen Nebel aus getrockneter Farbe bedeckt.

Er bemerkt ihren Blick. »Ich drücke dem Wettbewerb meinen Stempel auf.«

»Und wenn sie diesen Park nie wieder nutzen?«

»Ich tue das nur, um es zu tun.« Die Worte klingen eingeübt. Mack ist enttäuscht. Sie vermutet, dass er ebenso wie Sydney und die schöne Ava auf der Suche nach einem Publikum ist, nur auf andere Weise.

»Okay«, erwidert sie.

»Es ist ein Labyrinth«, sprudelt es aus ihm heraus. Er wirbelt eine Spraydose herum und steckt sie in die Gesäßtasche seiner tief sitzenden Hose.

»Deine Kunst?« Mack will dieses Gespräch so schnell wie möglich beenden und bereut die Frage bereits, kaum dass sie sie ausgesprochen hat.

Er runzelt die Stirn und hält nachdenklich inne. »Die Kunst ist das Labyrinth. Das Labyrinth ist die Kunst. Hmm.« Er schlendert los und verschwindet im Park.

»Der Alarm ist noch nicht losgegangen!«, ruft Sydney ihm hinterher. Leise vor sich hin murmelnd schnappt sie sich die ganze Dose Sonnenspray und marschiert ebenfalls in die frühmorgendliche Dunkelheit hinaus.

Rosiee hat die Augen geschlossen und scheint sich selbst irgendwelche Anweisungen zu erteilen. Mack vermutet, dass sie dieselbe Stelle aufsuchen will, an der sie sich am Vortag versteckt hat. Das wäre sinnig. Mack wird genau dasselbe tun. Sie hat es allerdings nicht eilig, denn sie ist sich ziemlich sicher, dass sie die Stelle wiederfinden wird. Daher geht sie in Ruhe auf die Toilette und überprüft ihre Tasche.

LeGrand geht an Ava vorbei. Keiner der beiden sagt einen Ton, aber sie nickt ihm zu. Zu Macks Überraschung erwidert er das Nicken. Er wirkt verwirrt und zaghaft, vielleicht sogar verängstigt, als er »Viel Glück« murmelt und im Sanitärbereich verschwindet.

Ava sieht halb tot aus. Wenn sie so weitermacht, steht sie die Woche niemals durch. Bevor sie es verhindern kann, geht Mack zu ihr. »Fühlst du dich bei mir sicher?«

»Was?« Ava zieht die Augenbrauen zusammen. Sie sind so schwarz wie ihre Wimpern, die ihre dunklen Augen betonen.

»Könntest du schlafen, wenn ich auf dich aufpasse?«

In Avas Miene spiegeln sich mehrere unterschwellige Gefühle wider. Ihr Lächeln wirkt müde und misstrauisch, ist aber dennoch irgendwie heller als die anbrechende Dämmerung. »Ja, ich glaube schon.«

»Na, dann komm.«

Mack führt Ava vom sich rapide leerenden Lager weg. Das ist so dumm. Sie sollte es nicht tun. Aber es gibt noch immer so viele Teilnehmer, was kann es da schon schaden? Ava geizt nicht mit ihrer Freundlichkeit, Mack schon. Aber heute kann sie es sich noch leisten, großzügig zu sein. Heute wird sie sich bei Ava bedanken, indem sie sie schlafen lässt, und danach sind sie quitt. Das ist alles. Sie will bloß keine Schulden bei Ava haben.

Nachdem sie einmal falsch abgebogen und kurz in Panik geraten ist, findet Mack den richtigen Weg. Sie verlassen den Wald und treten auf die mittlere Lichtung.

»Scheiße!«, schreit Ava, packt Mack und stellt sich zwischen Mack und die Gefahr, die sie vor ihnen erspäht hat. Mack löst sich aus Avas schützendem Griff und geht weiter, um dem Klavierspieler auf den Gipskopf zu tippen. Sie findet es interessant, dass Avas erste Reaktion nicht etwa darin bestand, sich zu verstecken, sondern Mack vor einem Angriff zu schützen. Anscheinend ist Mack nicht die Einzige, die mehr als eine Reisetasche voller Traumata mit in den Park gebracht hat.

»Reizend«, murmelt Ava und folgt Mack zur Entenhütte. Was auch gut ist. An Avas Seite muss Mack nicht an Garn, Badewannen und Schwestern denken. Mack hilft Ava aufs Dach und klettert hinterher. Die Senke ist tief genug für sie beide, wenngleich es schon recht eng wird.

Als es heller wird, legen sie sich Schulter an Schulter, Hüfte an Hüfte hin. Mack legt Ava ihren Rucksack unter den Kopf.

»Aber sei gewarnt«, sagt Mack. »Ich werde dich wecken, wenn du schnarchst, und ich pinkle mir notfalls auch in die Hose.«

»Ich auch. Also, in die Hose pinkeln, meine ich. Allerdings nicht in meine.«

Mack muss sich die Hände vor den Mund schlagen, um nicht laut loszulachen. Sie hat in den letzten beiden Tagen mehr über Avas Worte gelacht, als sie seit Monaten, wenn nicht gar Jahren lachen musste.

»Hast du das gestern gemacht?«, flüstert Ava. »Du bist echt hart drauf.«

»Nein, gestern konnte ich es lange genug einhalten. Ich hab da drüben hinter die Hütte des Klavierspielers gepinkelt.«

»Kannst du dir vorstellen, dass sich Rebecca in die Hose macht, nur um nicht gefunden zu werden?«

»Ist das die, die aussieht wie eine wandelnde Zahnpastawerbung? Das kann ich mir nicht vorstellen, und ich will es auch gar nicht.«

»Ja, darauf stehe ich auch nicht unbedingt.« Ava schnaubt. »Zahnpastawerbung. Da triffst du den Nagel auf den Kopf.«

Die Sonne ist schon fast aufgegangen. »Schlaf ein bisschen«, flüstert Mack. »Ab jetzt halten wir die Klappe.«

Ava legt den Kopf so, dass er an Macks Schulter ruht. Diesmal geschieht es mit Absicht. Mack stößt einen langen Seufzer aus, und dann steht die Sonne am Himmel, und Tag zwei – der sich dank ihrer verwirrenden Impulse schon weitaus komplizierter gestaltet – hat angefangen.

Es ist jetzt sieben Monate her. Das ist alles, was LeGrand denken kann, als er auf einen Baum klettert. Jeder, der ihm dabei zusieht, wäre verblüfft gewesen, wie geschickt der weiche, teigig aussehende, sehr große Junge – denn selbst mit zwanzig ist LeGrand zweifelsfrei noch ein Junge – diesen Baum erklimmt, der aussieht, als käme man dort gar nicht rauf. Doch er hat in so was sehr viel Erfahrung.

Während er sich im Grün verbirgt, fragt er sich: *Ist Almera tot? Ist sie schon gestorben?* Ihr Husten war diesmal sehr schlimm, und es ist sieben Monate her, dass er verbannt wurde. Aber es hätten auch sieben Jahre sein können, ohne dass es etwas geändert hätte. Er wird es nie erfahren. Und er wird ihr niemals helfen können. Der Versuch zu helfen hat ihn erst hierhergeführt, und er versteht wirklich nicht – und kann es auch gar nicht verstehen –, was er hier tut oder warum. Nichts ergibt mehr Sinn. Alles, was sie ihn über das Böse in der Welt gelehrt haben, ist falsch, und doch kommt ihm auch rein gar nichts richtig vor.

Er schließt die Augen und drückt die Stirn gegen die raue Borke des Baums. Dabei stellt er sich vor, er wäre zu Hause. So, wie er akzeptiert hat, dass Almera so oder so gerettet wird und dass es ohne Bedeutung ist, was sie in ihrem sterblichen Leben erdulden muss, weil sie auserwählt und auserkoren ist. Als wäre ihr Husten diesmal nicht so schlimm gewesen, dass er es nicht länger ertragen konnte, neben ihr zu sitzen, ihre Hand zu halten und zuzusehen, wie ihre Lippen blau anlaufen, während sie nach Luft ringt. Wie er letzten Monat ihren dreizehnten Geburtstag mit Seifenblasen gefeiert und sich über ihr begeistertes Lachen gefreut hat. Wie er kurz auf diesen Baum geklettert ist, um einen Moment lang Ruhe zu haben, während seine Mutter, seine Tanten und seine vielen Geschwister da unten waren und wuschen, buken und nähten. Er malt sich aus, dass seine Schwester kreischen und lachen wird, wenn er wieder herunterklettert, und dass er sie auf dem Rücken über das Gelände trägt, damit sie nicht kriechen muss.

Aber nein. Nichts davon ist real oder kann jemals Wirklichkeit sein. Er darf nicht einmal an ihr Lachen denken, das das hellste und fröhlichste auf der ganzen Welt ist, ohne sich schmerzlich bewusst zu sein, dass er sein Seifenblasenrezept geheim gehalten hat, und sich zu fragen, ob der Prophet es wohl verbieten wird. Was bringt sie denn jetzt zum Lachen? Wer trägt sie, damit sie andere Teile des Geländes sehen kann und nicht die ganze Zeit im Bett liegen muss? Wer macht sich jetzt die Mühe, herauszufinden, was sie braucht, wo sie es doch niemandem sagen kann?

Sie muss davon ausgehen, dass er sie verlassen hat, so wie er Gott und all ihren Lehren den Rücken zugewandt hat. Doch das hat er für sie getan, was sie allerdings nie erfahren wird, und all das ist sowieso nicht länger von Bedeutung.

Es ist sieben Monate her. Sieben Monate sind eine Ewigkeit. Immerhin hat Gott die Welt in sieben Tagen geschaffen, und LeGrand hat es geschafft, seine eigene in sieben Stunden zu zerstören.

Brandon döst in einem Wagen, der mitten in einem dunklen und staubigen falschen Tunnel steht. Glitzernde Partikel schweben aus hölzernen Herzen. Ein aggressiver Schwan mit gebrochenem Flügel beschützt ihn, und pausbäckige Engel, die nach all den Jahren seltsamerweise noch immer ihre grellen Farben tragen, hängen über seinem Kopf. Heute Morgen hatte er zwei Möglichkeiten: die Gasse der Liebenden oder das Unterweltinferno, doch über dem Eingang des anderen Gebäudes hängt ein unheimlicher großer Teufel, daher hat er sich für den Tunnel entschieden, der sich auch sehr gut für das Spiel eignet.

Er kann sich nicht entschließen, was ihm dabei am besten gefällt: das Verstecken, das durchaus aufregend, auf die Dauer jedoch langweilig ist, oder das Treffen mit den anderen im Anschluss. Inzwischen hofft er, dass sie in Kontakt bleiben werden, wenn der Wettbewerb vorbei ist. Vielleicht kommen sie ihn ja sogar besuchen. Oder er besucht sie! Ava mag er sehr, auch wenn ihr kurz geschorenes Haar ihn ein bisschen einschüchtert. Er vermutet, dass sie lesbisch ist, denn das wäre echt cool. Bisher war er noch mit keiner Lesbe befreundet. Er bezweifelt, dass es in Idaho überhaupt welche gibt. Mack ist sehr ruhig, aber sie mag er ebenfalls, und er glaubt, dass sie ihn auch ganz gut leiden kann. Jaden und Christian wirken auf ihn zu sehr wie diese Großstadtleute in Boise, die Väter und Sommerhäuser am Snake River haben und Sachen aus der Tankstelle klauen, obwohl sie sich diese auch kaufen könnten. Aber die andere Ava, ach, mit der kann er kaum reden, weil sie so hübsch ist. Genau wie Rebecca. Und Rosiee. Er mag sie alle. Sogar Jaden und Christian. Aber das ist unfair von ihm, weil er sie im Grunde ja gar nicht kennt.

Heute Abend wird er versuchen, sich auch mit ihnen zu unterhalten. Die arme Sydney mit dem heftigen Sonnenbrand – hoffentlich geht es ihr inzwischen besser – und dieser trübsinnige Ian und dieser Betrüger Atrius. Je nachdem, wer wer ist. Vielleicht kann er sie ja alle davon überzeugen, mit ihm irgendetwas zu spielen oder so, wo sie sich nun ein bisschen aneinander gewöhnt haben. Er strahlt den grinsenden Engel an. Mann, das hier ist das Beste, was ihm je passiert ist.

Jaden war sehr vorsichtig. Er muss sogar noch vorsichtiger sein, wenn die Sache klappen soll. Eigentlich hatte er auf jemand anderen gehofft – diese komische schweigsame Frau mit der Decke, die blöde Lesbe, die sich für eine toughe Braut hält, oder am besten Atrius. Aber er hat Sydney gefunden, daher wird er sich mit Sydney zufriedengeben.

Er beobachtet sie aus dem Schutz eines Gebäudes, das früher als Toilette genutzt wurde und heute eine Brutstätte für Spinnen ist. Sydney klettert eine Feuerleiter hoch und kriecht über die Tragfläche eines Miniaturflugzeugs, das in der Luft hängt. Sie hat mehr Mumm, als er dachte. Nachdem sie sich gründlich mit Sonnencreme eingesprüht hat, versteckt sie sich im Flugzeug, wo sie nicht mehr zu sehen ist.

Dann macht er es sich bequem, um den Suchern genug Zeit zu geben, bis in diesen Teil des Parks vorzudringen.

Irgendwann, nachdem die Sonne den Zenit überschritten hat und sich langsam dem westlichen Horizont nähert, hört Mack es erneut.

Wie in Zeitlupe zieht sie sich die Decke vom Gesicht, da sie Ava nicht stören will. Das hätte ihr gerade noch gefehlt, dass sich Ava erschreckt und das Dach laut knarrt.

Ganz in der Nähe ertönt abermals dieses Schnüffeln. Ein feuchtes, hungriges Atmen. Ein Geräusch, als würde eine Pfote über den Boden scharren. Mack ist sich nicht sicher, glaubt jedoch, es kommt von der Stelle, an der sie gestern hinter die Klavierhütte gepinkelt hat. Vor Glück darüber, dass sie sich nicht direkt hinter diesem Gebäude erleichtert hat, erschaudert sie.

Das Geräusch – ein Schnaufen, dann leichtes Tapsen, das sich hin und her bewegt – bewirkt, dass sie kurz davor ist, vor Entsetzten und Anspannung loszuschreien. *Ich werde gejagt.*

Sie kann sich zwar etwas anderes einreden, weiß jedoch genau, wie es ist, wie ein Beutetier gehetzt zu werden. *Er ist tot, er ist tot, er kann dich nicht finden.* Etwas anderes hat diese Aufgabe jetzt übernommen.

Es streicht gegen die Hüttenwand und lässt das ganze Gebilde bis hinauf zum Dach beben. Sie spürt es bis in die Knochen. Schon reißt sie den Mund auf, um zu wimmern, zu weinen, die schreckliche Anspannung loszuwerden, damit es sie findet und das alles endlich vorbei ist.

Eine Hand legt sich auf ihre, umklammert sie, verankert sie dort. Die Decke wird ihr wieder übers Gesicht gezogen, Zentimeter für Zentimeter, bis sie mit Ava in der heißen Dunkelheit eingeschlossen ist. Ava, die lautlos aufgewacht ist. Ava, die an ihrer Seite ist.

Komm raus, komm raus, wo immer du bist, säuselt er in ihren Gedanken. Sie drückt Avas Hand fest, zu fest, aber Ava rührt sich nicht. Ein Quietscheentchen am Boden unter ihnen gibt ein gequältes, langsames Todesquäken von sich.

Dann hallt aus der Ferne der Klang verrosteten Metalls

wie eine Sirene zu ihnen herüber. Gewaltige Schritte verschwinden in die Richtung, aus der das Geräusch kam.

Mack atmet vor Erleichterung erschaudernd aus. Ava rückt langsam und vorsichtig herum, und Mack legt ihr den Kopf auf die Schulter. Unter der Decke ist es stickig, aber sie zweifelt nicht daran, dass Ava die Tränen spürt, die aus Macks Augen auf ihr T-Shirt fallen.

»Es ist nur ein Spiel«, flüstert Mack. Aber sie weiß, dass nicht die Vorstellung zu verlieren, ihr diese Existenzangst eingejagt hat. Es ist die Vorstellung, gefunden zu werden.

Und dann zu sterben.

»Du verdammtes Arschloch!«, ruft Sydney, als sie sieht, wie Jaden zwischen den Bäumen verschwindet, vor dem von ihm erzeugten Geräusch wegläuft, mit dem er die Sucher zu ihr locken will. Wenn sie rausfliegt, will sie diesen Mistkerl auf jeden Fall mitnehmen. Sie kriecht aus dem Flugzeug und bricht sich beim Runterklettern fast den Hals. Sofort rennt sie hinter ihm her und bahnt sich einen Weg durch die tief hängenden Äste. Ihre Sonnencreme fällt ihr aus der Tasche und landet geräuschvoll auf dem Boden.

Als ihr Haar an einem Ast hängen bleibt und sie nach hinten gezerrt wird, schreit sie auf. In den Bäumen um sie herum wird es still. Auf einmal hört sie schwere Schritte. Erst einen. Dann noch einen. Etwas an dem langsamen, wohlüberlegten Tempo lässt ihren Zorn verfliegen und ersetzt ihn durch Furcht. Sie sinkt in die Hocke, schließt die Augen, handelt entsprechend der Logik eines Kinds. *Wenn ich sie nicht sehen kann, sehen sie mich auch nicht.*

Worin sie natürlich irrt.

Mack und Ava bleiben noch einige Minuten länger auf dem Dach, als der Scheinwerfer ihnen schon längst das heutige Spielende angekündigt hat. Ihre Hände zittern beim Halten der Wasserflaschen und während sie sich Riegel in den Mund stopfen.

Ava stößt Mack mit der Schulter an. »Danke. Ich bin zwar völlig steif und am Verhungern, außerdem befürchte ich, eine Niereninfektion zu kriegen, aber wenigstens bin ich nicht mehr müde.«

Mack kann die Wahrheit nicht aussprechen – dass sie ohne Avas beruhigende Hand die Fassung verloren hätte. Daher tut sie so, als wäre dies ein normaler Tag, so normal, wie ein Tag, an dem man sich in einem verlassenen Vergnügungspark versteckt, nur sein kann. »Kein Problem.«

Sie helfen einander beim Runterklettern. Mack geht direkt zur Hütte des Klavierspielers. Sie will – muss – Fußabdrücke sehen. Normale, langweilige Abdrücke von Schuhen. Oder Tierspuren. Der Boden wirkt aufgewühlt, aber sie kann sich nicht mehr erinnern, wie er am Vortag ausgesehen hat. Und im schwachen Mondlicht erkennt sie nur, dass dort keine offensichtlichen Schuhabdrücke zurückgeblieben sind.

»Morgen sollten wir uns woanders verstecken«, meint Ava. Unverhofft hat sie sie miteinander verbunden. Sie sind ein Team. Mack sollte widersprechen, Nein sagen, aber …

»Hast du irgendwelche Vorschläge?«

Ava nickt, und sie machen sich auf den Rückweg zum Lager. »Wenn du mich fragst, ist es am besten, wieder irgendwo raufzuklettern. Es gibt da ein Gebiet voller alter Autoscooter. Das Spalier darüber sah stabil genug aus, um uns auszuhalten. Es ist völlig mit Efeu überwuchert, daher sollte man uns vom Boden aus nicht sehen können, wenn wir uns flach hinlegen.« Sie hält inne. »Und wir könnten runtergucken, falls wir wieder etwas hören.«

»Dann wüssten wir, was es ist«, flüstert Mack.

»Wer es ist«, korrigiert Ava sie. Allerdings klingt sie nicht so zuversichtlich, wie es Mack lieb wäre. Sie bleiben am Rand des Lagers stehen. »Hey, Linda!« Ava winkt die Frau zu sich, die gerade die letzten Vorräte auf dem Tisch auffüllt.

»Was gibt es, meine Liebe?« Linda wirkt erschöpft. Selbst ihr Lippenstift hat sich in den feinen Fältchen um ihren Mund verbreitet, sodass ihre Lippen nun verschwommen und undeutlich aussehen.

»Gibt es hier wilde Tiere?«

Linda blinzelt mehrmals. »Es ist durchaus möglich, dass sich ein Teil der hiesigen Fauna den Weg auf diese Seite des Zauns gebahnt hat, aber nichts Großes oder Gefährliches.«

»Vielleicht so etwas wie Wildschweine?«

Bei ihren Worten lacht Linda überrascht auf. »Ich habe hier noch kein Wildschwein gesehen, aber wer kann das bei einem Park dieser Größe denn schon mit Gewissheit sagen?«

»Wie viele Sucher sind hinter uns her?«

Linda schüttelt den Kopf, und ihr Lächeln breitet sich wie ihr Lippenstift bis in die Fältchen aus. »Ist das wichtig? Gefunden ist nun mal gefunden.« Rasch eilt sie von dannen, um noch mehr Dinge aus dem Quad auf den Tisch zu stellen, bevor sie noch mehr über die Sucher oder diejenigen, die heute gefunden wurden, wissen wollen.

»Es ist sehr wichtig«, murmelt Ava und wirft Mack einen Blick zu.

Mack zuckt mit den Achseln. Es ist wichtig, andererseits aber auch nicht. Ein Sucher oder hundert – sie spielt das Spiel so oder so auf dieselbe Weise.

Möglicherweise haben sie tatsächlich ein Schwein gehört. Ein großes. Oder es war einer der geheimnisvollen Sucher. Zurück im Lager kommt ihr das Entsetzen, gejagt zu werden, eher wie eine posttraumatische Belastungsstörung vor, als dass es real gewesen sein könnte. Dennoch weicht ihr Ava nicht von der Seite. Sie sitzen beisammen und essen, da sie noch nicht bereit sind, unter die Dusche zu gehen. Es kommt ihnen wichtig vor, mit eigenen Augen zu sehen, wer von den anderen zurückkehrt. Damit sie wissen, wer noch im Spiel ist.

Jaden und die schöne Ava kehren zusammen zurück.

Danach kommt Klemmbrett-Christian.

Danach der Schriftsteller Ian.

LeGrand.

Rebecca, die wandelnde Zahnpastawerbung.

»Brandon, Atrius, Sydney, Rosiee«, listet Ava diejenigen auf, die noch nicht wieder da sind. Mack merkt, dass sie den Atem anhält und gebannt in die Dunkelheit späht. Dabei sollte es ihr doch egal sein, wer rausfliegt. Schließlich bedeutet das nur, dass sie es nicht gewesen ist. Aber sie möchte sich bei Rosiee dafür bedanken, dass sie heute Morgen für sie eingetreten ist. Und Brandons Lächeln wird die anhaltende Angst und Panik in ihrer Brust etwas lindern. Er freut sich am meisten darüber, hier sein zu dürfen. Sie möchte dieses Gefühl ganz in ihrer Nähe haben. Am liebsten würde sie sich etwas von seiner Wärme ausborgen.

Irgendwann in der Nacht hört sie das leise, aber unverkennbare Zischen einer Farbdose. »Atrius ist noch dabei«, sagt sie. Diese Erkenntnis erfüllt sie mit zwiespältigen Gefühlen, denn sie bedeutet auch, dass eine der beiden Personen, die sie tatsächlich mag, nicht mehr dabei ist. Vielleicht auch beide.

Brandon kommt grinsend ins Lager gehumpelt. »O Mann, heute war's echt wild. Oder langweilig. Ich bin mir nicht sicher, was von beidem.«

»Sydney und Rosiee«, stellt Ava fest.

Linda nickt geistesabwesend und hantiert noch immer mit den Lebensmitteln auf dem Tisch herum. »Na dann, gute Nacht.« Schon ist sie weg. Mack fragt sich, warum Linda nicht wie in der ersten Nacht bei ihnen bleibt oder warum Linda als Einzige Kontakt zu ihnen hat. Diese Frau scheint ihr eine merkwürdige Wahl als Vertreterin eines Sportartikelherstellers zu sein.

Brandon macht sich daran, neben dem Pavillon Feuerholz in eine Steingrube zu schichten. »Hat einer von euch was gegen ein Feuer? Wenn sie sich schon nicht von uns verabschieden, sollten wir zumindest einander feiern. Ich hab einen Beutel Marshmallows gefunden!«

Die schöne Ava schließt sich ihm an. Nach einigen Fehlversuchen fängt das Holz an zu brennen. Sie versammeln sich alle darum. Selbst der ungesellige Schriftsteller und LeGrand sitzen in der Nähe. Rebecca kichert und zeigt dabei ihre geraden weißen Zähne, als ihr Marshmallow vom Stock ins Feuer rutscht.

»Colgate oder Signal?«, flüstert Ava Mack zu, und Mack versucht, ihr schnaubendes Lachen zu unterdrücken.

»Sollen wir ein Spiel spielen?«, schlägt Brandon vor.

»Zwei Wahrheiten und eine Lüge!«, ruft die schöne Ava sofort.

»Bitte nicht.« Ava steht auf und marschiert Richtung Dusche.

Mack würde ihr zu gern folgen, doch das kommt ihr dann doch zu intim vor, zusammen mit Ava zu duschen. Sie wartet lieber, bis Ava fertig ist.

Jaden beugt sich so weit vor, dass sein Gesicht im Feuerschein golden glänzt. »Wir sollten uns lieber Gruselgeschichten erzählen. Ich fange an. Hat einer von euch schon mal vom berüchtigten Versteckens-Massaker gehört?«

Das Feuer lässt Macks Gesicht glühen, aber ihr Rücken ist ganz kalt. Sie kann die Nacht da draußen spüren, wie die Dunkelheit verharrt und sich vorbeugt, um wie alle anderen, die sich um das Feuer versammelt haben, gebannt zuzuhören. Das ist nicht real. Nichts von alldem ist real.

»Das hast du doch nur erfunden.« Die schöne Ava runzelt die Stirn.

»Hab ich nicht. Meine Ex-Freundin war besessen von Podcasts über wahre Kriminalfälle.«

»Was ist ein Podcast?«, fragt LeGrand leise.

»Kommst du vom Mars? Halt einfach die Klappe, und lass mich die Geschichte erzählen.«

Er erzählt sie fast richtig.

Da war also dieser Kerl. Er hat eine Frau und zwei Töchter, und das nächste Kind ist auch schon unterwegs. Doch er schafft es einfach nicht, einen Job längere Zeit zu behalten. Denn er ist reizbar. Trinkt. Ist gemein.

(Er hat die besten Pancakes gemacht, ganz leicht und fluffig und mit kleinen Gesichtern aus Schokostreuseln.)

Seine letzte Entlassung gibt seiner Frau den Rest. Sie sagt ihm, dass er seinen Stolz herunterschlucken und endlich mal einen Job behalten soll, ansonsten verlässt sie ihn und zieht zurück zu ihren Eltern.

(Grandmas und Grandpas Haus war immer zu warm, die Luft zu trocken und kratzig. Sie musste da oft niesen. Einmal hatte sie dort so lange Nasenbluten, dass man sie fast in die Notaufnahme gebracht hätte.)

Der Mann erzählt seiner Frau also, er hätte einen neuen Job. Er lädt die ganze Familie zum Feiern ein. Die Erwachsenen sitzen im Wohnzimmer. Er sagt den Töchtern, dass sie Verstecken spielen werden und sich die beiden verstecken sollen, bis er sie findet.

(Das war ihr Lieblingsspiel. Sie hatten es schon ziemlich lange nicht mehr mit ihm gespielt. Alle wirkten viel glücklicher. Entspannter. Es war beinahe … als wären sie sicher. Mack lachte zu laut und jagte Maddie immer im Kreis herum. Als er ihnen erneut sagte, dass sie sich verstecken sollten, schwang ein warnender Unterton in seiner Stimme mit, also taten sie es.)

Sobald er zu Ende gezählt hatte …

(Reine Spekulation. Niemand weiß genau, wann es passiert ist.)

… nahm er ein Messer und schlitzte seinem Schwiegervater die Kehle auf. Er stach seiner Schwiegermutter in die Brust. Und danach rammte er seiner Frau, die ihre Eltern hatte sterben sehen, das Messer in den Bauch. Die Schreie lockten die jüngere Tochter aus ihrem Versteck. Er brachte auch sie um. Schlitzte sie förmlich auf. Danach machte er sich auf die Suche nach der letzten Tochter. Doch er hatte Mist gebaut. Seine Frau war nicht tot, sie lag im Sterben. Es gelang ihr, aus dem Haus zu kriechen, aber sie schaffte es nur bis auf die Veranda, wo sie ihren Verletzungen erlag. Der Dad sucht also die Nacht – die ganze Nacht – nach seiner älteren Tochter. Irgendwann im Morgengrauen entdeckt ein Jogger die tote Frau auf der Veranda und ruft die Polizei. Als der Dad die Sirenen hört, schneidet er sich die Kehle auf und verblutet auf dem Fußboden, keine zwei Meter vom Versteck des kleinen Mädchens entfernt. Die Polizei war schon zwei Stunden am Tatort, als sie endlich rauskam und wissen wollte, ob das Spiel vorbei wäre. Die glückliche Überlebende.

(Das war kein Glück. Und Maddie kam nicht wegen der Schreie aus ihrem Versteck. Sie wussten beide, dass sie sich nicht rühren durften, wenn Mom und Dad schrien.

Nein, Maddie wurde gefunden. Diesen Teil hat Mack selbst gesehen. Alles andere hat sie nur gehört.)

»Warum erzählst du uns das?« Rebecca schlingt die Arme um sich. »Das ist ja furchtbar.«

LeGrand schaukelt vor und zurück. Der mürrische Schriftsteller ist mit seinem Notizbuch beschäftigt. Mack schweigt. Sie hätte doch mit Ava duschen gehen sollen.

Jaden lehnt sich zurück und verschränkt die Arme. »Ich habe euch diese Geschichte erzählt, damit ihr begreift, wie unfassbar krank es ist, dass die einzige Überlebende des Verstecken-Massakers an einem Verstecken-Turnier teilnimmt. Oder irre ich mich da, Mackenzie Black? Ich wusste doch, dass ich den Namen schon mal gehört habe.«

Während die anderen aufschreien, erhebt sich Mack und geht zu ihrer Pritsche. Sie will nur noch ins Bett.

Sie kann deutlich hören, wie die schöne Ava, Rebecca und sogar der Autor Jaden mit Fragen bestürmen. Klemmbrett und Brandon murmeln etwas. Als Ava aus der Dusche kommt, werden die Stimmen lauter. Gleich wird sie es auch wissen. Dann wissen alle Bescheid.

Wenigstens wird der Wettbewerb dadurch wieder einfacher.

Jemand kniet sich neben ihre Koje. Brandon schaufelt einen Haufen ihrer bevorzugten Vorräte in ihre Tasche. »Ich hoffe, du gewinnst«, raunt er ihr zu.

Sie hofft überhaupt nichts mehr. Als sie die Augen schließt, ist sie wieder an diesem Ort. Macht sich ganz klein. Blickt auf Maddie hinab, die sie mit tränenfeuchten, anklagenden Augen anstarrt.

Atrius macht die Dunkelheit nichts aus. Er arbeitet ohnehin meist nachts. Aber eine Sache gibt ihm zu denken: Er war jetzt seit zwei Tagen im Park unterwegs, hat gemalt und getaggt und versucht, sich mit dem Gelände vertraut zu machen. Und er hat niemanden gesehen, der sich mit ihnen im Park aufhält. Heute ist er sogar aufs Riesenrad geklettert, und die Aussicht hat ihm seine Vermutung bestätigt: Es ist in der Tat ein Labyrinth. Woraufhin er sich die Frage gestellt hat, ob es beim Spiel weniger darum geht, nicht gefunden zu werden, und mehr darum, selbst etwas zu finden. Linda hat da dieses merkwürdige Buch erwähnt. Möglicherweise ist es ja das eigentliche Ziel. Vielleicht hat das Ganze ja einen Kniff, und sie müssen sich nicht nur verstecken, sondern gleichzeitig ebenfalls etwas suchen.

So langsam geht ihm die Farbe aus, aber er kennzeichnet seinen Weg durch das Labyrinth. Genau in der Mitte hat er ein Gebäude erspäht – weiß, mit Säulen wie vor dem Spa. Dort will er gleich als Erstes hingehen.

Irgendwann ist er jedoch zu müde und hungrig. Er ist ganz in der Nähe, das weiß er genau. Dann findet er eben morgen das Gebäude und das Buch. Seine Farbe wird ihn wie Brotkrumen dorthin zurückführen.

Da er den Blick zu Boden richtet, bemerkt er den Kinderschuh nicht, doch er entdeckt die praktischen Pumps, die unter einen Busch geworfen wurden. Seltsam.

Als er ins Lager zurückkehrt, geht das Feuer gerade aus. Auf Jadens Pritsche liegen zwei Personen. Das ist jedoch nicht das einzige komische Schlafarrangement. Die unheimliche Braut, deren Augen zu groß für ihr Gesicht sind, schläft auf ihrer Kutsche, neben der sich die Militärtussi auf den Boden gelegt hat.

Das Notizbuch des weinerlichen Schriftstellers ist von seiner Pritsche gefallen. Atrius hebt es auf, um sich zu vergewissern, dass es sich nicht um das Buch handelt, das er sucht. Aber nein. Es ist nur ein Notizbuch. Außerdem ist es leer. Ian hat die ganze Zeit nur so getan, als würde er etwas schreiben.

Gelangweilt geht Atrius duschen und isst etwas, um sich dann einige Stunden auf eine leere Pritsche zum Schlafen zu legen. Gleich morgen früh wird er zu diesem Haus gehen.

TAG DREI

ATRIUS BRICHT NOCH vor Tagesanbruch auf.

Er findet den Tempel.

Und es findet ihn.

Mack ist überrascht, als sie aufwacht und feststellt, dass Ava neben ihrer Pritsche auf dem Boden schläft. Es wird gerade erst hell, und sie hat noch genug Zeit, sich ein neues Versteck zu suchen. Ein gutes Versteck. Sie wird das gestrige nicht noch einmal aufsuchen, nicht nach diesem Schnüffeln. Dem Suchen. Als sie versucht, sich den Menschen vorzustellen, erschafft ihr Gehirn jedoch stets etwas anderes, und sie erschreckt sich vor der monströsen Gestalt, die vor ihrem geistigen Auge entstehen würde, wenn sie nur richtig hinsehen könnte.

Doch das wird sie nicht tun. Sie ist gut darin, Augen und Ohren zu verschließen und sich den Horror wegzudenken.

Sie ist derart abgelenkt und merkt erst, dass Ava sie begleitet, als sie das Lager verlässt und einen der vielen Wege betritt, die durch den Park führen. Ava geht schnell, mit unsicherem, zuversichtlichem Gang.

»Komm mit«, fordert Ava sie auf, als hätte sie am Vorabend nicht erfahren, dass Mack befleckt, gebrochen, heimgesucht ist. »Ich habe am ersten Tag eine Stelle entdeckt, die perfekt ist. Wir sind dort verborgen, können aber den Boden sehen, wenn wir das wollen. Falls wir wieder etwas hören.«

Mack entgeht nicht, dass Ava *etwas* und nicht *jemanden* gesagt hat. Möglicherweise hat es ihre Fantasie auch nicht geschafft, die Lücken zu füllen.

Am liebsten würde Mack nachhaken oder fragen, wieso Ava noch bei ihr ist, aber noch schlimmer als diese beiden Fragen setzt ihr die schiere Erleichterung zu, die sie mit Ava an ihrer Seite empfindet. Sie sollte nicht erleichtert sein. Sie sollte überhaupt nichts fühlen. Und sie sollte nicht gegen den Impuls ankämpfen müssen, die Hand auszustrecken und Avas Hand zu halten, während sie nebeneinander über diesen Weg laufen.

Daher gerät Mack absichtlich ein wenig aus dem Tritt, damit sie nicht im Gleichschritt laufen.

Aber es ist zu spät, sich ein besseres Soloversteck zu suchen. Nur aus diesem Grund bleibt sie bei Ava, sagt sie sich. Nur noch diesen letzten Tag. Danach wird sie wieder allein sein, und alles wird wieder besser. Und wenn es nicht besser ist, dann wenigstens sicherer. Für wen von ihnen beiden, kann Mack selbst nicht genau sagen.

Ava führt sie durch das Gewirr und Gestrüpp, durch Büsche und an einigen alten Fahrgeschäften und schief stehenden Gebäuden vorbei, die alles andere als sicher sind. Sie deutet auf einem breiten, flachen Turm, der von mehreren Rutschen umgeben ist. In sämtlichen Rutschen klaffen riesige Lücken, an denen ganze Abschnitte herausgebrochen sind, und jede Rutsche spuckt die Rutschenden auf einem anderen Weg aus. »Hier habe ich mich am ersten Tag versteckt. Es war die Hölle, da raufzuklettern. Das Ding heißt Helter-Skelter, wie der Beatles-Song.«

»Die Beatles haben über eine Rutsche gesungen?«, staunt Mack. »Ist das nicht der Song, von dem die Manson-Familie angeblich zu ihren Morden inspiriert wurde?« Sie zuckt zusammen. Warum muss sie ausgerechnet Morde erwähnen? Das bahnt nur den Weg für Gespräche über Macks Vergangenheit, die Ava bestimmt einschlagen wird. Aus genau diesem Grund redet sie sonst nie, und deshalb ist Ava nicht nur als Konkurrentin gefährlich. Mack dreht sich ab und will einfach weggehen.

Doch Ava hakt sich bei Mack unter, hindert sie daran und zwingt sie, weiter vorwärtszulaufen. »Das ist schon komisch, was? Aber wenn du mich fragst, sehen diese Rutschen auch echt mörderisch aus.« Derart leicht hat Ava den Weg wieder geschlossen und sorgt dafür, dass Macks Vergangenheit versiegelt bleibt, während sie schweigend weitergehen.

Endlich gelangen sie zu einer Stelle, die aussieht wie ein flacher Betonteich. Wie alles andere ist auch hier nur noch eine Ruine des einstigen Glanzes vorhanden, und die ehemals glatte Oberfläche hat Risse und Löcher bekommen, durch die sich Pflanzen den Weg zur Sonne bahnen und langsam, aber sicher alles zurückerobern. Über der verrosteten Einheitlichkeit der Autoscooter befindet sich ein Schatten spendendes Dach, das zwar genau wie Macks letztes Versteck in der Mitte eingesackt ist, ansonsten jedoch solide aussieht. Besser noch ist, dass es sich um ein mit Efeu beranktes Metallgitter handelt. Ava hat recht. Wenn sie sich dort oben verstecken, können sie hinuntersehen, bleiben jedoch verborgen.

Sollte etwas hier auftauchen und sich auf diese entsetzlich feuchte schnüffelnde Art umsehen, um leise mit Füßen herumzutapsen, die nicht wie irgendwelche Füße klingen, die Mack je gehört hat, müssen sie nur die Köpfe drehen und durch eine Lücke im Efeu spähen.

Oder auch nicht. Sie kann sich auch entschließen, nicht hinzusehen. Sie könnte sich einfach ausmalen, was diese Geräusche verursacht, und den Rest ihres Lebens

Tag und Nacht damit klarkommen, ohne es mit Sicherheit zu wissen. Mit so etwas hat sie zumindest Erfahrung.

Mack hilft Ava zuerst hinauf, und als Ava oben auf dem Dach verschwunden ist, zieht sich Macks Magen kurz zusammen. Ava könnte sie hier einfach zurücklassen. Sie könnte sich dort oben in Sicherheit wiegen und es Mack überlassen, sich übereilt ein neues Versteck suchen zu müssen.

Wenn sie schlau wäre, würde sie genau das tun. Mack hat sich schon halb resigniert halb umgedreht, als Avas Gesicht oben auftaucht. »Macht einen stabilen Eindruck.« Sie reicht Mack die Hand.

Mack ergreift sie.

Ava hat recht. Zwar protestiert das Gitter lautstark, und sie werden darauf achten müssen, die ganze Zeit stillzuhalten, doch es macht nicht den Eindruck, als könnte es jeden Augenblick einstürzen. Sie legen sich dicht an den Rand, wo es die meisten Stützen gibt. Diese Stelle ist auf jeden Fall besser als Macks, da gewaltige Baumwipfel über ihnen aufragen und sie vor der gnadenlosen Sonne schützen. Vielleicht müssen sie sich nicht mal unter der Decke verstecken.

Sorgsam und gründlich baut Mack alles in Reichweite auf, was sie benötigen könnte. Sie hat gestern Abend nach dem Lagerfeuer nicht geduscht, was sie jetzt bereut, da sie sowohl ihren Körpergeruch als auch den Rauch riechen kann, doch so hoch über dem Boden und bei dem heftigen Wind kann sie sich nicht vorstellen, dass ein Mensch das überhaupt wahrzunehmen vermag.

Ava legt sich so dicht neben sie, dass sie sich beinahe berühren. Als die Sonne am Horizont aufgeht und den vor ihnen liegenden anstrengenden Tag ankündigt, flüstert Ava: »Wenn Jaden heute nicht rausfliegt, schlage ich ihn heute Abend zu Brei.«

Das ist kein Kommentar über Mack oder ihre Vergangenheit. Es ist auch keine Frage oder Forderung. Es ist ein Angebot. Eine Vertrautheit. Ava deckt ihr den Rücken.

Mack rutscht ein kleines Stück von ihr weg.

Die Dämmerung ist noch nicht angebrochen, als Rebecca das alte Karussell entdeckt. Die einst helle Farbe der skurrilen Tiere ist abgeplatzt und verblasst, sodass man das Holz darunter erkennen kann. Sie weiß, dass es Holz ist – sie weiß es einfach –, aber dank des doppelten Verfalls durch Verwesung und Sonneneinstrahlung sieht es beinahe aus wie Knochen, findet ihr Gehirn, die Überreste gefolterter, für immer aufgespießter Kreaturen, entsetzliche Gruselgestalten.

Eigentlich gefallen sie ihr sogar. Alles sieht aus wie ein Filmset. Sie kann die Kamera, die ihren Blickwinkel einfängt und das Publikum eigene Schlüsse darüber ziehen lässt, was in der Mitte des Karussells im Schatten lauert, förmlich hinter sich spüren. *Geh da nicht hin,* hört sie die Zuschauer fast schon sagen.

Ihre Nackenhaare stellen sich auf, und sie reibt sich die Arme, wenngleich die frühmorgendliche Kühle bereits nachlässt. Nein. Das hier ist kein Horrorfilm. Bei ihren Lebensmittelallergien würde ein Horrorfilm doch bestimmt schreckliche und traumatische Wege finden, um sie zu töten. Als würde sie sich nicht ohnehin schon so gut wie jeden Tag ihres Lebens vorstellen, wie es sein muss, zu ersticken. Als wären ihre Allergien nur ein Plot-Aufhänger und nicht etwa der reale, ständige Grund für Unannehmlichkeiten bis hin zu schrecklichen Schmerzen und Furcht.

Kein Horrorfilm. Eine romantische Komödie. Sie hat einen heruntergekommenen alten Vergnügungspark von einem entfernten Verwandten geerbt. Nein. Von einem

Elternteil, von dem sie sich entfremdet hatte, sodass es keinerlei weitere emotionale Komplikationen gibt. Heute sieht sie sich hier zum ersten Mal um und ist fassungslos, in welch schlechtem Zustand alles ist. Was soll sie denn mit einem Vergnügungspark anfangen, den niemand besuchen kann? Auch wenn ihre schönsten Kindheitserinnerungen hiermit zu tun haben und sie den letzten glücklichen Sommer mit ihrem Vater hier verbracht hat. (Ihrer Mutter? Nein, ihrem Vater. Die Entfremdung vom Vater ist weniger schmerzhaft als die von der Mutter. Jedenfalls für das Publikum. Sie persönlich empfindet beides als äußerst schmerzhaft. Aber zurück zum Film.)

Jetzt wird sie sich umdrehen und direkt gegen einen Mann im Flanellhemd prallen. In Jeans, die sich an seinen perfekten Hintern schmiegen. Mit robusten Stiefeln, einem Bart, der schon vor drei Tagen den Rasierer hätte sehen sollen, einer rauen Stimme und funkelnden Augen. Einem Bauunternehmer! Den ihr Vater vor seinem Tod angeheuert hat! Aber warum sollte sie noch mehr Geld in den Park investieren? Es sei denn, sie kann so mehr Zeit mit diesem interessanten Mann verbringen …

Eine starke Brise weht durch das Karussell und lässt es stöhnen, als würde es seinen letzten Atemzug tun. Nein. Dies ist kein Setting für eine romantische Komödie, sondern eher für einen Zombiefilm.

Konzentrier dich, Rebecca. Sie steigt auf das Karussell. Die Abdeckung in der Mitte scheint aufgerissen zu sein. Wenn sie sich ganz klein macht, kann sie sich vielleicht dazwischenquetschen. Zum Glück hat sie sich noch nicht die Brüste machen lassen. Die wären hierbei garantiert im Weg.

Als sie das erste Bein hineinstellt, blickt sie nach unten und sieht etwas Mattsilbernes glänzen. Sie kennt diese Kette. An Rosiee sah sie so schön aus. Rebecca hatte Rosiee darum beneidet, wie präzise und klar sie sich in ihrem schweren Silberschmuck auszudrücken vermag. Sie hockt sich hin und hebt die Kette auf. Der Verschluss ist zerbrochen.

Rebecca sieht genauer hin. Da ist ein schwarzer Fleck am Verschluss. Er ist klebrig und nicht wirklich schwarz. Eher dunkelrot. Wenn sich Rosiees Kette so fest verhakt hat, dass es blutete, hätte Rosiee das doch bemerken müssen.

Ganz langsam zieht Rebecca das Bein zurück. Sieht sich die Öffnung genauer an.

Da hängt ein Stofffetzen. Sie erkennt, dass er von Rosiees T-Shirt stammt. Als sie einige Schritte zurückweicht, stößt sie gegen eines der skelettartigen Pferde, das sie mit leeren Augen angrinst. Davor liegt ein Stiefel. Wie muss Rosiee gezappelt haben, dass sie einen Stiefel verloren hat? So leicht wie ein Pumps oder Ballerina fällt ein Stiefel nicht runter. Im Stiefel zeichnen sich tiefe Rillen ab, Kratzer, wo er über den Boden geschleift sein muss. Während Rosiee versucht hat, Halt zu finden.

Rebecca taumelt mit rasendem Herzen von der Plattform des Karussells und sieht sich panisch um. Dies ist keine romantische Komödie.

Eindeutig keine romantische Komödie.

Die Sonne steigt über die Baumwipfel und taucht das Karussell in Licht. Überall sind dunkle Flecken, die vom Rost stammen könnten. Von Öl. Schwarzem Wasser. Blut.

»Scheiß auf diesen Zombie-Mist«, flüstert Rebecca. »Hey!«, schreit sie und rennt auf dem nächsten Weg los. »Hey! Hilfe! Ich brauche Hilfe! Ich glaube, Rosiee ist etwas Schlimmes zugestoßen! Falls jemand zusieht: Mir ist völlig egal, ob ich rausfliege! Hier stimmt was nicht! Hier läuft was völlig schief!«

Sie rennt in die Hecke, bahnt sich den Weg in Richtung Lager. Während ihre Schreie leiser werden und verhallen, ist es, als wäre das Karussell nie gestört worden. Bis auf den silbernen Schimmer, der zurückbleibt, funkelt alles einen Code ins Sonnenlicht, doch es ist niemand da, der ihn entziffern kann.

Mack spürt die Anspannung, als Ava es ebenfalls hört. Ob der Mensch, der da schreit, nah oder fern ist, lässt sich schwer sagen, da die Gebäude, die Bäume und das allgegenwärtige Chaos die Geräusche brechen und wild durch die Luft schleudern.

Ava verlagert das Gewicht und späht durch den Efeu nach unten. Mack tut es ihr nach, weil sie einfach nicht anders kann.

Sie sehen nichts.

»Klingt nach Rebecca«, flüstert Ava.

Mack gibt als Antwort nur ein Zischen von sich. Jemand wurde gestern reingelegt, damit er verliert. Das musste das klappernde Metall gewesen sein. Dies ist bestimmt nur ein weiterer Trick.

Die Rufe brechen abrupt ab, und Mack hätte beinahe vor Erleichterung geseufzt, doch ihr stockt das Blut in den Adern, und sie erstarrt, als ein schriller Schrei durch den Park hallt, mehrfach zurückgeworfen und zerfetzt wird, während er an ihre Ohren dringt. An die Ohren aller.

Ava bewegt sich. Mack lässt die Hand vorschnellen und hält sie am Arm fest.

»Nein«, flüstert sie. »Das ist ein Trick.«

Schritte. Ein unbeholfener, unkoordinierter Lauf. LeGrand hastet an ihnen vorbei in die Richtung, aus der die Schreie gekommen sind. Er ist ein Idiot.

Er ist kein Idiot. Das weiß Mack genau. Sie kennt den Unterschied zwischen einem Schrei aus einem Horrorfilm, einem Schrei, der wahre menschliche Pein *imitieren* soll, und einem echten Schrei.

Als sie sich umdreht, läuft Ava eine Träne über die

Wange, doch dann kneift Ava die Augen zu und dreht den Kopf, sodass Mack sie nicht mehr ansehen kann. Ava kennt den Unterschied ebenfalls. »Jaden«, raunt Ava, als wollte sie es sich, Mack oder niemandem bestätigen. »Ich wette, er ist es, der alle reinzulegen versucht.«

Sie bleiben beide, wo sie sind, gefangen im Kerker des Schweigens nach einem unbeantworteten Schrei.

Die pure, dumpfe Langeweile beim Betrachten des Sonnenverlaufs, der sich in wandernden Flecken auf ihren Körpern widerspiegelt, fühlt sich an, als wollte sie die Panik und die Furcht zu Tagesbeginn verspotten. Mack kann nichts tun außer warten, sich Gedanken zu machen und den Schrei wieder und wieder im Kopf zu hören, bis er sich mit all den anderen Schreien vermischt, die den ständigen Soundtrack ihres Lebens darstellen.

Bis sie sich davon überzeugen kann, dass sie gehört hat, was sie hören wollte. Was sie nicht hören wollte. Wie auch immer. Es war kein echter Schrei. Sie ist darauf gepolt, mit Entsetzen zu rechnen, Schmerzenslaute zu hören. Das ist alles.

Ava liegt schweigend und reglos neben ihr, und was auch immer sie beschäftigt, teilt sie nicht mit Mack. Auch darüber ist Mack froh. Sie ist lieber allein in ihrem Kopf. Vorsichtig verlagert sie das Gewicht, bewegt sich kaum merklich, um das Spalier ja nicht zu erschüttern oder den Efeu verräterisch rascheln zu lassen. Sie hält ein Auge über eine Lücke zwischen den Blättern und starrt hinunter in den Park.

Dabei hält sie nicht nach etwas Bestimmtem Ausschau, hofft auf nichts Spezielles, ist nicht neugierig. Aber ein neonfarbener Strich erregt ihre Aufmerksamkeit. Alles andere im Park ist im Laufe der Zeit verblasst, wurde von der Sonne gebleicht, vom Rost angegriffen, von Schimmel erobert. Der Farbstreifen gleicht einem blinkenden Schild in Las Vegas.

Atrius. Sie folgt der Richtung und entdeckt ganz am Rand ihres Blickfelds einen weiteren Farbfleck, der diesmal wie ein Pfeil aussieht. Eine Wegmarkierung. Aber ein Weg wohin? Was hat Atrius gemacht? Wollte er markieren, wohin er ging oder wo er schon mal gewesen war? Oder sollten sie in eine Falle gelockt werden? Vielleicht ist er aber auch einfach ein Arschloch mit einer Dose voll Sprühfarbe, der einem Ort, dem das vollkommen gleichgültig ist, sein Zeichen aufdrückt. Wieso überhaupt irgendjemand irgendwo Spuren von sich hinterlassen will, ist Mack ein Rätsel.

Auf einmal macht es Klick. Es ist ein Labyrinth, hat er gesagt, und sie war davon ausgegangen, es wäre nur ein überheblicher Künstlerspruch gewesen. Dabei hatte er ihr etwas über den Park verraten. Sie drehte den Kopf, um Ava ihre Erkenntnis flüsternd mitzuteilen, aber Ava kneift die Augen zu, und selbst aus dieser geringen Entfernung scheint sie unfassbar weit weg zu sein. Daher macht Mack das, was sie am besten kann:

Nichts.

Endlich geht die Sonne unter. Mack lässt Ava zuerst runterklettern und beugt sich gefährlich weit über den Rand, um Avas Hand zu halten und sie zu unterstützen. Danach folgt sie ihr. Auf dem Rückweg zum Lager sagen sie kein Wort, und Ava bewegt sich mit einer Dringlichkeit, die sie gestern nicht an den Tag gelegt hat. Sie ist nervös. Sie will wissen, was passiert ist.

Mack beschließt, dass sie es lieber nicht erfahren möchte. Daher wird sie absichtlich langsamer und fällt hinter Ava zurück, nur um frustriert festzustellen, dass Ava langsamer wird und sie über die Schulter ansieht.

»Komm schon, Mack.« Sie schnauft. »Ich will in eine Toilette pinkeln.«

Dagegen kann Mack nichts sagen, daher schließt sie zu Ava auf und verfolgt mit dem Blick die Spur, die Atrius zurückgelassen hat. Das Neon scheint das letzte Leuchten des Tageslichts festzuhalten.

Mack fragt sich, was passieren würde, wenn sie der Spur folgt. Wenn sie sich von der Nacht und dem Labyrinth verschlucken lässt.

Würden die Pfeile sie immer tiefer in den Park hineinführen, bis sie nicht mehr zurückkehren kann? Oder würden sie verschwinden und sie allein, ziellos, richtungslos zurücklassen? Verloren.

Das erscheint ihr nicht wie eine trostlose Option, sondern kommt ihr vielmehr vertraut vor.

Nach ganzen zwanzig Minuten, die sie in Richtung Scheinwerfer marschiert sind, erreichen sie das Lager. Ava hat einen unbeirrbaren Orientierungssinn, was vorerst hilfreich ist, im Großen und Ganzen aber nichts Gutes für Mack bedeutet. Das muss sie sich merken. Ava ist nicht ihre Freundin, sondern eine Konkurrentin. Das Geld kommt ihr zunehmend nebulöser vor; selbst die Natur des Wettbewerbs wurde irgendwie von der Sonne weggebrannt. Beinahe ist es, als wäre Mack schon immer hier gewesen, als würde sie ewig hier sein. Die Vorstellung, dass es einen Endpunkt gibt, ein Ziel, gleicht einem in der Luft schwebenden feinen Spinnenfaden, funkelnd und vergänglich.

Ist irgendetwas von alldem real? Oder liegt sie noch immer oben in den Dachbalken und blickt auf die Unterkunft hinab?

Kauert sie noch immer oben in der Speisekammer und starrt die dunkle Lache an, die sich langsam auf dem Fußboden ausbreitet?

Sie streckt eine Hand aus und fährt mit den Fingerspitzen über die Rückseite von Avas T-Shirt. Danach presst sie sich die Finger aufs Herz. Die einzigen Atemgeräusche, die sie hört, stammen von ihr. Da sind keine feuchten, keuchenden Atemzüge eines endenden Lebens.

Mack schließt die Augen. Sie hat Kopfschmerzen. Vielleicht hat sie trotz des Schattens einen Hitzschlag. Doch das ist unwichtig.

Ava betritt das Lager, in dem der trübsinnige Schriftsteller und Brandon als Einzige bereits anwesend sind. Sie ignoriert den Sanitärbereich ungeachtet ihrer früheren Worte.

Der Tisch ist nahezu überladen mit Lebensmitteln und Wasser. Das muss das Vier- oder Fünffache der bisherigen Menge sein. Warum?

Auch das ist unwichtig. Toilette. Vor Erleichterung schreit Mack beinahe auf.

Als sie wieder rauskommt, steht Ava am Rand des Lagers, hat die Arme verschränkt und kneift die Augen zusammen. »Die beiden haben nichts gehört«, sagt sie, als hätte Mack danach gefragt. Aber Mack hat nicht gefragt. Mack will auch gar nicht fragen.

»Glaubst du, irgendwas stimmt hier wirklich nicht?« Brandon tritt neben Ava und kräuselt besorgt die freundliche, von Sommersprossen übersäte Nase. »Vielleicht hat sie sich verletzt. Das war doch Rebecca, oder nicht?«

»Oder die andere Ava«, meint Ava.

»Ich bin nicht die andere Ava«, faucht eine Stimme aus der Dunkelheit. »Du bist die andere Ava.« Die schöne Ava kommt ins Lager getaumelt, eilt zum Tisch und stürzt den Inhalt einer Wasserflasche so schnell hinunter, dass ihr ein Teil den Hals herabrinnt. Ihr Make-up hat sich nach unten verlagert und bildet nun dunkle Schatten unter ihren Augen. Linien, die entweder vom Schweiß oder von Tränen herrühren konnten, hatten einen seltsamen Streifeneffekt auf ihrer Foundation erzeugt. Jaden strauchelt hinter ihr herein, verschwitzt und dreckig, sodass er nur mit Mühe seine »Ich bin cooler als ihr«-Haltung bewahren kann.

»Was hast du ihr angetan?« Ava verschränkt die Arme vor der Brust. Dadurch wird ihr nicht zu leugnender Bizeps nur noch mehr betont, was Absicht sein kann oder auch nicht.

Mack geht ein Stück beiseite. Sie will es gar nicht wissen. Sie muss es auch nicht wissen. Eigentlich will sie nur noch schlafen.

Jaden grinst.

»Pass mal auf, du Arschloch, wenn Rebecca heute Abend nicht wiederkommt …«

»Wieso Rebecca?«, unterbricht sie die schöne Ava. »Ich dachte, wir reden über Sydney.«

»Hast du ihm etwa geholfen?« Ava schüttelt angewidert den Kopf.

»Wieso sollten wir über Sydney reden?« Brandon ist sichtlich verwirrt.

»Weil die beiden dafür gesorgt haben, dass sie rausfliegt«, erklärt Ava.

Jaden zuckt mit den Achseln und setzt eine selbstgefällige Miene auf. »Im Krieg und in der Liebe … Ihr wisst ja, wie der Spruch weitergeht.«

Die Art, wie er das sagt, bringt Mack auf die Palme. Sie bemerkt, dass Ava die Fäuste ballt.

»Ich hätte gedacht, dass du mir zumindest beim Krieg zustimmst«, fährt Jaden fort, »wenn auch nicht bei der Liebe.«

Ava lacht auf. Das überrascht Jaden und sorgt dafür, dass seine sorgsame Maske Risse bekommt. Dann bewegt sie sich so schnell auf ihn zu, dass er nach hinten stolpert und gegen den Tisch prallt. »Halt dich ja von mir fern, oder du wirst dir wünschen, mir nie begegnet zu sein.«

Zwar versucht Jaden, seine Bestürzung hinter einem

Lachen zu verbergen, aber es ist so leer wie die Wasserflasche der schönen Ava. »Dafür ist es zu spät.«

Ava dreht sich zu Mack um, doch Mack ist längst auf dem Weg zur Dusche. Mack steht nicht auf Avas Seite. Sie steht auf niemandes Seite. Heute hat sie das vergessen, doch das darf ihr nie wieder passieren.

Ava tigert noch immer am Rand des Lagers herum. Bis auf Atrius, LeGrand und Rebecca sind alle zurückgekehrt. Der Schriftsteller – Ian, bei dem Ava kaum fassen kann, dass er tatsächlich noch dabei ist – hat sein Notizbuch vor sich liegen und schlingt nervös etwas zu essen hinunter. Christian ist heute weniger in Plauderlaune, sondern hat einen Sonnenbrand und wirkt verärgert. Jaden und Ava zwei haben sich in eine Ecke des überdachten Bereichs zurückgezogen und ihre Pritschen nebeneinandergestellt. Ihr Lachen klingt gepresst und gespielt, ihre Unterhaltung unnötig leise, als wollten sie betonen, dass die anderen nichts davon mitbekommen dürfen. Als würde sich Ava auch nur für eines ihrer Worte interessieren.

»Glaubst du, heute sind drei Teilnehmer ausgeschieden?«, fragt Brandon und räuspert sich nervös. Er wirft Mack einen scheuen Blick zu. »Ich bin sehr froh, dass du noch dabei bist.« Sie reagiert nicht, und er fühlt sich schuldig wegen dem, was er jetzt über sie weiß. Es wäre ihm deutlich lieber, das nicht erfahren zu haben, denn es macht ihn traurig, außerdem bekommt er auch ein bisschen Angst, und keines dieser Gefühle behagt ihm.

Ein Zweig knackt. Sogar Mack, die fest entschlossen war, sich nicht dafür zu interessieren, dreht sich um und starrt gebannt in die Dunkelheit, um herauszufinden, wer sich da nähert.

LeGrand betritt das Lager.

»Hast du sie gefunden?«, verlangt Ava zu erfahren. Sie

hat nicht einmal die Zeit, sich darüber zu freuen, dass Atrius ausgeschieden ist und nicht etwa LeGrand. Im Augenblick will sie nur wissen, was passiert ist.

LeGrand schüttelt den Kopf. Seine Hände zittern, als er nach einer Wasserflasche greift. Er fragt nicht, woher sie weiß, dass er sich auf die Suche gemacht hat. Denn er hat gesucht, und er hat nichts gefunden, dabei ist er sich ziemlich sicher, dass dieses Spiel eigentlich anders ablaufen sollte.

Mack fragt sich, wer LeGrand ist und wie er so werden konnte. Sie kennt ihn nicht, aber sie weiß, dass LeGrand auf einen Schrei zuläuft, wenn er einen hört. Im Gegensatz zu ihr. Was braucht man denn noch, um den Wert eines Menschen zu bemessen?

»Keine Rebecca und kein Atrius.« Ava runzelt die Stirn. »Und keine schicke weiße Lady, die den Tag für uns zusammenfasst oder uns mitteilt, wer ausgeschieden ist.«

Achtet denn keiner der anderen so genau auf ihr Essen? Mack kann es nicht fassen, dass es ihnen nicht aufgefallen ist. Auf dem Tisch stehen genug Lebensmittel und Getränke für den Rest des Spiels. Linda hat alles hergebracht, den Scheinwerfer eingeschaltet und ist wieder verschwunden. Sie wird nicht mehr zurückkehren.

»Linda hat nie gesagt, dass sie jeden Tag hier sein würde.« Ian klappt gereizt sein Notizbuch zu. Warum tun sie so, als wäre es von Bedeutung, wer ausgeschieden ist? Solange es jemand anderes ist, kann man sich doch darüber freuen, oder nicht? Er verabscheut sie dafür, dass sie dieses Spiel ernst nehmen. Das ist alles so selbstherrlich, so sinnlos. Aber er hat heute lieber in ein Glas gepinkelt, statt das Risiko einzugehen, den Schutz der eingestürzten Mauer, hinter der er sich versteckt hat, zu verlassen. Daher hasst er sie, genau wie er sich selbst hasst, und er hasst auch die Leute, die dieses Spiel veranstalten. Das ist eine ganze Menge Hass. Er spielt mit seinem schicken silbernen Feuerzeug, das er sich zu seinem Abschluss geschenkt hat, lässt es immer wieder aufspringen. »Braucht ihr wirklich Linda, um das Offensichtliche zu erkennen? Zwei Personen pro Tag. Zwei Personen kehren nicht zurück. Atrius und Rebecca. Ich begreife einfach nicht, warum ihr euch so aufregt. Gestern war euch das doch auch egal.«

»Mir nicht«, murmelt Christian. Der Geist seiner verlorenen imaginären Zukunft mit Rosiee schwebt über seiner Schulter. Er kann ihn nicht mit einer der noch verbliebenen Frauen wieder aufleben lassen. Rebecca ist weg, und sie war ohnehin nicht sein Typ. Die schöne Ava hat offensichtlich mit Jaden angebandelt – mit dem er es nicht aufnehmen kann –, und er ist sich ziemlich sicher, dass die anderen beiden nicht auf Männer stehen. Er versucht, in Bezug auf solche Dinge offen zu sein, doch es nagt an ihm. Mit ihm ist alles in bester Ordnung. Er ist eine gute Partie. Es ist nicht seine Schuld, dass in ihnen irgendetwas falschläuft und sie das nicht erkennen können.

Vielleicht findet ja eine Abschlussparty statt. Er malt sich aus, als Sieger aus dem Spiel hervorzugehen. Wiedervereint mit Rosiee, die früh genug ausgeschieden ist, um nicht eifersüchtig zu sein, weil sie weiß, dass sie nie eine Chance hatte. Sie wird sich nur für ihn freuen, wird begeistert sein, dass der Beste gewonnen hat. Und dann …

Er ist zu müde, um weiterzudenken, und legt sich wieder auf seine Pritsche.

»Es ist offensichtlich, dass Jaden und Ava zwei andere Spieler sabotiert haben«, stellt Ava plötzlich fest und baut sich vor Brandon, Mack und LeGrand auf. Sie spricht leise, hat die Stimme jedoch nicht bewusst gesenkt. Es ist ihr egal, ob die andere Ava und Jaden sie hören können. »Und was immer sie auch sagen, so hat jemand Rebecca heute ganz übel mitgespielt.«

»Wie bitte?«, empört sich die schöne Ava.

»Also werfen wir sie raus.« Ava zuckt mit den Achseln.

»Dir ist schon klar, dass wir dich hören können?« Jaden steht auf, um das Gefieder aufzuplustern und sich so bedrohlich wie möglich erscheinen zu lassen.

Ava weiß ganz genau, wer er ist, kennt diesen Typ Mann zu gut, kann präzise abschätzen, was passiert, wenn er ernsthaft in Bedrängnis gerät. Tatsächlich Schmerzen hat.

»Das weiß ich«, erwidert sie. »Und ihr sollt wissen, wie scheißegal mir das ist. Ich sorge dafür, dass ihr rausfliegt. Ich weiß es, ihr wisst es, also können wir jetzt weitermachen.«

Jaden verdreht die Augen und schüttelt den Kopf. Er hasst diese Schlampe. Sie hält sich für so tough mit ihrem kurzen Haar und den unheimlichen Muskeln. Frauen sollten nicht so muskulös sein. Außerdem hat sie ein kaputtes Bein, verdammt noch mal. Glaubt sie allen Ernstes, sie könnte ihn irgendwie besiegen?

»Wie du meinst«, sagt er, doch seine Stimme klingt ein wenig zu schrill. Er hätte es zu gern noch einmal probiert, etwas Härteres, Cooleres gesagt. Aber das ist nicht weiter wichtig. Es war zwar die Idee seiner Ava, doch er war derjenige, der für Sydneys Rauswurf gesorgt hat. Er weiß nicht, was mit Rebecca passiert ist, aber sollen sie doch denken, dass er auch schuld an ihrem Rauswurf ist. Sollen sie doch paranoid in den Park gehen, fest entschlossen, ihn zu schlagen. Dadurch werden sie nur nachlässig, und dann kann er gewinnen. Und er wird siegen, davon ist er fest überzeugt. Er ist hier der einzige Gewinner.

»Ich bin in deinem Team, Ava«, sagt Brandon und zeigt auf die richtige Frau. Die Anspannung behagt ihm zwar gar nicht, aber er mag Ava. Jaden konnte er von Anfang an nicht leiden. Der gehört zu den Menschen, die durch die Welt laufen und von anderen herausgefordert werden wollen. Er verlangt von ihnen, dass sie ihn auf den Scheiß ansprechen, den er verzapft, weil er genau weiß, dass es die meisten sowieso nicht tun werden.

Diesmal hat Brandon die starke Ava an seiner Seite und kann ihn zur Rede stellen. Es ist aufregend, Teil eines Teams zu sein. Möglicherweise waren die anderen deshalb derart sportversessen.

LeGrand nickt schweigend. Er hat den ganzen Nachmittag nach Rebecca gesucht, jedoch nichts gesehen oder gehört. Keinen der Sucher. Aber auch keine Rebecca. Deshalb hat er ein ganz ungutes Gefühl. Allerdings spürt er das schon, seit er von zu Hause rausgeworfen wurde. Die ganze Welt ist ein einziges großes ungutes Gefühl.

Er weiß, dass Ava eine Sünderin ist, befleckt und falsch, doch er hat auch den Eindruck, dass sie ihm zu Hause geholfen hätte. Sie hätte dieselbe Entscheidung getroffen wie er. Wenn Ava verloren ist, dann gilt dasselbe auch für ihn, und außerdem ist sie zumindest so eine Verlorene, die mit einem zusammen aufbleibt, wenn man nachts weinen muss.

»Werft euch von mir aus gegenseitig raus.« Ian legt sich ein Kissen über den Kopf. »Aber beeilt euch bitte dabei.«

Christian hebt eine Hand. »Ich bin Schweden.«

»Die Schweiz«, korrigiert ihn die andere Ava, die nicht weiß, dass selbst der armselige Solaranlagenverkäufer sie als die *andere* Ava ansieht. Was sie wütend machen würde, wenn sie es wüsste.

»Was?«, fragt Christian.

»Die Schweiz ist neutral, nicht Schweden.«

»Danke, Professor.« Christian versucht, es wie einen Flirt klingen zu lassen – vielleicht hat er bei ihr ja doch eine Chance –, doch sie wendet den Blick ab und kaut auf ihren manikürten Fingernägeln herum. Sie sieht nicht glücklich aus.

Das ist sie auch nicht. Jaden schien ihr anfangs die beste

Wahl zu sein. Aber wenn sie sich jetzt die andere Ava ansieht, die so stark und wütend bei den einzigen netten Leuten steht, die es hier gibt, kommt sie ins Grübeln. Nein, sie grübelt nicht. Sie weiß längst Bescheid. Schließlich war sie schon mit einem Dutzend Jadens zusammen, und sie sind alle gleich, und es endet stets auf dieselbe Weise. Er wird sie da draußen verraten, an einem der letzten Tage, wenn er keinen anderen mehr rauswerfen kann.

Das weiß sie genau. Sie spürt, dass es so kommen wird. Aber wenn sie ihn jetzt verlässt, ändert das nichts. Daher lacht sie. »Es ist ein Spiel, vergesst das ja nicht, Leute.«

»Du bist doch in unserem Team, Mack?«, erkundigt sich Brandon hoffnungsvoll.

Mack dreht sich auf die Seite, krümmt sich um die Leere in sich und lässt sich in den Schlaf fallen, als würde sie von einer Klippe springen.

Die schöne Ava lag am ersten Tag nicht ganz falsch, aber man kann ihr verzeihen, dass sie nicht sehen konnte, was sie auch nicht sehen sollte.

Denn es gibt Kameras. Eine im Gebäude in der Parkmitte, allerdings sieht sich deren Feed niemand an, wenn es nicht unbedingt sein muss. Eine weitere auf jedem der Türme, aber ab morgen wird der Zaun aktiviert sein, und sie werden die Türme bemannen, daher sind die Kameras dann wieder überflüssig. Zudem ist eine Kamera auf das Lager gerichtet, und im grünen Licht der Nachtsichtaufnahme ist der Streit gut zu erkennen. Linda hat richtig entschieden, heute nicht wieder hinzufahren. Sie mussten früher oder später erkennen, was vor sich ging. Möglicherweise spüren es einige schon jetzt, aber sie klammern sich noch immer an die Hoffnung, nicht wirklich zu wissen, dass etwas nicht stimmt.

Irgendwann ist jedoch der Punkt erreicht, an dem man sich nicht länger vor der Wahrheit verstecken kann. Das ist eine hässliche, verzweifelte, unschöne Zeit, und sie sieht sich das Ganze lieber aus sicherer Entfernung an.

Sie schürzt die schmalen, von Falten umgebenen Lippen, als sie den Lippenstift nachzieht und sich auf die Besprechung vorbereitet. Nur noch wenige Tage. Sie verringert die Lautstärke des Monitors, bis der Streit nur noch als weißes Rauschen zu ihr herüberdringt. Eigentlich sollte sie ihnen dankbar sein und diese Zeit als Zeugin zu Ehren dessen, was sie da tun, verbringen, statt ihnen wirklich zuzuhören. Das ist der einzige Kamerafeed, den sie sich überhaupt ansieht. Sie ist diejenige, die die Teilnehmer hergebracht hat – sie sieht sie noch immer als solche an, weil man dieses Wort einfacher aussprechen, herunterschlucken und verdauen kann –, daher wird sie auch zusehen, wie sie verschwinden. Aber es gibt keinen Grund, dabei grausam vorzugehen. Die anderen Kameras sind nicht für sie bestimmt.

Ihr Gesicht sieht so gut aus, wie es nur möglich ist. Sie ist alt und ärgert sich, dass diese Treffen immer nachts stattfinden müssen. Auch wenn sie es versteht. Nachts ist es ruhiger. Sicherer. Die Anspannung während des Tages – die Gewissheit, was dort draußen ist, was da passiert – macht die Besprechungen zu nervenaufreibend.

Sie steigt in ihren Wagen und lenkt ihn wie ein Boot über den Fluss der Dunkelheit zum Spa. Von den anderen ist noch keiner da. Selbstverständlich trifft sie wie immer als Erste ein. Sie schließt die Tür auf und marschiert direkt zum Konferenzraum, vorbei an Tommy Callas' selbstgefälligem Porträt und dem leeren Safe dahinter.

Dort nimmt sie ihren Platz neben dem Kopfende des Tisches ein und starrt die leeren Stühle an. *Ihre* Familie hat das Tor gebaut. *Ihre* Mutter hat den Vergnügungspark geschaffen. Und *Linda* hat herausgefunden, wie sie nach der Schließung alles am Laufen halten konnte. Wie man dieses dämliche Spiel veranstaltet. Aber ja, reserviert diese Plätze unbedingt den Callas-Erben.

Als wären sie von ihrem Groll heraufbeschworen worden, tauchen Ray und sein Cousin Gary auf. Ray stellt eine volle Kaffeekanne in die Tischmitte, von der ein schwerer, bitterer Geruch ausgeht. Linda rümpft die Nase. Wer trinkt denn um diese Uhrzeit noch Kaffee? Sie hätten wenigstens etwas Netteres mitbringen können. Aber das wenigste, was sie tun könnten, ist immer noch mehr als das, was sie tatsächlich tun.

Ray und Gary nehmen ihre Plätze an den Kopfenden des Tisches ein. »Chuck ist unterwegs«, brummt Ray.

Linda ringt sich als Reaktion den Hauch eines Lächelns ab. »Gut«, stößt sie hervor. Unbedingt. Noch ein Callas. Sie beäugt den Stuhl neben ihrem, den einzigen, der für einen weiteren Nicely-Vertreter reserviert ist. Er wird leer bleiben. Ihre Tochter reagiert seit Monaten nicht mehr auf ihre Anrufe.

Die anderen kommen nach und nach herein. Die weinerliche Karen Stratton, die einzige Familie, die sich freiwillig für die Übernahme des Spa gemeldet hat, stellt iPads vor die leeren Stühle der Frye-, Pulsipher- und Young-Vertreter. Linda ertappt sich dabei, dass sie mit den Zähnen knirscht, und erinnert sich an die Worte ihres Zahnarztes, dass sie damit den letzten Rest Zahnschmelz, der ihr noch verblieben ist, abschmirgelt. Stattdessen setzt sie ein Lächeln auf.

»Sollen wir anfangen?«, fragt sie, als Chuck den Nicely-Platz neben ihrem besetzt, was wie eine Vision der anstehenden Dinge wirkt.

»Warum dürfen die virtuell teilnehmen?« Chuck deutet auf die iPads.

»Ich habe es nicht geschafft«, sagt Leon Frye auf einem

Display und lächelt breit. »Aber mein Team hat mir versichert, dass die App genauso funktioniert, wie sie soll.«

»Ja, super. Du hast ein Team, um eine App und eine Genealogie-Datenbank zu erstellen, während wir anderen hierbleiben und alles selbst machen müssen«, grummelt Chuck mit finsterer Miene. Er ist Mitte vierzig, und sein markanter Kiefer wird mit dem Alter immer weicher, während sein Haar vor seiner Stirn zurückweicht, wie auch seine Hoffnungen auf ein besseres Leben außerhalb von Asterion verschwunden sind, als er in den inneren Kreis aufgenommen wurde.

»Und du bist der Erbe einer florierenden internationalen Diner-Kette«, trällert Linda fröhlich. Sie sagt stets Diner, nie Restaurant, obwohl Ray und Gary sie ständig korrigieren. »Außerdem ist Asterion deine Heimat. Unsere Heimat.«

»Ja.« Chuck lehnt sich zurück und verschränkt die Arme. Sie kann nicht fassen, dass die anderen tatsächlich glauben, er könne ihre Rolle übernehmen. Dieser Mann ist eindeutig kein Anführer. Er verbringt jeden Sommer auf einer Jacht, jeden Winter in Aspen und tut alles, um zu vergessen, dass er nicht auf ewig an diesen Ort gebunden ist. Er gibt sein Bestes, um seinen Pflichten aus dem Weg zu gehen. »Ich sage ja nur, dass es mir vorkommt, als würden einige Familien den Großteil der Arbeit machen.«

Linda verkrampft die Hände, bis sie an Klauen erinnern, die sich um seinen Hals legen wollen, daher versteckt sie sie rasch in ihrem Schoß, wo niemand sie sehen kann. Chuck hat den Bus gelenkt. Einen Bus! Während sie die Teilnehmer ausgewählt, die Einladungen verschickt, sich um die Logistik gekümmert und sogar das Risiko auf sich genommen hat, den Park während der Saison zu betreten!

Rulon Pulsipher starrt über seine Brillengläser hinweg,

da seine Webcam in einem ungünstigen Winkel steht. Daher nimmt er zwar nur per iPad an der Besprechung teil, man kommt sich aber trotzdem vor, als würde er auf einen herabblicken. »Wollen wir hier jetzt wirklich die Arbeit gegeneinander aufrechnen?« Seine Stimme klingt boshaft und bedeutsam. Sie alle wissen, dass er seine momentane Freiheit nur seinen (offen gesagt widerlichen) Taten verdankt, mit denen er Versicherungen für Asterions zukünftigen Kandidatenpool besorgt.

»Ich habe eine Frage.« Karen hebt die Hand.

Das erfüllt Linda jedes Mal aufs Neue mit Abscheu. Sie sind hier nicht im Kindergarten. Karen muss endlich mal erwachsen werden. Allerdings hat sie noch nie irgendetwas gemacht. Sie pflegt ihren Garten und dekoriert ihr Haus alle paar Jahre um, während sie von der harten Arbeit aller anderen lebt und ihre einzige Aufgabe bereits vor zwanzig Jahren erledigt hat. »Warum hast du den Teilnehmern gesagt, dass sie nach einem Buch suchen sollen?«

Auf Linda wirkt die Frage wie ein Eishauch, der sie erstarren lässt. »Wie meinst du das?«, fragt sie und wird immer panischer, was dazu führt, dass schwarz-weißer Schnee durch ihr Gehirn rieselt, so wie er früher nach Sendeschluss im Fernsehen zu sehen gewesen war.

»Am ersten Morgen hast du ihnen gesagt, sie sollen nach einem Buch suchen, um sich einen Bonus zu sichern. Was hatte das zu bedeuten?«

Linda lacht auf und hofft, dass es müde und abschätzig klingt und nicht etwa gepresst. »Ich kann es nicht fassen, dass du dir tatsächlich den Feed ansiehst.« Als Karen schweigt, redet Linda weiter. »Ich versuche immer, noch einen weiteren Punkt einfließen zu lassen, um sie bei der Stange zu halten. Damit sie sich auf das Spiel konzentrieren. Das macht das Ganze für sie noch aufregender. Hält ihre Hoffnung länger aufrecht. Das letzte Mal habe ich ihnen erzählt, im Park währen drei goldene ›Immunitätsmünzen‹ versteckt.« Sie hofft inständig, dass Karen den Feed vor sieben Jahren nicht ebenfalls gesehen hat und Lindas Lüge sofort auffliegen lässt. Auch damals hat sie die Teilnehmer gebeten, nach einem Buch zu suchen.

»Hmm.« Karen nickt, wirkt jedoch nicht überzeugt. War ja klar, dass ausgerechnet diese Hexe das fragen muss, wo ihre Mutter doch schuld an dem ganzen Schlamassel ist. Sie kann allerdings nicht wissen, dass Tommys Buch fehlt, denn sonst hätte sie längst etwas gesagt.

Linda muss das Thema wechseln, und zwar schnell. »Wurde der Wachplan schon festgelegt?«, erkundigt sie sich, dabei war sie selbst diejenige, die das getan hat.

Chuck gibt erneut ein gemurmeltes Brummen von sich, das diesmal Zustimmung signalisiert. Die Männer unterhalten sich über eine Erweiterung der Gewehrauswahl, was zu einem ausufernden Gespräch über Waffen, Munition und deren Entwicklung sowie Fryes Investment in ein neues Kongressmitglied oder eine Art Verteidigungskomitee ausufert.

Linda schenkt allen Anwesenden Kaffee ein und ist erleichtert, dass sich Normalität eingestellt hat. Im Allgemeinen wäre sie erbost gewesen, dass ihre Besprechung für andere Themen als ihre ernste Pflicht und die Geschehnisse im Park missbraucht wird, aber heute gleicht es einer Wohltat. Wenn die Saison vorbei ist – in vier Tagen –, wird sie sich etwas einfallen lassen, um das Buch zu ersetzen.

Vielleicht aber auch nicht. Karens Tochter ist nicht alt genug, um den Initiationsritus zu durchlaufen und Tommys sorgsame Übersetzung vorzulesen, die Methode, durch die all das hier erst ins Rollen gekommen ist. Wahrscheinlich ist Linda längst tot, bis es so weit ist. Und dann können sie sich alle ohne sie um das Chaos kümmern und machen, was immer sie wollen.

Sie verschüttet mit Absicht etwas Kaffee auf Chucks Stuhl, damit er sich umsetzen muss. Er hat es nicht verdient, auf dem Platz eines Nicely zu sitzen. Callas hin oder her, dies ist nicht seine Stadt. Der Verlauf einer perfekten Saison ist weder seine Pflicht noch seine Last oder sein Privileg, sondern *Lindas*.

TAG VIER

ES IST DIE Spinne, die Macks Entschluss herbeiführt.

Ava, Brandon und LeGrand haben sich am überquellenden Tisch versammelt und schmieden einen Plan für den heutigen Tag. Die schöne Ava und Jaden halten sich am anderen Ende des Lagers auf und führen eine geflüsterte, erbitterte Diskussion. Ian und Christian bleiben dicht nebeneinander und scheinen darüber zu debattieren, ob sie sich nun ausgestoßen genug fühlen, um ihre gegenseitige Abneigung zu überwinden.

Eine einsame Spinne lässt sich vom Dach des Pavillons herab, ist im schwachen orangefarbenen Licht kaum zu erkennen und schwebt direkt vor Mack. Sie hängt in der Luft, streichelt mit den Beinen den Spinnenfaden und versperrt Mack den Weg zu den anderen.

Mack hasst Spinnen. Sie schreit stets Zeder und Mordio, wenn sie eine sieht.

Aber Mack tötet sie nicht gern – weil sie dann in sich zusammenfallen, die Beine einziehen und ihre unheimliche Schönheit zu einer kleinen, wertlosen Hülle verkommt –, daher muss sie sie immer mühsam einfangen, nach draußen tragen und wieder freilassen. Es ging sogar so weit, dass sich Mack immer sofort ein Glas und ein Blatt Papier schnappte, wenn sie Maddie kreischen hörte.

Aber als Maddie schrie und es wirklich darauf ankam, klang es wie beim gestrigen Schrei. Mack blieb jedoch in ihrem Versteck, und ihre Schwester wurde zu einer kleinen, wertlosen Hülle.

Mack mustert die Spinne, sieht an ihr vorbei zu Ava und verschwindet zwischen den Bäumen. Allein. Ava soll ruhig wissen, dass man sich auf Mack nicht verlassen kann. Das ist besser so. Man kann ihr nicht trauen. Letzte Nacht hat Ava erneut neben ihr geschlafen, als wäre sie ein Garant für ihre Sicherheit. Nach dem, was Ava auf dem Spalier gesehen hat – dass Mack lieber dort oben verborgen blieb, statt auch nur den Versuch zu unternehmen, zu helfen … wie konnte sie da noch schlafen?

Im Grunde ist das unwichtig. Mack ist beileibe kein mystischer Mensch, doch sie wird gewinnen. Ihr erscheint es unausweichlich. In diesem Gefühl schwingt kein Triumph mit, vielmehr ist es schwer und monströs.

Vertraut.

Wenigstens besteht ihre Sünde diesmal in passiver Aufgabe und nicht in aktivem Verrat.

»Was denkst du, Mann? Sollen wir uns verbünden?« Christian schaut misstrauisch zu der Stelle hinüber, an der die Gutaussehenden darüber diskutieren, ob es besser ist, als Erste oder als Zweite in den Park zu gehen, während die Seltsamen gelassen Vorräte zusammenstellen.

Ian gehört keiner der beiden Gruppen an und will das auch gar nicht. Er will es ganz bestimmt nicht. Das hat er sich schon mehrmals gesagt, während er seine Tasche zum fünfzehnten Mal ausleert. Seltsamerweise kann er seinen Stift nicht finden. Wie soll er ohne Stift schreiben? All diese Inspiration, und er kann nicht einmal … Sein Nacken ist bereits schweißnass, und er spürt mehrere Insektenbisse, nicht zu vergessen den Blasen schlagenden Sonnenbrand an einer Stelle seines Arms, die er gestern mit dem Sonnenblocker übersehen haben muss. Und nein, er fühlt sich nicht inspiriert, sondern ist vielmehr ausgelaugt und erschöpft und genervt, und wo zum Teufel ist sein Stift?

All diese Inspiration, und er kann nicht schreiben, weil er seinen Stift nicht findet. Nur das hält ihn davon ab. Das muss es sein, denn wenn es keine magische Formel fürs Schreiben gibt, keine geheimnisvolle Kombination aus den richtigen Objekten, der Stimmung, dem Schauplatz und der Musik, dann wird er niemals den richtigen Weg finden, um es zu schaffen. In diesem Fall wäre alles, was er zu Papier bringt, nichts als … Geschriebenes. Und es ist schwer. Es ist so schwer. Er hat seit seinem Abschluss nichts mehr beendet. Was ist, wenn ihm das nie mehr gelingt.

»Was denkst du?«, hakt Christian nach.

»Glaubst du wirklich, dass du gewinnen kannst?« Ian blickt etwas boshafter auf, als er beabsichtigt hatte. Christian wird niemals gewinnen, ebenso wenig wie Ian. Er gewinnt nie irgendetwas.

Warum hat er sich überhaupt auf diese Sache eingelassen? Dieser dämliche DNA-Test, den er gemacht hat, weil er auf eine unbekannte Verbindung zu einer Kultur hoffte, die er anzapfen könnte. Zu etwas, das ihm ein Ziel gab, eine Geschichte verschaffte. Stattdessen bekam er nur irgendeine Frau präsentiert, eine Cousine zweiten oder vierzehnten Grads oder was auch immer, die Kontakt zu ihm aufnahm und ihm von diesem Wettbewerb erzählte. Warum hatte er das jemals für eine gute Idee gehalten? Wann ist denn in seinem Leben schon mal etwas Gutes passiert?

Christian stößt ein erbostes Schnauben aus und stürmt in die frühmorgendliche Dunkelheit. Auch gut. Ian spürt gar kein Verlangen nach einem Verbündeten und will dieses Spiel, in das die anderen diesen Wettbewerb verwandelt hatten, auch nicht mitspielen. Hat ein dummes

Spiel denn nicht ausgereicht, dass sie die Sache noch komplizierter machen mussten? Sie spielen Verstecken, verdammt noch mal.

Niedergeschlagen, stiftlos und in der Gewissheit, dass er heute selbst dann nicht geschrieben hätte, wenn er den Stift noch besäße, lässt Ian von seiner schweren Tasche ab und wandert aus dem Lager ins allumfassende Gestrüpp. Er läuft ziellos und mit eingezogenen Schultern und hat die Hände in die Hosentaschen gesteckt. Wie kann er gleichzeitig frieren und schwitzen? Er hasst diesen Ort. Eigentlich hasst er jeden Ort.

Wäre er jemand anderes, hätte er in alldem zweifellos eine Geschichte entdeckt, doch er will keiner dieser billigen Genreautoren sein, die Wortmüll für die Massen ohne Geschmack ausspucken. Er hat einen Abschluss. Er will Kunst erschaffen. Er möchte über Dinge schreiben, die eine Bedeutung haben. Er möchte in einem maskulinen, lässig, aber exquisit eingerichteten Arbeitszimmer Interviews geben, in dem er von Klassikern umgeben ist – selbstverständlich nicht von seinen eigenen Büchern, denn er muss nicht derart tölpelhaft damit protzen. Der Mensch, der ihn interviewt, würde den Mangel an auffälliger Eigenwerbung bestimmt zur Kenntnis nehmen. Doch es wäre gar nicht nötig. Sein Werk reichte aus. Sie würden ein Foto von ihm schießen, auf dem er ernst in die Kamera blickt, was sein Gesicht irgendwie attraktiv wirken lässt. Und er hätte eine Pfeife, die er während des Interviews rauchte, ohne vorher um Erlaubnis zu bitten, und die er mit seinem schmalen, teuren Feuerzeug anzünden würde.

Verdammt. Er hat sein Feuerzeug in der Tasche gelassen.

Sein mit Holz getäfeltes Arbeitszimmer verschwindet, wird ihm von einem irregeleiteten Zweig, der ihn ins Gesicht trifft, aus dem Kopf gepeitscht.

Schwitzend und fluchend kommt Ian zum Eingang eines höhlenartigen Gebäudes mit irren Engeln, die von einem ausgeblichenen, verrosteten Schild hängen – wobei einer im wahrsten Sinne des Wortes erhängt wurde, da die Schlinge um seinen Hals liegt. *Versteck der Liebenden.* Was immer das auch für eine Attraktion sein mag, so befindet sie sich im Inneren des Gebäudes. Wahrscheinlich war hier einst eine Wasserbahn, was ihn an Schimmel, Fäulnis und Moder denken lässt. Er stellt sich vor, wie das alles in seine Lunge eindringt, sich dort festsetzt, seinen Körper mit Millionen winziger Schimmelsporen überflutet, die wie die Pfeile aus Amors Bogen umherfliegen. Nein, danke.

Etwas weiter den gewundenen Weg entlang sieht er ein Gebäude, das eher zu seiner Stimmung passt. Die Öffnung befindet sich unter einem riesigen Dämon. Der war vermutlich früher verputzt, doch der Regen hat nach und nach alles weggewaschen, bis nur noch das Metallskelett zurückblieb: ein gehörnter Schädel, ein Fassthorax, skelettartige Flügel. Trotzdem ist er nicht so unheimlich wie die Engel. Ein Liebestunnel und ein Höllentunnel so dicht nebeneinander. Das ist vermutlich immer noch besser als eine Kombination aus beidem.

Das ist ein interessanter Gedanke. Zumindest würde irgendwo dahinter einer stecken, wenn Ian nur seinen verdammten Stift bei sich hätte, um ihn aufzuschreiben.

Er bleibt am Ticketschalter stehen. Die auf der Seite aufgelisteten Preise sind in eine Metallplatte eingeprägt und nur aus diesem Grund noch zu erkennen. Hier hat jemand eindeutig Humor bewiesen. Die Parkbesucher mussten eine Sünde kaufen, um eintreten zu dürfen – Wollust, Neid, Habgier, Trägheit, Völlerei, Hochmut, Zorn. Seltsamerweise hat jemand das Wort *Asterion* darunter eingeritzt. Ist das nicht der Name der Stadt?

Sein Interesse ist geweckt, und da ihm ohnehin die Zeit

davonläuft, tritt Ian unter den Dämon und geht ins Gebäude. Damit begeht er denselben Fehler, den er mit dem Liebestunnel zu vermeiden versucht hat. Das halbe Dach ist eingestürzt; das Fahrgeschäft bestand aus einem künstlichen Fluss, auf dem die Boote befördert wurden. Der ist natürlich längst ausgetrocknet und hat nur noch Schimmel und eine Delle in der Mitte zurückgelassen. Schimmel und Dellen, mit beidem kennt sich Ian aus.

Ein weiterer guter Witz, und er kann ihn weder festhalten noch jemandem erzählen.

Der Höllenritt erinnert ihn an etwas, und er ist über alle Maßen beschämt, bevor ihm einfällt, warum er an diesem Ort so demütig wird. Dann erinnert er sich: Gorky. Maxim Gorky. Ian war als Student ungemein besessen von dem russischen Dissidenten und Autor. Bei Partys zitierte er stets Gorky und seine Gedanken über die Widerwärtigkeit des amerikanischen Überflusses. Er hat es unzählige Male probiert und doch nie eine Frau damit aufreißen können. Als er den Spruch zuletzt nutzte, wusste die Frau, mit der er sich unterhielt, immerhin, wer Gorky war. Er glaubte schon, tatsächlich eine gute Partnerin gefunden zu haben, bis sie auf einmal lachend meinte: »Ja, er war heiß, und nur aus diesem Grund konnte er sich als anmaßendes Arschloch aufspielen. Aber wie kommst du auf den Gedanken, dir das erlauben zu können?«

Ian verdrängt die noch immer vorhandene und nie ganz verblasste Scham. Gorky hatte über Coney Island geschrieben, richtig? Ja, genau! Wieso fällt Ian das erst jetzt ein? Gorky hatte so eine Art, mehr emotional überzogene Beschreibungen in einem einzigen Absatz unterzubringen, als es manche Schriftsteller in ihrem gesamten Roman machten. Doch er war kein anmaßendes Arschloch, sondern ein Genie. Er war nach Coney Island gereist und hatte jeden Augenblick dieser Reise gehasst, um später auf wunderschöne Weise zu schildern, wie schrecklich es war. Sein Text enthielt etwas über einen Affen, irgendwas über ein banales Höllenkarussell wie dieses und über Brutkästen für Babys. Ian hatte sich diese anfangs als seltsames Fahrgeschäft vorgestellt, die aussahen wie Kinderwagen für Erwachsene, bis sich herausstellte, dass es sich um ein Gebäude handelte, das in der Tat nur dafür gebaut worden war, um Frühchen in Brutkästen aufzunehmen. Vergnügungsparks waren damals deutlich kurioser. Vielleicht gab es hier so was ja auch, allerdings scheint ihm dieser Park nicht alt genug dafür zu sein.

Er versucht, an etwas anderes von Gorky zu denken. Damals hatte er große Teile des Essays unterstrichen. Aber Ian kann sich an keine weiteren Einzelheiten erinnern und weiß nur noch, dass Gorky nur wirklich glücklich zu sein schien, als er sich vorstellte, das alles in Brand zu stecken.

Vielleicht kann Ian hier ja doch irgendeine Inspiration finden. Wenn Gorky, seines Zeichens russischer Dissident und Genie, seinen seelenversengenden Hass auf das gottverdammte Coney Island zu Papier bringen konnte, dann sollte Ian doch wohl in der Lage sein, etwas über den Vergnügungspark zu schreiben. Doch um das zu tun, muss er noch mehr Zeit hier verbringen.

Er holt sein Handy hervor, das er ausgestellt hat, als offensichtlich wurde, dass sie hier keinen Empfang haben würden, daher ist der Akku noch nicht leer. Sobald es eingeschaltet ist, aktiviert er die Taschenlampe. Die Sonne ist noch nicht aufgegangen, und er muss sich ein besseres Bild vom Gebäude verschaffen, bevor er sich für ein Versteck entscheidet. Er zweifelt nicht daran, dass die Sucher über Lampen verfügen, daher kann er nicht einfach darauf vertrauen, sich in der Finsternis verbergen zu können. Zudem hat er keine Ahnung, wie hell es hier drin aufgrund des eingestürzten Dachs wird.

Als er den Lichtstrahl umherschwenkt, entdeckt er mehrere verrottete Boote, die an einer Wand aufgetürmt wurden, sowie ein gekentertes in der Mitte des ausgetrockneten Flusses. Vermutlich könnte er darunterkriechen, doch bereits bei der Vorstellung, dem Schimmelgeruch so nah zu sein, muss er würgen. Vielleicht gibt es ja ein Hinterzimmer. Einen Wandschrank. Irgendetwas. Das Licht fällt auf eine Zahnreihe, und er weicht mit klopfendem Herzen zurück.

Die Zähne bewegen sich nicht. Sie können sich auch gar nicht bewegen, da sie nur aufgemalt sind. Verärgert über seinen von der Panik hervorgerufenen widerlichen Achselschweiß tritt er vor, um sich seinem kunstvollen Gegner zu stellen. Diese Wand, die am weitesten von der eingestürzten Decke entfernt und vor den Elementen geschützt ist, wurde bemalt. Er bezweifelt, dass dies Teil des ursprünglichen Designs ist, denn das ergäbe keinen Sinn, weil man es von den Booten aus nicht hätte sehen können.

Darauf abgebildet sind mehrere Männer und Frauen in weißer Kleidung, die um ein Feuer herumstehen. Auf dem nächsten Bild sitzen Männer und Frauen auf einem Felshügel auf Thronen.

Nein. Das ist kein Felshügel. Dieser Hügel besteht aus Leichen. Wie reizend. Das nächste Bild zeigt noch mehr Frauen und Männer, diesmal in Rot, die im Kreis stehen. Es sind jeweils sieben. Ian stutzt. Sieben Männer und sieben Frauen. Er schwenkt den Lichtstrahl zur nächsten Szene. Von oben sieht es aus wie ein Labyrinth, und in der Mitte ist die schwarze Farbe so dick, dass er zuerst glaubt, da wäre ein Loch in der Wand.

Auf dem folgenden Bild befinden sich die Zähne, die er eben gesehen hat. Allerdings hat er sich geirrt, denn es sind gar keine Zähne, vielmehr zeigen sie alle nach oben und sind lang, geschwungen und spitz. Was sich dahinter befindet, lässt sich nicht genau erkennen und ist verschwommen, entweder wurde das absichtlich so gemalt oder ist im Laufe der Jahre verblasst. Aber darunter wurden sehr liebevoll und derart detailreich, dass es beinahe respektvoll wirkt, vierzehn Schädel gemalt.

Abermals vierzehn.

Diese Zahl behagt ihm gar nicht. Ebenso wenig wie die Bilder. Wer hat sie hier angebracht? Warum hat man sich die Mühe gemacht, schaurige Wandbilder im Fahrgeschäft eines seit Jahrzehnten verlassenen Vergnügungsparks anzufertigen, wo doch kaum die Chance bestand, dass sich jemand hierher verirrt und sie sieht?

Tschechows Wandbild. Wenn ein Monster im ersten Akt auf dem Wandbild zu sehen ist, muss es im letzten Akt unbedingt jemanden fressen. Tschechow war ebenfalls Russe. Warum konnten Ians Vorfahren denn keine Russen sein? In diesem Fall befände er sich jetzt auf einer Reise nach Moskau, um seine Seele zu finden, und säße nicht in einem verlassenen Vergnügungspark fest.

Das ist dämlich. Das ist alles so unfassbar dämlich. Ian flüstert dieses Wort vor sich hin – dämlich, dämlich, dämlich –, um gegen die Angst anzukämpfen, die dafür sorgt, dass sich sein Magen immer mehr zusammenzieht. Das gefällt ihm gar nicht. Weder dieser Raum noch dieses Gebäude, dieser Park, dieser Wettbewerb. Er dreht sich um und will wieder gehen, stolpert dabei jedoch über einige alte Farbdosen, die jemand hier stehen gelassen hat. Darin muss sich die Farbe für die Bilder befunden haben.

Er kehrt zu dem schwarzen Loch in der Mitte des Labyrinthbilds zurück und richtet den Lichtschein darauf. Aha … Er hatte recht. Da ist in der Tat ein Loch! Jemand hat es absichtlich geschaffen, es später hinzufügt. Was auch bedeutet, dass es Teil des Spiels ist. Was wiederum bedeutet …

Ian holt tief Luft und greift ins Loch, wobei er damit

rechnet, dass ihm der Arm abgebissen, zerquetscht oder sonst wie verletzt wird. Doch seine Finger stoßen auf etwas Verstaubtes, Rechteckiges. Er erkennt ein Buch, wenn er eins berührt.

»Ha!«, ruft er aus und zuckt sofort zusammen, als der Klang von den Wänden und der Decke widerhallt. »Ha«, wiederholt er deutlich leiser. Er hat das Buch gefunden. Er hat das gottverdammte Buch entdeckt. Aber jetzt ist es zu spät, um ins Lager zurückzurennen. Er setzt sich in die finsterste Ecke des Gebäudes unter einen Haufen Dachmaterial, der ihn vor dem Blick Hereinkommender schützt, um sich seinen Fund genauer anzusehen.

Der Einband ist alt, das Leder rissig und abgegriffen. Die Seiten darin fühlen sich brüchig an, und er kann fast nicht glauben, dass es den Elementen getrotzt hat. Als er das Buch aufschlägt, fallen mehrere Seiten heraus, und er legt sie sich sorgfältig in den Schoß.

Sein Triumphgefühl steigt weiter an, als er eine mit blauem Kugelschreiber verfasste Inschrift auf der Innenseite des Deckblatts liest.

Sie muss gewusst haben, dass ich gegen sie bin, weil sie mich hier mit der Bestie eingesperrt hat. Aber sie wusste nicht, dass ich das Buch längst eingesteckt hatte. Möglicherweise stecken sie alle unter einer Decke. Ich habe mich aus Angst vor ihnen und der Bestie versteckt. Im Grunde sind sie doch ein und dasselbe, und es gibt keinen Unterschied.

Mir läuft die Zeit davon, um auf diesen Seiten eine Lösung zu finden und diesem Albtraum ein Ende zu bereiten. Ich kann es nicht aufhalten und werde davon verschlungen.

Ich habe es verdient. Das haben wir alle. Es tut mir leid. Mögest du tun, was mir nicht vergönnt war. Und falls du das liest, Linda, so hoffe ich, dass du in der Hölle schmorst. Ich werde dort auf dich warten.

Linda! Das ist also wirklich das gesuchte Buch. Selbstverständlich ist es das, und Ian wird den Bonus einstreichen. Er kann nur hoffen, dass es sich um Bargeld handelt, aber er wäre sogar mit einem Vorteil zufrieden. Vielleicht kann er den Wettbewerb ja wirklich gewinnen.

Begierig blättert Ian weiter. Die Schrift ändert sich sogleich und sieht alt und blass aus, ähnelt eher spinnwebartigen Schnörkeln, die deutlich eleganter aussehen als das, was jeder heutige Schreiber zu Papier bringen kann. Dummerweise versteht er die Sprache nicht. Er ist sich allerdings ziemlich sicher, dass es sich um Griechisch handelt. Jemand hat detaillierte Übersetzungsnotizen an die Ränder gekritzelt. Ian blättert weiter, schneller und immer schneller. Da, ein Diagramm, das zu den Mustern und Symbolen passt, die ihm am Eingangstor aufgefallen sind. Gefolgt von den Bauplänen eines Gebäudes. Es sieht aus wie eine Art Miniaturtempel mit weiteren Diagrammen voller Symbole und Muster – und dann, ganz am Ende, noch mehr Griechisch, das sich über viele Seiten erstreckt.

Dieses Buch gefällt Ian gar nicht. Es ist nicht witzig, frech oder inspirierend, nicht einmal nützlich. Was soll er damit denn anfangen können? Gibt es hier noch eine weitere Aufgabe, die über das Finden des Buchs hinausgeht?

Vielleicht sollte er die Transkription lesen. Ja, das wäre schlau. Darin finden sich bestimmt Hinweise.

Aber dies kommt ihm nicht wie eine Requisite vor. Dieses Buch ist nichts, was ein Sportartikelhersteller zusammenschustern würde. Er kennt sich mit Büchern aus – sie sind im Grunde das Einzige, wovon er überhaupt eine Ahnung hat –, und dieses Buch ist alt. Sehr alt. Es hat nichts mit einem dummen Versteckspiel zu tun. Bei der letzten Zeichnung hält er inne, die etwas Monströses darstellt, etwas, das nirgendwohin gehört.

Erschaudernd wendet er sich den Seiten zu, die aus dem Buch gefallen sind. Möglicherweise wird er daraus schlauer.

Er fängt an zu lesen und bereut es sofort.

5. JULI 1925

Die Mittel, mit denen wir das Opfer darbringen wollen, und die von uns entdeckten Methoden sind in Tommys Buch genau geschildert, momentan jedoch ohne Bedeutung.

Wir möchten nur, dass unsere Familien eins verstehen: Wir haben den Weltkrieg überlebt und befürchten, dass weitere am Horizont lauern, und wir weigern uns, mitanzusehen, wie unsere Kinder leiden, darben, sich quälen und sterben, so wie wir unsere Brüder, Schwestern und Eltern haben sterben sehen. Wenn wir durch diese Entscheidung unsere Stadt und unsere Kinder – unser Blut, unser Volk – beschützen und sichergehen können, dass unsere Linien nur noch stärker werden, unsere Namen Bestand haben, wachsen und gedeihen und dass unsere Träume Wirklichkeit werden, dann sind wir zufrieden, und unser Opfer war die Sache wert. Wer würde denn nicht alles für seine Kinder opfern?

Wisset eines: Wir schließen den Pakt, ohne den Preis dafür zu kennen, aber wir werden ihn bezahlen und den kommenden Generationen unsere Liebe beweisen.

Wir erkennen Hobart Keck als Zeugen, der auch die Verwaltungsaufgaben übernimmt. Individuelle Notizen einzelner Personen folgen; bitte sorgt dafür, dass unsere Kinder sie erhalten, und kümmert euch um sie wie um euer eigen Fleisch und Blut in der Gewissheit dessen, was wir getan haben.

Mit feierlichen Grüßen

Tommy und Mary Callas
George und Alice Pulsipher
Orville und Ethel Nicely
Willie und Ruth Stratton
Joel und Mary Young
Robert und Rose Harrell
Samuel und Irene Frye

10. JULI 1925

Letzte Woche haben wir Tommys Tempel fertiggestellt und heute Vormittag das Tor, das gebaut, platziert, versiegelt und geschützt ist, wie es Tommy in seinen detaillierten Anweisungen aufgeführt hat, wenngleich ich darin keinen Sinn erkennen kann. Sie haben mich zum Zeugen bestimmt, und ich weiß beim besten Willen nicht, was ich anderes bezeugen kann, als dass vierzehn Narren und Närrinnen in den Wald gehen und sich mit Gesängen und Zaubern lächerlich machen.

Doch Tommy ist nun mal mein Bruder, wenn auch nicht dank des Bluts, sondern unserer Entscheidung, daher werde ich tun, worum sie mich bitten, und alles niederschreiben. Wenn sie hinterher mit roten Wangen und beschämt vor mir stehen, werde ich Whiskey für sie bereithalten.

13. JULI 1925

Morgen ist der große Tag. Ich habe die strikte Anweisung erhalten, mich keinesfalls einzumischen, was ich auch sehe oder höre oder wie lange es dauert.

Die Kinder wurden unter den Verwandten aufgeteilt. Mary, die wegen des kleinen Tommy junior und seiner schwachen Lunge sturzbachartige Tränen vergossen hat, weinte nicht einmal, was mich vermuten lässt, dass sie selbst nicht an den Erfolg glauben, und falls sie es doch tun, gehen sie zumindest von keinem sehr hohen Preis aus. Heute baden sie zusammen, reinigen sich, und ich kann das alles nicht mit ernster Miene ansehen, daher werde ich in der Ecke sitzen und so tun, als würde ich wichtige Notizen für die Nachwelt anfertigen.

Tommy wird das nie mehr loswerden, dafür werde ich

schon sorgen. Selbst wenn wir längst alte Männer sind, werde ich ihn noch jedes Mal, wenn er in einen Pool steigt, fragen, ob er sich darauf vorbereitet, eine uralte Macht anzurufen.

14. JULI 1925

So, ich habe sie in den Wald gebracht und das Tor hinter ihnen verschlossen. Sieben Tage haben sie von mir verlangt. Vielleicht wollen sie einfach mal Urlaub von ihren Kindern machen. Da gäbe es zwar einfachere Methoden als eine ausgeklügelte Zeremonie, die auf geheimen Schriften aus einer niedergebrannten Kirche mitten im Niemandsland basiert.

Ich habe mir ein nettes Lager in der Nähe des Tors errichtet. Es macht mir nichts aus, im Freien zu schlafen, solange niemand auf mich schießt oder versucht, mich zu vergasen. Ich werde eine Woche lang unter freiem Himmel Kaffee trinken und schlafen, und wenn sie wieder rauskommen, mache ich mich ein bisschen über sie lustig.

Eines muss ich allerdings noch anmerken: Sie haben eine Kuh mitgenommen. Was in aller Welt wollen sie mit einer Kuh anstellen? Tommy hat nur den Kopf geschüttelt und meinte zu mir, dass ich nicht darüber nachdenken soll, als sie mit einer Kuh an mir vorbeigingen.

Inzwischen kann ich an nichts anderes mehr denken. Wieso haben sie eine Kuh mitgenommen?

15. JULI 1925

Ich kann nicht …

Ich muss meine Gedanken ordnen, aber meine Finger zittern

Da war ein Geräusch.

Nein, kein Geräusch, das Gegenteil davon, wie das Ausbleiben eines Klangs, wenn in der Nähe eine Granate explodiert ist und alle Geräusche abgeschnitten werden und man nicht mehr weiß, ob sie je wieder zurückkehren oder ob man bis in alle Ewigkeit in dieser klingelnden, pulsierenden Leere bleibt, abgeschnitten von der Welt um sich herum

Frye

16. JULI 1925

Da war ein Geräusch. Ich werde es als Geräusch bezeichnen. Und dann eine Druckwelle, ein unerträglicher Druck, bei dem ich schon glaubte, ich müsse in Ohnmacht fallen oder sterben. Als er endlich nachließ, haben meine Ohren geblutet.

Ich kann das Geräusch, den Druck und meine Ohren auf meine Erinnerungen schieben, auf einen aufziehenden Sturm, im Grunde auf alles Mögliche. Ich werde mich nicht von ihrem verdammenswerten Unsinn und ihrem Aberglauben anstecken lassen. Inzwischen bin ich wütend auf Tommy. Und Mary. Sie hätte mehr Verstand haben müssen. Die anderen kenne ich kaum, aber ich bin auf alle stinksauer.

17. JULI 1925

Das Tor stört mich. Es ist nur ein Tor. Umgeben von Bäumen. Es gibt keinen Zaun, der daran angrenzt. Da ist nur ein Tor, das allein im Wald steht.

Warum bringe ich es nicht über mich, es anzufassen?

Ich habe meinen Lagerplatz weiter vom Weg entfernt. Das Tor kann ich allerdings noch sehen. Der Whiskey ist so gut wie leer, und ich würde gern Nachschub aus der Stadt holen, aber ich habe Tommy versprochen, dass ich hierbleibe. Danach werde ich vermutlich selbst Urlaub machen, und zwar möglichst weit von Tommy und diesem Tor entfernt.

18. JULI 1925

Als die Sonne heute Morgen aufging, habe ich Schreie gehört. Ich wollte schon in den Wald laufen, um der Sache nachzugehen, doch dann fing das Lachen an.

Ich habe schon Männer getötet. Ich ging hinter Leichen in Deckung, um mich vor Kugeln und Schrapnells zu schützen. Ich habe alle Schrecken des Kriegs gesehen, und doch hatte ich nie größere Angst als in dem Augenblick, in dem ich das Lachen hörte.

Ich bin ein Feigling. Doch das ist mir egal. Wären da nur die Schreie gewesen, wäre ich reingegangen. Aber ich wollte nicht herausfinden, was jemanden derart lachen lassen kann.

Ich werde nicht reingehen, ich werde nicht reingehen, ich bleibe auf dieser Seite des Tors. Falls etwas Schreckliches passiert ist, tja, dann ist es ohnehin schon passiert, und ich habe mich nicht eingemischt, sondern getan, worum mich Tommy gebeten hat. Ich werde die ganze Woche hier draußen bleiben.

Und danach schlage ich Tommy ins Gesicht und verschwinde.

22. JULI 1925

Wenn ich gewusst hätte, worum sie mich tatsächlich bitten, die Last, die sie mir aufluden, die Geister, die sie an mich ketteten, das Entsetzen, dem sie mich aussetzten, gekannt hätte, dann hätte ich abgelehnt. Ich hätte wissen müssen, dass sie mich bitten, mich zusammen mit ihnen zu opfern.

Gott möge dich verdammen, Tommy. Gott möge euch alle verdammen.

Aber ich schätze, das hat er bereits getan.

Ich bin müde. Morgen werde ich meinen Bericht beenden.

25. JULI 1925

Ich habe sämtliche Whiskeyflaschen in meinem Haus und als Zugabe auch in Tommys Haus geleert. Aber es reicht nicht.

Ich habe bis zum achten Tagesanbruch gewartet, weil ich ein Feigling bin. Ich hätte am siebten Abend reingehen können, doch meine Seele konnte sich nicht damit abfinden, die Schwelle dieses Tors im Schutze der Dunkelheit zu überqueren. Das Tor war in meinem Verstand zu einer undurchdringlichen Barriere geworden, dem Einzigen, das zwischen mir und dem steht, was immer dort zwischen diesen Bäumen geschieht.

Schreie. Weinen.

Lachen.

Am achten Vormittag schloss ich das Tor auf und überschritt die Linie zu Tommys neuem Niemandsland. Ich hatte erwartet, mich anders zu fühlen – dass meine Ohren knacken und abermals bluten, dass meine Haut kribbelt, dass mir irgendetwas verrät, was hier geschehen ist, bevor ich es mit eigenen Augen sehen musste – eigentlich habe ich nur auf eine Ausrede gehofft, um umzudrehen und die Flucht zu ergreifen.

Aber da waren nur Bäume, die genau wie andere Bäume aussahen und in denen das Leben in Form von Vögeln und Insekten summte, und die schleichenden natürlichen Dinge der Welt, die entweder nichts von dem wussten, was mich erwartete, oder sich nicht darum scherten.

Ich denke daran, wie dieser Mann, dieser Hobart, langsam auf das Ziel zuhielt, ohne zu wissen, was dort zu finden sein würde. Wenn ich umgekehrt wäre, wenn ich das Tor nicht geöffnet hätte, dann wäre ich vielleicht …

Aber nein. Tommy war mein Bruder. Ich musste es wissen. Das war ich ihm schuldig. Jedenfalls dachte ich das. Jetzt weiß ich, dass die Last, die sie mir aufgebürdet haben, sämtliche Schulden begleicht und dass sie mir nun etwas schulden, es jedoch nie zurückzahlen werden, dass sie gar nicht vorhatten, diese Schuld jemals zu begleichen, dass ich nicht in ihren blasphemischen ~~verflucht gottverdammt Scheiße Scheiße Scheiße gottverdammt sollst du sein Tommy ich verfluche dich~~

Ich ging in den Wald. Vorsichtig, als würde ich jagen oder würde gejagt. Ich gelangte in die Mitte, wo sie eine kreisrunde Lichtung rings um Tommys Tempel geschaffen hatten und wo in der ersten Nacht ein großes Lagerfeuer brannte.

Dort fand ich die Kuh, oder das, was von ihr übrig war, verwesend und stinkend, der ganze Magen durch irgendetwas, das mir unerklärlich war, nach außen gestülpt. Das war schlimmer als alles, was ich mir für die arme Kuh ausgemalt hatte, und ich übergab mich und wappnete mich dafür, mehr über das Schicksal der vierzehn Menschen zu erfahren, wenn die Kuh schon so etwas erlitten hatte.

Es gab Hinweise auf das Lagerfeuer. Ein Steinkreis, Asche, der Geruch von Rauch.

Und es gab Anzeichen dafür, dass sich hier Menschen aufgehalten hatten. Fußabdrücke, einige Furchen im Boden. Vierzehn Schuhpaare, ordentlich aufgereiht. Einige Kleidungsstücke, neben den Schuhen zusammengefaltet, andere zerrissen und weggeworfen. Das Lager erzählte eine Geschichte von Ordnung, die in Chaos überging, und diese Geschichte wollte ich eigentlich gar nicht lesen.

Doch den Teil der Geschichte, über den ich mehr erfahren wollte, konnte ich nirgends finden. Es gab keinerlei Hinweise auf Tommy, auf Mary, auf die Pulsiphers oder die Nicelys oder die Strattons oder diesen mondgesichtigen Idioten Robert, der nicht das Recht hatte, die liebreizende Rose zu heiraten, oder auf einen der anderen. Da war keine der vierzehn Personen, die diesen Wald betreten hatten. Sie waren fort. Ich fand einige zusammengefaltete Unterlagen auf Tommys Buch, die ich an mich nahm und in meiner Tasche verstaute. Ich wollte sie dort nicht ansehen. Ich will sie auch jetzt noch nicht lesen.

Da hing ein Geruch in der Luft. Und er stammte nicht von der Kuh; der Wind stand dafür nicht richtig. Ich lag schon in Schützengräben. Ich bin durch Schlamm gekrochen, der vom Blut der Lebenden getränkt war, die sich in Tote verwandelt hatten. Ich kenne den Geruch des Todes. Und er war überall.

Einerseits wollte ich mir einreden, dass dies nur ein einziger großer Jux wäre, ein Witz, der alle anderen Witze toppt und auf meine Kosten geht. Dass Tommy und die anderen sich im Tempel versteckten oder rausgehuscht waren und mich umgangen hatten und nun sicher und geborgen in ihren Häusern darauf warteten, mich bei meiner Rückkehr auslachen zu können.

Andererseits konnte ich den Geruch des Todes nicht leugnen, auch nicht die Gewissheit, dass Tommy und die anderen dreizehn Narren nie mehr zurückkehren werden.

Der Tempel wartete auf mich. Ich zitterte, ich bebte am ganzen Leib, ich schäme mich nicht, zuzugeben, dass ich weinte. Aber irgendwann setzte ich einen Fuß hinein und entdeckte nichts – jedenfalls dachte ich das. Der Tempel war leer, der Boden kahl, abgesehen von den Mustern, die Tommy penibel mit schwarzen und weißen Steinen angelegt hat. Obwohl ich glaubte, dass hier niemand war, spürte ich keine Erleichterung. Keine Befreiung aufgrund des Geruchs.

Dann bemerkte ich es. Das sanfte Einatmen und Ausatmen, den stetigen Rhythmus des Atmens eines Schlafenden.

Etwas hielt sich dort auf, und ich konnte es nicht sehen. Etwas schlief, atmete tief ein und sanft und feucht wieder aus. Meine Augen wollten mir einreden, dass dort nichts war, dabei konnte ich es hören, es riechen. Da lief ich los, fort vom Tempel und von den Bäumen, um das Tor hinter mir zu schließen und zu verriegeln, gejagt und gehetzt.

Tommy, Mary und die anderen sind fort. Was immer sie auch getan haben, irgendetwas ist zurückgeblieben.

30. JULI 1925

Ich hasse sie. Ich hasse sie alle.

15. AUGUST 1925

Folgendes habe ich entsprechend den Anweisungen, die er mir hinterließ, transkribiert. Ich besitze dieses Buch nicht, das er gefunden und mit hergebracht hat, aus dem seine furchtbaren Anweisungen stammen. Sein Bruder hat es an sich genommen, und ich war zu erschüttert, um ihn davon abzuhalten. Ich bedauere nur, es nicht mehr zu haben, weil ich es jetzt nicht verbrennen kann. Es tut mir nur leid, dass ich nicht zu meinem Messer gegriffen und Tommy erstochen habe, als er sich auf den Weg in den Wald machte. Ich bereue es, ihn je kennengelernt zu haben, ihn je gekannt und geliebt zu haben. Er darf tot sein, während ich mit dem leben muss, was er getan und geschaffen hat.

Die Last ist jetzt die meine. Dafür hat Tommy gesorgt. Er muss mich gehasst haben, vermute ich inzwischen. Oder er wusste es nicht, vermutete es nicht, hat es nicht erkannt. Aber ich kann ihm oder seinem Andenken gegenüber nicht großzügig sein. Nicht nach dem, was er getan hat.

Ich werde das Tor beobachten. Ich werde der Wächter der Schrecken sein, die sie zurückgelassen haben. Und jeden Moment meines restlichen Lebens wird mich das Geräusch dieses Atmens heimsuchen, so feucht, langsam und wartend, während ich in meinem Hass auf meinen Freund und seine dreizehn Narren schwelge.

Nein, ich werde diese Bürde nicht allein tragen. Ihre Kinder werden es erfahren und sie mit mir schultern, und sie werden sich daran erinnern, was ihre Eltern für sie getan haben. Was sie ihnen angetan haben.

Uns allen.

Instruktionen, hinterlassen von Tommy Callas im Namen der Callas-, Pulsipher-, Nicely-, Stratton-, Young-, Harrell- und Frye-Familien, die akribisch befolgt werden müssen:

Wir haben den Preis bezahlt und unseren Preis erhalten. Der ist nicht so, wie wir erwartet hatten, aber wir glauben an Gott wir müssen unseren Glauben bewahren glauben der Glaube ist alles was uns geblieben ist wir müssen daran glauben, dass die Transaktion geehrt wird. Wohlstand und Schutz für unser Blut von diesem Moment an durch alle Generationen bis ans Ende der Zeit.

Wir haben diesen ersten Preis bezahlt, und wenn der Letzte von uns mich verschlungen hat, werde ich es sein, ich habe sie alle gesehen, nur meine geliebte Mary und ich waren noch übrig, und Mary sitzt da, als wäre sie bereits verschlungen worden, hier und doch fort von mir, ich habe sie geliebt, und das hat uns hierhergeführt, daher muss ich glauben, muss ich glauben.

Wenn ich verschlungen bin, wird es schlafen und uns beschützen, und wir haben euch gegeben, was unsere Eltern euch nicht geben konnten, was unser Land uns nicht geben konnte, wir haben euer Schicksal und euren Wohlstand gesichert.

Gedeiht.

Gedeiht.

Das ist euer Recht. Wir haben dafür bezahlt.

Stellt eine Wache auf. Wenn es erwacht falls es erwacht muss es gefüttert werden. Dieser Pakt wurde mit unserem Blut besiegelt und wird durch unser Blut fortgesetzt. Füttert es und gedeiht und spürt unsere Liebe. Meine Mary war eine Frau voller Liebe die in ihr brannte die sie antrieb und nun ist sie ausgebrannt.

Stellt eine Wache auf.

Lasst das Tor niemals offen.

Lasst es nicht hungern.

Vergesst nicht, dass wir euch lieben und dass ihr dieses Geschenk verdient habt.

Es erwacht. Unsere Zeit ist vorbei. Wir werden für unsere Kinder und unsere Kindeskinder und die Kinder unserer Kindeskinder verschlungen.

Der Preis wurde willentlich bezahlt und voller Glauben an die Zukunft, dass die Zukunft an uns glaubt und dass wir durch euch genug ertragen haben ich glaube ich glaube ich glaube ich glaube aber o Gott da sind Sterne jenseits seines Schlunds und da sind Sterne die ich nicht kenne und meine Mary ist zu ihnen gegangen und jetzt werde ich es ebenfalls tun.

Leb wohl.

15. JULI 1926

Sie haben mir nicht geglaubt, sie wollen mir nicht glauben, diese Brüder und Schwestern und Kinder, bis wir den Tempel betreten hatten und die Schreie anfingen. Für mich ist es kein Monster, und doch ist es mein Monster. Ich bin von Tommys Segen nicht betroffen, muss aber dennoch den Preis begleichen.

Wir haben eine Wache aufgestellt. Möge das Monster für immer in seinem düsteren Tempel schlafen, und mögen die vierzehn Narren und Närrinnen, die es hergeholt haben, niemals Frieden finden.

15. JULI 1930

Es schläft, ich trinke, die Nation hungert, aber wir nicht.

15. JULI 1932

Es ist wach. Wir haben nichts getan, nichts verändert, es gab keine neue Zeremonie, und doch ist es wach. Und Tommy hat gesagt, dass es fressen muss.

22. JULI 1932

Ich glaubte, die schlimmsten Augenblicke meines Lebens hinter mir zu haben, doch es sollten noch so viele mehr kommen. Am Ende stand ich weinend am Tempel, flehte um Erlösung, und doch sah ich nichts, und es hat mich auch nicht genommen.

Wir waren nicht vorbereitet. Wir boten ihm eine Kuh an, und es fraß die beiden Männer, Fryes Brüder, die sie ihm brachten. Danach zogen wir Strohhalme. Wir führten die Unglücksraben in Zweiergruppen in den Tod. Zwei am Tag, sieben Tage lang, und gegen Ende konnten wir sie nicht mehr führen, sondern mussten sie schleifen. Ich musste sie schleifen, weil ich nicht wie sie verdammt bin, sondern ganz allein und auf andere Weise verdammt wurde.

Sieben Jahre. Sie haben uns nur sieben Jahre erkauft. Sechs Monate für jedes geopferte Leben. Ist es das wert, Tommy? Was hat dein Glaube uns allen eingebrockt?

Ich bin jetzt der Henker.

Sieben Jahre, um uns vorzubereiten. Beim nächsten Mal werden wir es besser machen. Wir müssen es besser machen.

22. JULI 1939

Der Arzt sagt, wenn ich nicht aufhöre zu trinken, bringt mich das um. Es gibt schnellere Wege, die Vergessenheit zu erreichen, habe ich erwidert, aber nicht für mich. Nicht für mich. Die Vergessenheit will mich nicht.

Wir haben uns verzockt.

Am ersten Tag versuchten wir es mit Doreen, dem Dienstmädchen von Rose Harrells Schwester, doch es rührte sie nicht an und lief am Tor auf und ab.

Voller Panik stießen wir Roses eigene Schwester und Orvilles Bruder hinein. Wir durften nicht riskieren, dass es rauskommt. Doreen hat gesehen, wie sie verschlungen wurden und im Nichts verschwanden, doch das ist egal. Wer würde ihr schon glauben? Unsichtbare Monster, die Menschen mit Haut und Haaren im Wald verschlingen. Stell sich das einer vor.

Stell sich das einer vor.

Vierzehn Jahre nach den ursprünglichen vierzehn Opfern. Ihre Familien sind jetzt Polizisten, Senatoren und Richter. Es wird keine Konsequenzen geben. Wir haben Doreen die Flucht gestattet, weil sie nicht von Bedeutung ist, und aus diesem Grund ist es auch derart unerträglich, dass sie kein Opfer sein konnte.

Aber es beantwortet die Frage. Nur das Blut, das es hergelockt hat, kann es auch erhalten.

Wir hatten uns mit unseren hastigen Opfern einen Tag erkauft und verbreiteten die Kunde. Jede Familie übermittelte zwei in Umschlägen versiegelte Namen – nur Roses und Orvilles nicht, sie mussten nur einen Namen nennen. Ihre eigenen Namen waren selbstverständlich nicht darunter. Ihre Eltern und Geschwister hatten sich für sie geopfert – nicht, damit sie selbst zu Opfern wurden, sondern damit es ihnen gut erging.

Doch das Monster musste gefüttert werden.

Zwölf entfernte Verwandte, uneheliche Nachkommen, schwache Cousins, schmähliche Geheimnisse, die nicht länger im Verborgenen bleiben mussten. In Zweiergruppen lud man sie in die Häuser ein, in denen sie bislang nicht willkommen gewesen waren, und in Zweiergruppen führte man sie zum Tempel. Ich brachte sie hin, da ich nicht verschlungen werden kann.

Es ist zu viel. Gewiss gibt es einen Tod, der schneller eintritt als der durch den Alkohol und der williger ist als das Monster. Ich muss ihn finden. Soll Asterion doch seine eigene verfluchte Wache halten. Mich dürstet es nach dem Frieden der Hölle, denn ich gehe fest davon aus, dass die Hölle zu gut ist für Tommy Callas und wir uns nie wiedersehen werden.

Gott verdamme Asterion und alles, was es berührt, für immer.

Amen.

IAN SCHALTET DIE Taschenlampe aus und legt die losen Blätter vorsichtig wieder ins Buch, als würden sie es merken, wenn er sie schlecht behandelt. Als würde er beobachtet.

Die akkurat übersetzte Schrift, die Diagramme, die letzte schreckliche Zeichnung. Nun ergibt alles Sinn, doch das will er gar nicht.

Er ist gern Skeptiker. Indem er sich mit Zynismus umgibt, kann er sein Herz am besten beschützen, während er sich in einer Welt bewegt, die ihm und seinen Träumen völlig gleichgültig gegenübersteht. Ein Teil von ihm schämt sich deswegen – er weiß, wie peinlich ihm das später sein wird, wenn er darauf zurückblickt –, doch dem Rest ist das egal.

Ian rennt direkt aus dem Gebäude und über die gewundenen, Kurven schlagenden Wege zurück in Richtung Lager. Er kommt dort an, als es gerade hell wird, völlig außer Atem, aber sich endlich dessen gewiss, was er tun will: So schnell wie möglich von hier verschwinden. Vielleicht ist der Bonus für das Finden des Buchs ein Haufen Bargeld. Vielleicht auch nicht. Es interessiert ihn nicht mehr.

Er stopft das verfluchte Buch in seine bereitstehende Tasche, sucht seine Sachen zusammen, hält ein letztes Mal Ausschau nach seinem gottverdammten Stift. Dabei sieht er sogar bei Jadens Sachen nach, weil er es diesem

Arschloch durchaus zutrauen würde, ihm den Stift geklaut zu haben. Aber da ist er nicht. Er ist nirgendwo.

Ein lautes Krachen hallt durch die Luft, und er zuckt zusammen und dreht sich wild um die eigene Achse, aber da ist nichts.

Wie auch immer. Zeit, zu gehen. Er will das Preisgeld sowieso nicht mehr. Geld würde nur seiner Kreativität schaden. Es ihm zu behaglich machen. Künstler müssen leiden, nicht wahr? Gorky wäre mit seiner Entscheidung gewiss einverstanden.

Er lacht erstickt auf, weil seine Furcht derart absurd ist, diese Gewissheit. Die Erkenntnis, die er zu gern leugnen würde, was er jedoch nicht kann, dass hier irgendetwas ganz und gar falsch ist. Es ist verlockend, sich einfach auf seine Pritsche zu legen, sich die Decke über den Kopf zu ziehen und einzuschlafen. Sollen sie ihn doch hier finden.

Aber nein. Er wird die Straße nehmen, auf der sie hergefahren sind, durch das Tor gehen, Linda das Buch in die Hand drücken und nie wieder an das hier zurückdenken. Nie wieder. Er gibt auf. Er will nicht mehr spielen. Aber er muss sofort gehen. Wenn er sich auf seine Pritsche legt, wird er in seinen Zweifeln und seinem Schweiß schmoren und sich diese Gefühle wieder ausreden. Da ist es besser, sich im Freien zu verlieren. Sich auslachen zu lassen und seine Lächerlichkeit und Schwächen zu verstehen. Nicht mit Entsetzen, sondern nur voller Scham zurückzublicken.

Mit Scham kennt er sich aus. Scham ist gar nicht mal so unangenehm.

Als er sich den Riemen der Tasche über die Schulter schlingt, hört er es. Zuerst verwirft sein Gehirn dieses feuchte Schnüffeln, aber irgendetwas stimmt damit nicht. Die Vögel im Gebüsch machen übertriebene Geräusche. Was immer sich da nähert, gibt jedoch so gut wie kein

Geräusch von sich, wenn man mal vom Atmen absieht. Nichts Kleines hat je so geatmet.

Ian erinnert sich an das grässliche schwarze Loch und an das Bild der in der Dunkelheit leuchtenden Hörner. Er erinnert sich an Hobarts Beschreibung des schlafenden, unsichtbaren Atmenden. Er erinnert sich an die Zeichnung hinten im Buch und erstarrt vor Entsetzen. Sein ganzer Körper gleicht einem angehaltenen Atemzug.

Etwas kracht durch die Büsche auf der anderen Seite des Lagers, blutgetränkt, mit verrückten Augen.

»Was zum Teufel?«, brüllt Ian.

Mack braucht zu lange. Sie ist abgelenkt. Keines der Verstecke erscheint ihr gut genug. Ihr läuft die Zeit davon, und das Nahen der Dämmerung erfüllt sie mit einer erstaunlichen Panik.

Das ist allein Avas Schuld. Mack kann sich keine Ablenkungen, Gedanken, Gefühle erlauben. Ein Karussell ein Stück voraus fällt ihr ins Auge. Dort gibt es doch bestimmt etwas Unerwartetes, wo sie sich verstecken kann. Eigentlich sollte sie das nicht tun – es liegt auf direktem Weg vom Lager und ist daher eine zu offensichtliche Option. Doch sie hat keine Zeit mehr. Mack rennt hinüber.

Sie sieht sofort, was Rebecca erst nach zu langer Zeit bemerkt hat. Das Silber. Den Stiefel. Die Hinweise auf einen brutalen Kampf.

Die Öffnung in der Mitte des Karussells steht geduldig und kalt da wie ein Mausoleum. Will sie verschlucken, sie dorthin stecken, wo sie hingehört. Wo sie schon all die Jahre hätte sein sollen. Es ist unwichtig, wie leise, wie unsichtbar, wie klein sie ist. Wie wenig sie sich wünscht.

In jener Nacht ist sie dem Tod von der Schippe gesprungen, und jetzt vermisst er sie, und mal im Ernst: Vermisst sie ihn nicht auch?

Vorsichtig betritt Mack die Plattform des Karussells und hebt jedes Teil von Rosiees Silberschmuck auf. Die kalte Dunkelheit in der Mitte pulsiert und scheint es kaum erwarten zu können, sie zu umarmen.

Sie erinnert sich an die warme Finsternis unter der Decke. An Avas Hand, die ihre hielt und ihr half, leise zu sein. Verborgen zu bleiben. Die *wollte,* dass sie versteckt und in Sicherheit war.

Es dämmert, und sie wendet sich von dem schrecklichen Ende ab, das sie erwartet. Einer von Atrius' Neonpfeilen leuchtet auf der Rückseite einer alten Schießbude. *Hier entlang,* sagen sie. Aber wo führen sie hin?

Jeder Ort ist besser als dieser.

Mack folgt den Pfeilen.

Christian wollte nicht bis an den Rand des Parks vordringen. Es ist unmöglich zu sagen, in welche Richtung er eigentlich geht. Er glaubte, gen Osten unterwegs zu sein, aber jetzt, da die Sonne aufgeht, stellt er fest, dass er sich irgendwann gedreht haben und gen Westen gegangen sein muss, bis er an die Grenze stieß. Er wird von dem massiven Metallzaun begrüßt, dem einzigen neuen – oder zumindest gut erhaltenen – Objekt abgesehen von ihrem Lager, das er hier gesehen hat.

Am Zaun steht eine Art Turm, im Grunde nicht einmal außerhalb der Grenze, da er Teil des Zauns zu sein scheint. Wenn es Christian schafft, da raufzuklettern, sollte er einen guten Überblick über den ganzen Park haben. Vielleicht kann er sogar sehen, wo sich die anderen verstecken, und dann wird es Ian bereuen, die Allianz mit ihm ausgeschlagen zu haben. Sie werden es alle bereuen. Doch er wird ein guter Sieger sein. Er wird den anderen gratulieren, und Eck Sports wird von ihm derart beeindruckt sein, dass man ihm auf der Stelle Lindas Job anbietet.

Auch die anschließende Party wird ganz großartig. Zwar hat bisher keiner erwähnt, dass es eine Party geben wird, aber Christian kann den Champagner förmlich schmecken und sich ausmalen, was Rosiee anhaben wird.

Leise vor sich hin summend bemerkt er nicht, dass in der Luft ein Hintergrundsummen mitschwingt. Eine Hand am Zaun ist alles, was es braucht. Schon wird er nach hinten geschleudert, eine Sekunde kommt ihm vor wie eine Ewigkeit, als der Strom in einem endlosen, leuchtend weißen Kreislauf durch seinen Körper schießt.

Er wird ohnmächtig oder aber auch nicht. Die Zeit verstreicht, oder sie tut es nicht. Strom. Der Zaun steht unter Strom. Warum? Christian hätte beinahe laut losgelacht. Er hatte immer geglaubt, der Verkauf der Solaranlagen wäre irgendwann einmal sein Tod. Offenbar hat es die Elektrizität wirklich auf ihn abgesehen.

Ihm laufen vor Erleichterung die Tränen über die Wangen, als er nach oben blickt. Da oben im Turm ist jemand. Derjenige hat gesehen, was passiert ist. Die Gestalt beugt sich vor und blickt auf ihn herab, ist jedoch zu weit entfernt, als dass Christian das Gesicht erkennen könnte.

Dann zieht sie sich in den Schatten des Turms zurück. Warum hilft ihm denn keiner? Vielleicht ruft man da oben ja gerade Hilfe. Aber nach einigen Minuten, als er seinen Körper endlich wieder so weit unter Kontrolle hat, dass er sich bewegen kann, ist noch immer niemand zu ihm gekommen. Er kam auch kein Ruf, um sich zu erkundigen, ob er Hilfe brauche und ob es ihm gut ging.

Warum steht der Zaun unter Strom? Es gibt keinerlei Warnschilder. Jetzt will Christian den Wettbewerb nicht mehr gewinnen, vielmehr denkt er darüber nach, sie zu verklagen. Dann beschafft er sich das Geld eben auf diese Weise. Wütend und zitternd nimmt er den Turm genauer in Augenschein. Jetzt, da er ihn betrachtet, stellt er fest, dass er wie ein Wachturm aussieht.

Vielleicht hat er darin ja doch niemanden gesehen. Möglicherweise war sein Gehirn durch den Stromschlag beeinträchtigt und hat ihm irgendwelche Bilder in den Kopf gesetzt. Obwohl es riskant ist, was er ganz genau weiß, streckt er eine Hand aus und berührt den Fuß des Turms.

Kein Strom.

»Ich schleuder diesen Mistkerl von seinem verdammten Turm runter«, murmelt Christian und macht sich ans Klettern. Er ist ein guter Kletterer und hat die Hälfte der Strecke trotz seiner noch immer zuckenden Muskeln bereits geschafft, als er eine Pause einlegen und sich ausruhen muss. Er blickt nach oben.

Und stellt fest, dass er recht hatte. Im Turm hält sich tatsächlich jemand auf.

Bevor sein Gehirn verarbeiten kann, was diese Gestalt in der Hand hält, fällt der Schuss. Christian stürzt zu Boden, und der Schmerz kann sich nicht mal bemerkbar machen, weil das Loch in seiner Schulter die gesamte Aufmerksamkeit seines Gehirns beansprucht.

Das war ein Schuss.

Jemand hat auf ihn geschossen.

Er rappelt sich auf, taumelt, presst eine Hand auf die Wunde. In ihm ist kein Platz für Wut, für Fragen, für etwas anderes als das Bedürfnis, wegzulaufen. Er stolpert zurück in den Park, und ein animalischer Schrei, der Entsetzen und Schmerz widerspiegelt, dringt aus seiner Kehle.

Christian bahnt sich einen Weg durchs Unterholz und ignoriert die Wege. Die Wege sind alle eine Lüge. Er taumelt und schwankt, scheint aber seltsamerweise einen besseren Orientierungssinn zu haben als auf dem Hinweg. Wenn er es zum Lager schafft, wenn er dort ankommt, kann ihm jemand helfen. Dann wird alles wieder gut.

Es muss wieder gut werden, weil es einfach nicht anders sein kann.

Es muss so kommen.

Endlich bricht er durch die nach ihm greifenden Äste und sieht sich einem geschockten und bis ins Mark erschütterten Ian gegenüber.

»Was zum Teufel?«, schreit Ian.

Christian stürzt. Ian beugt sich über ihn und sagt etwas, das Christian jedoch nicht versteht. Ein Schatten taucht hinter Ian auf. Er versperrt die Sonne, und Christian kommt unverhofft die Erkenntnis, dass Strom vielleicht doch der bessere Weg gewesen wäre, um zu sterben.

Die Sonne geht unter und taucht die Welt in eine Dunkelheit, die wenig mildernd wirkt. Der Scheinwerfer wird nicht eingeschaltet. Ava, LeGrand und Brandon verlassen sich auf Avas Richtungssinn und kehren als Erste zurück.

»Verdammte Scheiße«, haucht Ava, als wäre es ein Gebet. Ihr Herz rast, als wollte es diesem fragilen Käfig aus Knochen und Fleisch entrinnen. Sie legt den Schalter des Scheinwerfers um und erhellt den Weg, dann dreht sie sich um, sieht hinter sich und wartet. Hofft. Weigert sich, den umgeworfenen Tisch, die zerstreuten Pritschen, das Blut zur Kenntnis zu nehmen.

Das Blut.

»Komm schon, Mack«, flüstert Ava. »Bitte.«

Ava, die sich ganz und gar nicht schön fühlt, ist erschöpft. Sie kann die Feindseligkeit spüren, die von Jaden ausgeht, als sie zum Lager zurückmarschieren, als wäre sie das Axe-Bodyspray der Aggression, das in ihrer Nase brennt und ihr Herz nervös stolpern lässt. Ihre Pläne für den heutigen Tag – den anderen zu folgen und einen Weg zu finden, um sie rausfliegen zu lassen, so wie Jaden es bei Sydney geschafft hat – führten zu nichts. Stattdessen fehlte ihnen irgendwann die Zeit, um sich noch ein gutes Versteck zu suchen. Die Stämme einiger gequälter Bäume waren um eine hohle Mitte herumgewachsen, in die sie sich quetschten. Unter anderen Umständen wäre das vielleicht sogar romantisch gewesen, wenn nicht gar heiß.

Zugegeben, heiß war es durchaus, jedoch nicht auf gute Weise. Sie ist Jaden derart leid, die Art, wie er stets einen Schritt vor ihr geht, dass er sich nicht einmal weit genug entfernt hat, damit sie nicht hören und riechen konnte, wie er pinkelte, als es dunkel genug geworden war, um aus dem Baum zu klettern. Sie ist es leid, dass er nicht mal wartet, bis sie die Blase geleert hat, bevor sie sich auf den Rückweg machen.

Sie ärgert sich, dass sie sich überhaupt erst für ihn entschieden hat.

Denn sie hatte andere Optionen. Sie hätte mit Mack und der anderen Ava befreundet bleiben können. Sie hätte es mit dem freundlichen Brandon oder sogar mit dem nervigen Christian versuchen können. Nicht mit LeGrand, nein, danke. Bei ihm bekommt sie eine Gänsehaut. Aber sie hat sich entschieden, und jetzt muss sie damit leben. Sie hat das Vertraute gewählt, weil es bequem wirkte, doch diese Bequemlichkeit ist ihr letzten Endes kein Trost.

Verloren in ihrem eigenen Elend fällt ihr der Zustand des Lagers erst gar nicht auf. Sie bekommt auch gar keine Gelegenheit dazu, da die andere Ava sich sofort mit fliegenden Fäusten auf Jaden stürzt.

»Was zum Henker hast du gemacht?«, verlangt die andere Ava zu erfahren, als Jaden längst am Boden liegt und sich die Arme schützend vor das Gesicht hält, während die andere Ava rittlings auf ihm sitzt und ihn anstarrt.

»Runter von ihm!« Ava versucht, sie voneinander zu trennen, aber Brandon, der liebe Brandon, dreht sie entschlossen am Ellbogen um.

»Oh«, haucht Ava.

Es sieht aus wie ein Tatort. Der Tisch mit den Vorräten ist umgekippt, alles liegt herum, teilweise zertrampelt und zertrümmert. Die Hälfte der Pritschen wurde durch die Gegend geschleudert, und in der Mitte prangt eine dunkle Pfütze. Eine Spur tropfender Schuldzuweisung führt dorthin, und entsetzliche Flecken entfernen sich davon.

Auf dem Boden liegt eine Tasche, und ein Notizbuch liegt halb in der Pfütze, dessen Seiten sich langsam zum ersten und auch letzten Mal füllen.

Die andere Ava schreit etwas.

»Das war er nicht«, sagt Ava halb benommen. »Wir waren den ganzen Tag zusammen. Zuerst wollten wir euch finden, aber das ist uns nicht gelungen, und danach haben wir uns versteckt. Er war das nicht. Wir waren das nicht«, korrigiert sie sich, denn wenn sie Jaden beschuldigen, gilt das auch für sie.

»Dämliche Schlampe«, faucht Jaden und lässt die Arme sinken, da die andere Ava nicht länger auf ihn einprügelt. »Was wirfst du mir überhaupt vor? Glaubst du, ich hätte ihn ermordet, um zu gewinnen? Wie soll ich die Kohle denn im Knast ausgeben?«

»Ich hab was gehört.« Ava kann den Blick nicht von der Lache in der Lagermitte abwenden. Jetzt riecht sie ihn auch, diesen metallischen, widerlichen, irgendwie alten Geruch. »Heute Morgen. Ich dachte, es wäre ein Auto mit einer Fehlzündung. Aber hier fahren keine Autos rum.«

Die andere Ava lehnt sich zurück und steht auf. Jaden

kommt auf die Beine. Sein Gesicht ist vor Zorn ganz lila, und seine Oberlippe schwillt bereits an.

Die andere Ava scheint sich keine Sorgen zu machen, dass er auf sie losgehen könnte, und da sie zwischen dem großen Brandon und dem schweigsamen LeGrand mit den leeren Augen steht, muss sie das auch nicht. Jaden zeigt mit einem zittrigen Finger auf sie. »Ihr seid alle Idioten! Gottverdammte Idioten. Das hier ist ein Spiel. Begreift ihr das denn nicht? Dies ist Teil des Spiels! Das ist der Trick! Sie wollen euch davon überzeugen, dass es real und gefährlich ist, damit ihr freiwillig ausscheidet! Großer Gott!« Er lacht auf, was schrill und harsch klingt. »Ich sollte euch das nicht mal sagen. Wieso lasse ich nicht einfach zu, dass ihr durchdreht und zum Tor rennt? Aber es muss offenbar ausgesprochen werden, dass wir hier ein Spiel spielen, bevor Irak-Barbie hier noch ganz zum Rambo mutiert und mich umbringt.«

Die andere Ava sieht sie mit dunklen Augen an, um die herum das Weiß zu sehen ist. »Und du schwörst, dass ihr den ganzen Tag zusammen wart?«

Ava nickt eifrig. »Und er hat außer Sydney wirklich niemanden rausgeworfen.«

»Halt verdammt noch mal die Klappe«, faucht Jaden. »Verrat ihnen bloß nichts.« Er drängt sich an ihnen vorbei und stürmt zum Sanitärbereich. Sie hören, wie das Wasser aufgedreht wird.

»Ich schwöre es«, flüstert Ava.

Die andere Ava nickt mit ausdrucksloser Miene. Sie späht in die Dunkelheit hinaus. »Ich habe ihn auch gehört. Den Schuss. Ich dachte schon, ich verliere den Verstand.«

»Er hat vermutlich recht und das ist Teil des Spiels.«

»Gut möglich.« Die andere Ava zuckt und legt sich eine Hand aufs Bein. »Könnte sein. Vielleicht – nur vielleicht – sehe ich eine Gefahr, wo keine ist.«

»Das ist ein ziemlich krankes Spiel«, stellt Brandon fest und sieht sich stirnrunzelnd im Lager um. »Und damit meine ich ganz bestimmt nicht cool, sondern eher widerlich. Das gefällt mir nicht. Es macht keinen Spaß mehr.« Er mustert die beiden Avas. »Was sollen wir denn jetzt machen?«

»Ich brauche das Geld«, sprudelt es aus Ava heraus. »Ich brauche es dringend.«

»Wir brauchen alle das verdammte Geld«, sagt die andere Ava, jedoch ohne Gift in der Stimme.

»Möglicherweise haben sie uns in die Irre geführt, und dieses Spiel ist nicht so harmlos, wie wir dachten. Aber was haben wir für eine Alternative? Glaubt ihr etwa, Linda hätte uns hergebracht, um uns in Zweiergruppen ermorden zu lassen?« Das klingt wirklich lächerlich, wenn Ava es so ausspricht. Es ist auch lächerlich. Jaden hat recht. Er muss recht haben. Das ist nur eine andere Wendung des Spiels. Auf einmal kommt Ava ein Gedanke, und sie runzelt die Stirn. »Ihr wart alle vor uns im Lager.«

Brandon legt verwirrt den Kopf schief.

Die andere Ava versteht sofort, worauf sie hinauswill. »Du glaubst, wir hätten das gemacht, um euch Angst einzujagen. Ich wünschte, es wäre so. Mann, das wäre eine Hammerstrategie.« Sie macht einige Schritte auf die Dunkelheit um sie herum zu, die immer näher zu rücken scheint. »Das könnten auch Christian oder Ian gewesen sein.«

»Oder Mack.« Ava zuckt abwehrend mit den Achseln, als die andere Ava sie mit zusammengekniffenen Augen anstarrt. »Ich will damit ja nur sagen, dass sie nach allem, was sie durchgemacht hat, vermutlich ziemlich durch den Wind ist.«

»Niemand sucht«, erwidert LeGrand mit sanfter Stimme, dessen wässrige Augen in Bodennähe verharren. Sie glaubt, seine Augen wären blau, aber im orangefarbenen Licht erscheint alles farblos. Sogar der klebrige Teich in der Mitte. Vielleicht ist es auch kein dunkles Rot, das zu Schwarz wird, sondern Lila, Blau oder …

Ja, vielleicht hat jemand einen ganzen Kühlschrank voller blutfarbener Eisbecher geschmolzen. Ganz bestimmt. Ava schüttelt den Kopf und weiß ganz genau, was sie sieht und riecht, aber sie will es noch immer nicht wahrhaben, denn wie könnte das auch sein?

»Wie meinst du das?«, will Brandon von LeGrand wissen.

»Da draußen.« LeGrand zuckt mit den Achseln, und seine heruntergesackten Schultern lassen ihn deutlich kleiner aussehen, als er ist. »Niemand sucht nach uns.«

»Nur, weil du nicht gefunden wurdest, bedeutet das noch lange nicht, dass niemand sucht«, entgegnet Ava. »Wahrscheinlich hattest du einfach Glück, und die beiden Leute für den Tag waren schon raus. Das ist doch das Muster, oder nicht? Zwei pro Tag. Wenn sie zwei entdeckt haben, kann dir nichts mehr passieren.«

»Wir vermissen noch drei.« Die andere Ava setzt sich auf eine Pritsche, lässt den Kopf hängen und reibt sich den Nacken.

Ava setzt sich zaghaft neben sie und hält Wache, um zu erfahren, wen die Nacht noch ausspuckt. Um sich mit unverhofft stechender Sehnsucht zu wünschen, Jaden wäre heute rausgeflogen.

Die schöne Ava hat einen Fehler gemacht. Sie kann Jaden nicht sehen, der hinter ihnen aus dem Sanitärbereich späht und mit zusammengekniffenen Augen überlegt, wen er am nächsten Tag aus dem Spiel werfen will.

Brandon hat Angst. Er amüsiert sich nicht mehr, ganz im Gegenteil. Das Geld ist ihm inzwischen völlig egal. Wären da nicht seine Freunde gewesen, würde er auf der Stelle verschwinden. Aber er will sie nicht im Stich lassen.

LeGrand ist resigniert. Sie werden bestraft, die Hölle ist real, und sie sitzen darin fest, sie werden sterben oder aber auch nicht. Es ist im Grunde völlig egal, denn er lebt in einer farblosen, hoffnungslosen Hölle, seit er verbannt wurde.

Und Ava starrt in die Dunkelheit, die auch ihr Herz und ihren Verstand durchdringt, riecht Phantomrauch und verkohltes Fleisch und wartet darauf, endlich herauszufinden, wer noch zurückkehrt.

TAG FÜNF

DER SCHEINWERFER IST jetzt an. Jemand ruft sie zurück, wartet auf sie.

Mack sitzt mit angezogenen Knien da, die Arme darumgeschlungen. Ihr Wagen – Korb oder wie immer man den Teil eines Riesenrads nennt, in den die Leute steigen, um der Schwerkraft trotzend im Kreis zu fahren – schwankt sanft in der nächtlichen Brise, und sie könnte glatt darin einschlafen. Sich inmitten des Drecks und Schutts auf dem Boden zusammenrollen und für immer schlafen.

Atrius' Pfeile haben sie hierhergeführt, und sie würden noch weiter gehen, aber sie nicht. Sie glaubt, dass er das Labyrinth gelöst hat. Ob das nun bedeutet, dass er rausgekommen oder richtig drin ist, weiß er nicht. Fakt ist, er ist weg.

Sie reibt einen von Rosiees schweren Silberringen und steckt ihn sich an den Finger, damit sie ihn nicht verliert. Damit er nicht auch weg ist.

Mack hat Hunger, sie hat Durst, und sie ist müde. Sie will nicht ins Lager zurückgehen, will nicht herausfinden, wer nicht mehr da ist, will nicht darüber nachdenken, was das bedeuten könnte. Es ist ein Spiel, okay? Ein Spiel. Ein von Menschen geleitetes Spiel, und sie weiß ganz genau, wie monströs Menschen sein können.

Aber sie muss wissen, ob Ava noch da ist, obwohl Mack entschieden hat, sie zu verlassen. Sie muss es wissen.

Mack klettert nach unten und geht zum Lager.

Ava kauert mit hohlem Gesicht auf einer Pritsche, die schöne Ava sitzt neben ihr. Brandon säubert den Tisch, der anscheinend umgeworfen wurde, wenn sie das Chaos richtig deutet. LeGrand liegt auf einer anderen Pritsche. In der Mitte des Zementbodens befindet sich eine dunkle Pfütze, die eine umgekehrte Anziehungskraft auszuüben scheint, denn jeder wird von ihr abgestoßen.

Mack gefällt gar nicht, was ihr Herz macht, sobald sie Ava sieht. Oder bei Brandon und LeGrand, nur in geringerem Ausmaß. Denn sie ist froh – Himmel, sie ist so verdammt heilfroh –, dass sie dort sind. Was auch bedeuten wird, dass es schmerzt, wenn sie rausfliegen. Doch sie kann ihnen nicht helfen, kann sie nicht beschützen, kann rein gar nichts tun, um sie im Spiel zu halten.

Jemand packt sie grob am Arm und zerrt sie ins Licht. Jaden reißt triumphierend eine Hand in die Luft. »Wollt ihr wissen, wer diesen ganzen Mist macht, um uns Angst einzujagen? Vielleicht ist es ja die Gestalt, die Rosiees Schmuck als Trophäe trägt.«

Mack starrt Ava an. Ava ist nicht aufgestanden. Sie sieht Mack an, als wäre sie ein Geist, als wäre Mack längst gestorben und wüsste es nur noch nicht.

»Ich hab ihn gefunden«, erklärt Mack. »Und ihren Stiefel. Und sehr viel Blut.«

»Lügnerin.« Jaden lässt ihre Hand angewidert sinken. »Ich hätte es wissen müssen, dass ein Freak wie du mit schmutzigen Tricks kämpft. Pass mal auf, falls du die Gene deines alten Herrn geerbt hast und dich mit einem Messer betätigen willst, dann bring sie zuerst um.« Jaden ignoriert Brandons entrüsteten Schrei und stürmt zu einer der weiter entfernten Pritschen. »Kommst du?«, faucht er.

Die schöne Ava steht langsam auf und schenkt Mack den Hauch eines Lächelns. »Schön, dass du noch dabei bist.« Dann folgt sie Jaden.

»Wo hast du den Schmuck gefunden?«, fragt Ava.

Mack nimmt den Silberschmuck ganz langsam ab, der sich schwerer anfühlt, als er es sollte. Vorsichtig legt sie die Teile auf den wieder ausgerichteten Tisch. Darunter ist ein Ring mit verschnörkeltem Muster. Ein breiter Armreif, den eine Schlange ziert. Der Herzanhänger, dessen Spitze so zart und scharf ist, dass sie die Kette um den Hals und unter dem T-Shirt trägt. »Am Karussell.«

Ava beugt sich vor, starrt ihre Stiefel an und reibt sich über den Nacken und ihr kurz geschorenes Haar. »Ich weiß nicht. Ich weiß nicht. Ich weiß nicht.«

»Wir sollten aufgeben«, sagt Brandon.

LeGrand und Mack sehen sich in die Augen. Sie wissen beide, dass sie das nicht können. Es ist noch nicht vorbei, demzufolge können sie nicht gehen. So einfach ist das. Mack stellt ihre Tasche ab und geht bedächtig die unbeschädigten Vorräte durch, die Brandon wieder auf den Tisch gestellt hat, um sich genug für drei weitere Tage einzustecken. Das Gefühl der Sicherheit, das sie hier verspürt hat, das Licht gegen die Dunkelheit der Nacht, die Ruhe nach langen, auszehrenden Tagen, all das ist weg. Das Lager ist nun ungeschützt, die Finsternis presst sich gierig dagegen, all die flatternden Augen im Dunkeln werden von ihnen angezogen.

Unverhofft schließt sich LeGrand ihr an und packt ebenfalls seine Tasche.

»Haut ihr ab?«, fragt Brandon hoffnungsvoll. Wenn sie aussteigen, fühlt er sich deswegen garantiert auch besser, doch das kann ihm Mack nicht bieten.

Sie schüttelt den Kopf. »Ich komme nur nicht mehr zum Lager zurück.«

Ava erhebt sich, hat die Augen aufgerissen, und ihre Hände zittern so heftig, als wäre sie auf Entzug. Sie ballt die Fäuste. »Entweder es ist ein Spiel oder es ist keins, es ist real oder auch nicht, aber ja. Ja. Wir sollten uns nie dort aufhalten, wo sie mit uns rechnen.«

»Wer sind sie?«, hakt Brandon nach.

»Das ist die eigentliche Frage.« Ava nimmt ihre Tasche und stopft wahllos Dinge hinein. »Wenn es ein Spiel ist, dann will ich, dass Jaden vor uns ausscheidet. Und sonst sollten wir zusammenbleiben. Wir alle«, betont sie und wirft Mack einen vielsagenden Blick zu. Ist sie sauer, dass sich Mack ihnen nicht angeschlossen hat, oder will sie Mack dort haben, wo sie sie sehen kann? Vermutet sie, dass Mack etwas getan hat, etwas Schlimmes? Dass sie für Rosiees Verschwinden verantwortlich ist?

Das stimmt zwar nicht, dennoch wirkt dieser Verdacht irgendwie gerechtfertigt. Jeder sollte ihr jederzeit mit Misstrauen begegnen. Aber es schmerzt, weil sie möchte, dass Ava ihr glaubt.

Nein.

Sie will sie alle los sein, Ava der Nacht ausliefern, einfach weggehen, diese Bindungen durchtrennen und nichts und niemand sein und sich bloß … verstecken. Sich verstecken und nie mehr damit aufhören. Wie der Vogel in der Unterkunft, der hoch oben in den staubigen Dachbalken isoliert, verborgen und sicher nistet. Genau dieses Leben will sie.

»Ich kenne da eine gute Stelle«, sagt Brandon, dem es mit einem Plan und Freunden an der Seite offensichtlich besser geht.

»Hey«, brüllt Ava. »Ava zwei. Du kannst mit uns kommen, wenn du willst.«

»Das will sie nicht«, antwortet Jaden.

Ava gibt Ava zwei einige Sekunden Zeit und zuckt dann mit den Achseln. Ihre Miene wirkt grimmig. »Okay. Führ uns hin, Brandon. Wir werden uns dort verstecken.« Sie nimmt Macks Arm. »Ich brauche in der Dunkelheit deine Hilfe«, sagt sie, und Mack bezweifelt zwar, dass dem so ist, geht jedoch mit Ava, die sie festhält, in die trostlose, leere Schwärze des allerfrühesten Morgens hinaus, da sie sich nicht verstecken kann, solange Ava sie an ihrer Seite verankert.

Brandon führt sie zum Versteck der Liebenden. Im Dunkeln dauert es einige Zeit, bis er es gefunden hat – nichts im Park ist schnell und leicht zu finden –, aber sie schaffen es. Ein Stück weiter den Weg entlang hält ein gehäuteter Dämon ewige Wache über sein Reich.

»Und was machen wir, wenn uns Jaden gefolgt ist?«, fragt Brandon alarmiert. Dies war seine Idee, sein Versteck, und er fühlt sich jetzt für alle verantwortlich. Das Spiel macht ihm zwar längst keinen Spaß mehr, ist aber auf andere Art aufregend geworden. All seine Freunde sind nach der Highschool aus- und weggezogen, und seit Grammys Tod stand er eigentlich niemandem mehr nahe. Hier draußen im Dunkeln und mit dem Körper voller Adrenalin und dem Kopf voller Fragen fühlt er sich Ava, LeGrand und sogar Mack nahe.

Wobei sie ihm schon ein bisschen Angst einjagt.

»Wenn ich dieses Arschloch sehe, bringe ich ihn um«, sagt Ava. Ihre Stimme klingt angespannt und gepresst. Brandon fragt sich, ob sie Schmerzen im Bein hat. Er hat so viele Fragen. Sie ist nicht nur die einzige Lesbe, der er je begegnet ist – falls das überhaupt der Wahrheit entspricht, denn er will ja keine Mutmaßungen anstellen, aber wie könnte es anders sein? –, sondern dazu noch Veteranin. Er kann nur hoffen, dass sie sich nahe genug kommen, damit er sie fragen kann, wie sie sich das Bein verletzt hat und ob sie auch Amputierte kennt. Amputierte haben ihn schon immer fasziniert, und er würde zu gern wissen, ob es so etwas wie Phantomschmerzen tatsächlich gibt. Phantomschmerzen? Geisterschmerzen? Irgendetwas in der Art. Ava wird es schon wissen.

Er würde auch gern mit Mack reden. Sie fragen, was ihrer Familie zugestoßen ist. Oder nein, vielleicht lieber doch nicht. Sie soll das selbst entscheiden und ihm aus freien Stücken erzählen. Er möchte ihnen allen beweisen, dass er ihre Freundschaft verdient. Vielleicht können sie sich nach dem hier, als was immer es sich auch noch herausstellen wird, weiterhin treffen. Vielleicht ziehen sie ja alle nach Idaho, dann können sie zusammen bei der Tankstelle arbeiten und nach ihren Schichten am Straßenrand sitzen, die Sonne aufgehen sehen und über all die Insiderwitze lachen, die sie im Laufe der Zeit haben.

Aber immer schön eins nach dem anderen; zuerst muss er sich um sie alle kümmern, damit sie wissen, was für ein guter Freund er ist.

Es macht zwar keinen Spaß mehr, ist aber inzwischen von Bedeutung, und das gefällt ihm.

LeGrand fragt sich, ob er gestorben ist. Ob dies die äußere Finsternis ist, die Hölle, von der er wusste, dass er dort landen würde, wenn er sündigte. Oder ob Gott für ihn eine Ausnahme gemacht hat und ihn sofort bestraft, statt damit zu warten.

Mack sieht ihm in der Dunkelheit in die Augen, die vom Mondlicht doch so weit erhellt wird, dass sie einander sehen können. Sie nickt kaum merklich. Sie versteht es. Sie werden in der Tat bestraft, und zum ersten Mal, seit er exkommuniziert und verbannt wurde, steigt ein Gedanke an die Oberfläche, wo er hell und heilig lodert wie ein Busch am Berghang:

Das habe ich nicht verdient.

Und zum ersten Mal, seit er sich überhaupt erinnern kann, hat LeGrand keine Angst mehr, dabei hat sie ihn schon lange, bevor er in diese kalte, verwirrende Welt verstoßen wurde, begleitet.

Vielmehr ist er wütend.

»Wie lautet der Plan?«, erkundigt sich Brandon, als sie sich im staubigen Inneren des Verstecks der Liebenden zusammenkauern. Hier herrscht eine lichtlose Leere, in der man fern des Eingangs rein gar nichts erkennen kann. Wenn es langsam dämmert, sollten sie weit genug gucken können, um sich ein gutes Versteck auszusuchen. Aber Mack gefällt es hier schon jetzt nicht. Zu exponiert. Zu viele Menschen. Zu viele Möglichkeiten, gefunden zu werden.

»Hier errichten wir ein Basislager.« Ava lässt sich auf den Boden sinken und streckt das verletzte Bein aus.

Mack kann die Grimasse nicht sehen, die sie dabei schneidet, aber sie spürt sie anhand der Art, wie sich Ava bewegt und wie sie spricht.

»Zum anderen kehren wir unter keinen Umständen wieder zurück. Seht Jaden und die andere Ava als Feinde an, denn wenn dies ein Spiel ist, sind sie gegen uns, und andernfalls sind sie es auch.« Sie hält inne, und ihre sonst immer so kräftige Stimme klingt auf einmal zaghaft. »Bin ich verrückt?«, flüstert sie. »Hier stimmt doch was nicht, oder? Denn mir ist schon klar, dass da eine Menge Mist in meinem Kopf ist – Unmengen an Mist –, aber …« Sie spricht nicht weiter.

Mack verharrt in der Nähe des Eingangs und starrt in die Nacht hinaus. Wie könnte ausgerechnet sie beurteilen, ob jemand anderes verrückt ist oder nicht?

Und wie sollte sie beurteilen können, ob das, was hier vor sich geht, seltsamer ist als alles andere? Sie wusste seit dem Moment, in dem sie in der Unterkunft das Büro betreten hatte, dass sie ausgenutzt werden sollte. Doch obwohl sie sich darüber im Klaren war, ist sie trotzdem hergekommen, und jetzt kann sie nichts anderes tun als das, was sie schon die ganze Zeit gemacht hat:

Sich verstecken.

»Wag es ja nicht, Mack«, zischt Ava. Mack stutzt mit den Füßen auf der verzogenen, schiefen Schwelle zwischen den verrottenden Holzplanken im Tunnel der Liebe und dem Weg draußen, der in die Anonymität führt und wo sie nichts anderes tun muss, als sich zu verstecken und auf sich aufzupassen, da sie sich ohnehin nicht mehr zutraut.

»Wir bleiben zusammen«, beharrt Ava, deren Worte Mack ebenso verankern, wie es ihre Hand zuvor getan hat.

LeGrand stellt seine Tasche neben Ava auf den Boden. »Ich kletter auf einen Baum«, sagt er in demselben Tonfall, in dem man jemandem mitteilen würde: *Ich gehe schnell Milch holen.* Irgendwie kommt LeGrand mit der Situation besser klar als alle anderen. Entweder ist dem so oder er weiß dasselbe wie Mack – dass hier schon immer etwas im Argen lag – und ist nicht überrascht, dass es möglicherweise in Gewalt und Tod ausartet. Alles wie gehabt. »Ich bleibe in der Nähe.«

Ava nickt. »Gut. Aus der Höhe siehst du mehr. Pfeif, wenn du was kommen siehst.«

»Ich kann nicht pfeifen.«

»Hat dir nie jemand das Pfeifen beigebracht?« Das scheint Ava traurig zu stimmen.

LeGrand schnalzt mit der Zunge. Das Geräusch hallt laut durch die Nacht. »Auch gut«, stellt Ava fest und lässt ihn gehen. Dann starrt sie auf ihre Hand und krümmt die Finger um den Griff einer Phantompistole. »Halt Ausschau nach Waffen, Brandon.«

»Nach Waffen?« Brandon spricht das Wort aus, als würde ihm jemand die Kehle zudrücken.

»Alles Scharfe, das als Messer durchgeht. Betonklumpen, die wir leicht in den Händen halten können. Metallstangen.«

»Oberst Günther von Gatow im Tunnel der Liebe mit einem Heizungsrohr«, flüstert Mack. Eine Erinnerung, die im Gurgeln von Lungenflügeln ertrunken war, die zu atmen versuchten, während sie an ihrem eigenen Blut erstickten, taucht auf einmal in ihrem Kopf auf, als hätte sie nur darauf gewartet, dorthin eingeladen zu werden.

Ihre Mutter lacht. Mack hat dieses Lachen verloren, hat es so präzise aus sich herausgeschnitten, als hätte das Messer auch ihre Kehle aufgeschlitzt. *Mack starrt sie wütend an, aber ihre Mutter schneidet Grimassen und verdreht die Augen, weil ihre Schwester ganz offensichtlich schummelt. Maddie hat immer geschummelt. Wenigstens durfte Mack diesmal ihre Lieblingsfigur spielen und ist Fräulein Ming. Zwar sind die Spielsteine nur gesichtslose, einheitliche Plastikteile, aber auf der Schachtel gefällt ihr Fräulein Ming am besten, daher streitet sie sich jedes Mal mit ihrer Schwester, wer sie nehmen darf. Sie haben eine Schüssel mit Popcorn, ein Spiel, das eigentlich gar nichts bedeutet, und das Lachen ihrer Mutter.*

Das ist alles. Mehr kommt da nicht. Sie erinnert sich nicht mehr, wer oder ob überhaupt jemand gewonnen hat. Sie weiß auch nicht, was sie davor oder danach gemacht haben. Und sie hat keine Ahnung, warum ihr Dad in dieser Erinnerung nicht vorkommt. Aber da ist das Lachen ihrer Mutter. Mack hat schreckliche Angst, es noch einmal zu hören, es abzunutzen, es zu oft abzurufen, will sich aber am liebsten darin einwickeln wie in eine Decke.

Ihr ganzes Leben war nur ein *Danach*. Aber es gab auch ein Davor, nicht wahr? Lebt sie momentan in einem anderen Davor, oder wird sie auf ewig in einem endlosen Danach stecken?

»Aber wir brauchen doch eigentlich gar keine Waffen, oder?« Brandons Leben war auf ruhige, beständige Weise traurig und nie von Gewalt beeinträchtigt oder zerstört worden. Die Vorstellung, dass die Realität – seine Realität, diese Realität – eine spontane Wendung in Richtung Terror, Blut und Tod nehmen könnte, ist ihm derart fremd, dass er sie schlichtweg nicht zu begreifen vermag.

Doch das ist eine Sprache, die sowohl Mack als auch Ava fließend sprechen. Weshalb sich Ava auch fragt, ob sie das falsch interpretieren und nach Anzeichen suchen, wo es gar keine gibt. Möglicherweise hat hier irgendetwas – das sich allerdings nicht mit ihrer Zeit in Afghanistan vergleichen lässt – ihre posttraumatische Belastungsstörung ausgelöst und den Teil ihres Gehirns aktiviert, der immer noch da drüben in der Wüste ist und mit zertrümmertem Bein und zerschmettertem Herzen auf dem Boden liegt. Dies könnte durchaus alles ein Spiel sein. Ava vermag es nicht mit Sicherheit zu sagen. Falls dem so ist, aber auch sonst, nimmt sie es auf jeden Fall sehr ernst.

Und sie hat einen gewaltigen Fehler gemacht. »Scheiße. Gegenseitig zugesicherte Zerstörung.«

»Was?« Brandon sieht Mack Hilfe suchend an, doch sie steht ebenso auf dem Schlauch.

Ava schüttelt den Kopf. »Wir hätten sie zwingen sollen, uns zu begleiten. Jaden und Ava zwei, meine ich. Wenn wir uns alle zusammen verstecken, werden wir auch zusammen gefunden.«

»Hätten wir sie etwa als Geisel nehmen sollen?« Brandon reißt die Augen auf. Er hat kein Problem damit, Ava zu helfen, und versteckt sich lieber mit seinen Freunden als allein, aber er glaubt wirklich nicht, dass hier etwas im Argen liegt. Jedenfalls nicht so weit im Argen, dass man aggressiv werden und jemanden verletzen muss. Wahrscheinlich hätte er Ava aufhalten sollen, als sie auf Jaden losging. Nun fühlt er sich schlecht, weil er das nicht getan hat. Auch wenn er Jaden nicht leiden kann, ist es nicht richtig, einfach jemanden zu verprügeln. Selbst dann nicht, wenn man aufgebracht ist. »Ich bezweifle, dass das geklappt hätte«, fügt er hinzu, weil er hofft, dass sich Ava nicht entscheidet, das jetzt noch zu tun.

»Nein, da hast du recht. Mit unseren augenblicklichen Ressourcen wäre das logistisch nicht durchführbar gewesen.«

Brandon hebt einen Betonbrocken auf und wiegt ihn skeptisch in der Hand. Sie haben ein kleines Arsenal zusammengestellt. Mehrere Rohre. Ein Brett, aus dem verrostete Nägel ragen. Betonstücke, die sich leicht heben und wie eine Faust schwingen lassen. All das gefällt Brandon gar nicht. »Außerdem wollen wir sie überhaupt nicht bei uns haben«, erklärt er. »Schließlich müssen jeden Tag zwei Teilnehmer ausscheiden.«

»Warum eigentlich?«, will Ava wissen.

»Warum all das hier?« Mack schlendert weiter in die dunklen Tiefen des Tunnels der Liebe. Der Mond ist hinter den Wolken hervorgekommen, und durch den klaffenden Eingang und die Löcher im Dach dringt genug Licht herein, um sich zurechtzufinden. Ihr gefällt dieses Versteck nicht, sie mag es nicht, dass sie Brandon mitgenommen haben, und sie fragt sich, ob LeGrand clever genug ist, um sich in die Nacht davongestohlen und sich von ihnen entfernt zu haben. Auf Abstand zu ihr gegangen zu sein.

Ist Macks Instinkt, immer irgendwo raufzuklettern, eine gute Strategie, um sich zu verstecken, oder basiert sie auf dem Trauma? Fleht sie der Geist ihrer Schwester an, immer höher zu klettern? Oder macht Mack das, um ihr zu entrinnen? Um an einen Ort zu gelangen, an dem sie nicht an Maddie, ihren Vater oder irgendetwas anderes denken muss. An dem sie sich von der Erde losgelöst fühlt.

Wie auch immer der Grund aussehen mag, bisher hat

ihr diese Strategie genützt, und sie wird sie jetzt nicht aufgeben. Daher beäugt sie die geschwungene Decke, die die künstliche Höhle über ihnen begrenzt. Sie wurde verputzt, allerdings sind große Teile des Putzes heruntergefallen und enthüllen die Deckenbalken und billige Wellblechplatten, aus denen das eigentliche Dach besteht. Kommt sie da rauf? Es macht nicht den Anschein, als gäbe es einen einfachen Weg, um dorthin zu gelangen. Sie bezweifelt, dass Ava da raufklettern kann. Daher hört sie auf, nach einem Weg zu suchen, was sie selbst überrascht, und hält stattdessen Ausschau nach einem Weg, den auch Ava erreichen kann.

Das ist nicht fair, jammert Maddie in ihrer Erinnerung an jene Nacht.

Brandon tritt zu Mack und holt sie in die Gegenwart zurück. »Ich hab mich da versteckt.« Er zeigt auf die Reihe an Fahrzeugen, die auf ewig in der Mitte des Tunnels stehen werden. Ein Schwan erhebt sich bedrohlich und hat einen Flügel gespreizt, während der andere durchgebrochen und zu Boden gefallen ist. Das Gebäude ist in der Mitte geteilt, daher verlaufen die Gleise hinter der Wand, die jedoch größtenteils eingestürzt ist, wodurch der ganze armselige Kreis zu sehen ist. Dummerweise gibt es hier keine guten Verstecke.

»Zu offensichtlich«, meint Mack. Wie kommt es, dass er nicht entdeckt wurde? Würde sie zu den Suchern gehören, wäre dies einer der ersten Orte, an denen sie nachgesehen hätte.

»Ja.« Brandon kratzt sich am Hinterkopf und runzelt die Stirn. Er scheint nicht verletzt oder wütend zu sein, dass sie seinen Vorschlag abtut. Vielmehr wirkt er schuldbewusst, als würde er sich schlecht fühlen, weil er nichts Besseres anzubieten hat. »Tut mir leid. Ich wollte dich nicht enttäuschen und hätte gar nicht so tun sollen, als würde ich ein gutes Versteck kennen.«

Innerlich zuckt Mack zusammen. Sie will ihm keine helfende Hand reichen, ihn nicht trösten oder wieder aufbauen. Nicht durch noch etwas an dieses Spiel und diese Welt gebunden sein. Aber … Brandons leises *Ich hoffe, du gewinnst* lauert noch immer in ihrem Hinterkopf. Wie ein emotionaler Vertrag. »Nein, das geht schon. Für mehrere Personen ist es besser. Sieh mal da.« Mack zeigt auf den Teil der Wand über dem Eingang. Dort befindet sich ein Loch, das offenbar mit Absicht geschaffen wurde und das über einen Meter breit und knapp einen Meter hoch zu sein scheint. Die Mauer dort ist nicht eingestürzt und hat auch nicht nachgegeben, soweit sie es im Dunkeln erkennen kann, was bedeutet, dass es dort zwischen Decke und Tunneleingang möglicherweise einen Kriechgang gibt.

Sie kann nicht wissen, dass man sich auf diese Weise früher Zutritt zum Überbau über dem Eingang verschafft hat, um die Dekoration auswechseln zu können – die zarten Wimpel wurden schnell unschön, wie es bei schönen Dingen oftmals der Fall ist –, doch die Stelle entspricht Macks Richtlinien für unerwartete Blickachsen. Außerdem kommt man nur schwer dort ran. Wenn jemand also versucht, zu ihnen nach oben zu gelangen, haben sie genug Zeit, um …

Ja, um was zu tun?

Sie weiß es nicht.

Brandon wirkt jedoch aufgemuntert. »Dann habe ich ein gutes Versteck gefunden?« Seine Stimme klingt hoffnungsvoll und froh.

Mack widersteht dem Drang, seinen Kopf zu tätscheln. Sie käme ohnehin nicht ran. »Ja, Brandon, das hast du.«

All diese Emotionen und *Bedürfnisse* zerren an ihr. Mack ist müde. Sie ist schon so lange müde. Jetzt klettert sie in die Lücke und findet genau das vor, was sie sich erhofft hatte und was sich perfekt für ihre Bedürfnisse eignet. Statt wieder umzudrehen und es den anderen mitzuteilen, macht sie sich ganz klein und schließt die Augen.

Noch drei weitere Tage. Wirklich? Sind es nur noch drei Tage, oder wird sie sich bis in alle Ewigkeit verstecken, voller Angst vor dem, was sie weiß und nicht weiß, weil sie sich in dem nebulösen Ort dazwischen sicherer fühlt? War es nicht besser, oben in der Speisekammer zu kauern, verängstigt von dem, was passiert war, Vermutungen über das anzustellen, was getan wurde, was getan worden war, sich aber nicht wirklich sicher zu sein?

Sie hätte einfach für immer da oben bleiben sollen.

Irgendwann kommt jemand anderes angekrochen und legt sich neben sie. Sie muss die Augen nicht aufschlagen, um zu wissen, dass es Ava ist. Ihre Ava. Irgendwie ist Mack an diesem dunklen Ort, der nach Staub und Verwesung riecht und an dem ihr ein schiefstehendes Brett ins Becken pikt, trotz der schrecklichen Gewissheit, dass am Morgen jemand – oder etwas? – nach ihnen suchen wird … irgendwie ist Mack glücklicher als jemals zuvor, wo Avas kurzes Haar sie am Kinn kitzelt, ihr fester Körper deutlich zu spüren ist, Avas Hand auf Macks Taille ruht und sie festhält.

Es erweckt in ihr das Bedürfnis zu schreien, dieses Gefühl, diese Hoffnung, die ihr gefährlicher erscheint als das, was hinter ihnen her ist. Denn die Hoffnung hat sich bereits in ihr festgesetzt, sie umschlungen, die Klauen in sie geschlagen, und wenn man sie ihr wieder fortreißt, wird sie gnadenlos ausgeweidet.

»Ich habe Maddie getötet«, sagt Mack einfach so.

Ava erwidert nichts.

»In dieser Nacht. Das war ihr Versteck. Es war das beste Versteck im ganzen Haus, das einzige, wo unser Vater sie nie gefunden hat. Ich hatte das Spiel noch nie gewonnen.

Aber sie hatte es mir einige Wochen zuvor gezeigt, nachdem ich sie vor einer Spinne in ihrem Zimmer gerettet hatte, als Dankeschön. Sie zeigte mir den Vorsprung über der Speisekammertür, der breit genug für einen kleinen Körper war und an dem nie jemand nachsehen würde. Und in jener Nacht hab ich mich dort versteckt. Ich hab ihr Versteck übernommen. Sie hat geweint, mich wütend angestarrt und mich angefleht, ihr Platz zu machen, aber es war nicht genug Platz für uns beide, daher hat sie sich stattdessen auf dem unteren Regalbrett versteckt. Und er hat sie gefunden. Ich musste mitansehen, wie er sie rausgeschleift hat. Während ich in Sicherheit war.«

Das hat Mack noch niemandem erzählt. Jetzt weiß Ava Bescheid. Sie weiß, dass Mack am Leben ist, weil ihre Schwester sterben musste, und dass ihre Schwester tot ist, weil Mack noch lebt. Ava weiß, dass Mack im Versteck bleiben und jemand anderen sterben lassen wird, wenn es hart auf hart kommt.

Ava nickt. Sie lässt den Arm um Mack liegen und nickt, und sie sagt nicht, dass es nicht Macks Schuld war oder dass Maddie ihr bestimmt vergeben würde, und sie versucht auch nicht, Mack aufzumuntern. Sie sagt bloß: »Das, was passiert ist, tut mir sehr leid.«

Da zerbricht etwas in Mack. Sie ringt nach Luft, legt einen Arm um Ava und zieht sie an sich.

»Als Maria gestorben ist«, flüstert Ava, während die Dunkelheit um sie herum nach und nach sanfter wird, »habe ich alles verloren, was meine Grenzen definiert hat. Ich verlor Maria, und ich verlor meine Freunde und meinen Job und damit auch meinen Zweck. Und ich konnte nicht mal wütend sein, weil ich da im Krankenhaus lag und darauf wartete, ob ich auch noch mein Bein verlieren würde, während ich mir vorzustellen versuchte, was der Mann, der dafür verantwortlich war, wohl gedacht hatte, was er gefühlt hatte. Und ich wusste ohne jeden Zweifel, dass ich an seiner Stelle dasselbe getan hätte. Daher konnte ich ihn nicht mal mehr hassen, und ich konnte Maria nicht länger lieben, und es gab nichts, was mich noch eindämmen konnte. Ich verflüssigte mich, wurde immer instabiler, bis ich selbst nicht mehr wusste, wer ich war. Ob ich überhaupt existierte. Ergibt das Sinn?«

Es ergibt keinen Sinn, nicht für Mack, denn Ava hat auf sie immer so stark und solide gewirkt; die Vorstellung, dass nicht einmal Avas Körper ausreicht, um sie einzudämmen, jagt Mack eine Heidenangst ein.

Mack fühlt genau das Gegenteil. Sie hat sich, die Frau, die sie einst war, die sie hätte sein können, so weit und so tief verdrängt, dass sie unfassbar kompakt wurde, eine Schwerkraftquelle, die alles – Glück, Traurigkeit, Freude, Furcht – in sich hineinzieht, damit sie nichts davon mehr fühlen muss. Auf diese Weise konnte sie herumlaufen und so tun, als würde sie leben, während eine schützende, poröse Hülle einen unglaublich schweren Atomkern umgab.

Wo Ava Grenzen braucht, um sich real zu fühlen, ist bei Mack das genaue Gegenteil der Fall. Sie muss aufgebrochen werden. Und genau das hat Ava heute Nacht getan.

Allerdings will Mack das gar nicht. Ihr Herz rast vor Panik, und sie ist besorgt, dass durch die Risse all die üblen Schuldgefühle, die Scham und das Entsetzen hervorsickern könnten. Möchte sie sich wirklich an das Lachen ihrer Mutter erinnern, wenn damit auch alle anderen Erinnerungen zurückkehren? Wenn das bedeutet, dass sie erneut Maddies wütendes Gesicht vor sich sieht, die sie anklagend ansieht, weil Mack Maddie das Versteck weggenommen hat? Wenn das bedeutet, dass sie sich an all die Eindrücke erinnert, die auf sie einstürmten, als die Polizisten sie aus dem Haus führten?

Aber *sollte* sie sich denn nicht an all das erinnern? Und auch an die Dinge, die vor dem Blut und den Toden kamen? Wenn die Menschen, die wir lieben, nach ihrem Tod in uns weiterleben, hat Mack sie begraben, und sie darf nicht daran denken, darf sich nicht fragen, was das über sie aussagt, dass ihr Vater zwar ihre Familie ermordet hat, sie sie aber alle wieder und wieder begräbt, und zwar jeden Augenblick an jedem Tages.

»Bei Maria blieb mir keine andere Wahl«, flüstert Ava. »Mir ist egal, ob du gehen möchtest. Bei dir habe ich eine Wahl, und ich lasse dich nicht gehen.« Ihre Hand zuckt, krallt sich in Macks Shirt, verdreht sich dort. Dann holt Ava tief und erschaudernd Luft und lockert ihren Griff. »Nein. Tut mir leid. Du kannst gehen, wenn du willst. Es bleibt immer noch genug Zeit, damit du dir ein Versteck für dich allein suchen kannst. Aber Mack. Bitte. Ich flehe dich an, das nicht zu tun. Ich bitte dich, bei mir zu bleiben. Um mich daran zu erinnern, dass ich hier bin. Denn ich habe schreckliche Angst, dass nichts von alldem real ist oder dass alles echt ist, und ich will nicht … ich kann nicht …« Avas Stimme bricht.

Ava hat Angst, und Mack will sich davor verstecken, denn wenn sie sich mit der Angst eines anderen Menschen beschäftigt, muss sie noch weiter aus ihrer Hülle herauskommen. Sie muss ihre eigene Furcht zulassen.

Doch sie hat das Lachen ihrer Mutter zurückbekommen, und die Art, wie Maddie wie ein Mops die Nase gerümpft hat, wenn sie besonders wütend aussehen wollte, und das ist ebenso kostbar wie verheerend, und sie will das alles fühlen. Sie will etwas empfinden, und das zum ersten Mal seit Jahren. Und die Gewissheit, dass Ava – die starke, mutige Ava – Hilfe braucht, bewirkt, dass sich Mack nicht mehr ganz so allein fühlt. Sie legt Ava eine Hand an die Wange und drückt ihre Stirn gegen Avas. Dabei fragt sie sich, ob diese Explosion durch die Freisetzung des ganzen Schmerzes und der Schuldgefühle in ihrem Inneren das bisschen Glück und Freude überhaupt wert sind.

»Ja?«, fragt Ava, und keine von ihnen weiß wirklich, was sie eigentlich wissen will.

Mack drückt die Lippen auf Avas. Das ist ihr erster Kuss, und er ist sanft, verängstigt und hoffnungsvoll, umgeben von Dunkelheit und davon durchdrungen.

Als es zunehmend dämmert, geht Brandon hinaus. Mack und Ava sind jetzt schon seit einigen Stunden da oben im Versteck, und er ist sich zwar nicht ganz sicher, geht jedoch davon aus, dass die beiden nun *zusammen* sind. Was in ihm einerseits Freude für sie auslöst, andererseits kommt er sich auch ein bisschen wie das dritte Rad am Wagen vor. Er will nicht, dass sich in ihrem Team Paare bilden, dass Bindungen entstehen, die ihn nicht miteinschließen.

Wenigstens muss er sich bei LeGrand diesbezüglich keine Sorgen machen. Vielleicht wird LeGrand ja sein neuer bester Freund. Zwar hält er das für sehr unwahrscheinlich – LeGrand war bisher eigentlich nicht besonders freundlich, aber auch nicht unfreundlich –, doch es besteht durchaus eine Chance. Brandon kann es sich gut vorstellen. Wie sie zusammenwohnen. Lange aufbleiben und auf seiner gebraucht gekauften Xbox zocken. Wie sie ihr Geld für neue Spiele zusammenlegen. Die Frauen zu Pizza einladen. Sich die abgelaufenen Snacks teilen, die er aus der Tankstelle mit nach Hause bringt.

»LeGrand?«, flüstert er in die Nacht.

Ein Klicken ertönt als Antwort, und Brandon geht in die Richtung. Er weiß, dass er eigentlich nicht im Freien rumlaufen sollte, dass Jaden vermutlich nach ihnen sucht. Aber er fühlt sich so einsam, wenn er ganz allein im Versteck der Liebenden wartet und die Minuten zählt, bis es hell genug ist, damit er sich zu Ava und Mack in das gute Versteck gesellen kann, ohne das Gefühl zu bekommen, sie zu stören. Er hat sich dort kurz umgesehen, als er Ava hinaufgeholfen hat. Die Stelle ist wirklich eng. Er wird nicht mal kriechen können, sondern auf dem Bauch rutschen müssen. Darauf freut er sich nun wirklich nicht. Er hatte nie Höhenangst, aber enge Räume behagen ihm gar nicht.

Ein Gebäude ragt am Ende des Wegs auf – das mit dem verrottenden Dämon mit Skelettflügeln. Im Dunkeln kann man die Details nur schwer erkennen, und das lässt ihn irgendwie noch unheimlicher erscheinen. Wenn es hell wäre, könnte er immerhin sehen, wir albern, alt und zerbrechlich das Ding ist. Ein vager Eindruck davon, bei dem sein Gehirn alle fehlenden Einzelheiten ergänzt, ist weitaus schlimmer als die Realität.

Brandon lehnt sich gegen den Stamm des Baums, auf dem LeGrand hockt. Er weiß nicht, ob er mit dem Rücken zum Dämon stehen soll, damit er ihn nicht ansehen muss, oder ob er sich ihm zuwenden soll, um ihn im Auge zu behalten. Beide Optionen machen ihn nervös, und er kommt sich albern vor, weil er wegen einer alten Dekoration so beunruhigt ist.

»Hey«, sagt er und schaut als Kompromiss nach oben. Die Blätter des Baums sind so dicht, dass er nicht einmal wüsste, wie er da raufkommen sollte, und er kann LeGrand nicht sehen. Wie hat er das geschafft?

»Hey«, erwidert eine leise Stimme.

»Wir sind in einer Art Kriechgang im Gebäude. Er ist an der vorderen Mauer über dem Eingang. Nur damit du weißt, wo du uns findest.« Wenn sich Brandon ausgeschlossen fühlt, könnte es LeGrand ebenso gehen, und das möchte Brandon nicht. In seinem Kopf ist LeGrand längst sein Mitbewohner. LeGrand ist komisch, das muss er zugeben, aber auf nette Weise. Nicht auf diese gemeine Art wie Atrius und Ian.

Sofort fühlt sich Brandon schuldig, weil er so etwas gedacht hat, denn sie sind rausgeflogen oder … Na ja, sie sind nicht mehr da. Das kann Brandon gerade noch denken. Er versteht, warum Ava derart durch den Wind ist, warum sie alle Angst haben, denn er fürchtet sich auch, obwohl er das gar nicht will. Und er glaubt auch nicht, dass etwas Schlimmes passieren wird. Er geht einfach davon aus, dass sich hier jemand wie ein ausgemachtes Arschloch benimmt. Wahrscheinlich Jaden. Das kommt ihm nicht wie etwas vor, das Linda tun würde. Dafür wirkte sie viel zu … stilvoll. Was jedoch nichts mit ihrem Alter zu tun hat. Sie erinnert ihn nicht im Geringsten an seine Großmutter – Grammy hatte seit einem Färbeunfall rosafarbenes Haar und erklärte: *Ach, warum auch nicht?* Und sie trug Herren-T-Shirts und Shorts, und ihre gebräunte Haut war weich und runzlig. Seine Großmutter hatte nichts Elegantes an sich, sie strahlte nur Wärme und Ehrlichkeit aus. Sie war immer ehrlich. Brandon vermisst sie wirklich sehr. Seit ihrem Tod ist nichts mehr wie früher, was sogar noch trauriger ist, weil sich ansonsten gar nichts geändert hat. Er lebt noch immer in ihrem winzigen Haus, hat noch immer denselben Job, macht noch immer dieselben Dinge, nur dass er sie jetzt allein tut.

Die anderen hier machen sich ständig Gedanken wegen des Gelds, und er hat zwar keins, kommt aber dank Grammy über die Runden. Vielleicht sollte er sie einfach einladen, bei ihm zu wohnen. Falls sie das wollen.

Brandon lehnt sich gegen den Baumstamm und starrt den Umriss des Teufels an. Er sollte mal nachfragen, bevor er schon plant, dass LeGrand mit ihm in Grammys Haus einzieht. »Hast du Familie?« Ihm scheint, dass sie alle hier entweder keine haben oder ihr nicht nahestehen.

»Ja.«

Brandon wird das Herz ein wenig schwer. Wenn LeGrand Familie hat, wird er vermutlich nicht seine Sachen packen und nach Idaho ziehen. »Cool. Brüder und Schwestern?« Brandon hat sich immer eine kleine Schwester gewünscht. Manchmal malt er sich aus, was für ein guter Bruder er gewesen wäre, wie er sich für sie eingesetzt und ihr bei den Hausaufgaben geholfen hätte. Okay, das wohl eher nicht. Er war nie gut in der Schule. Aber er hätte dafür gesorgt, dass sie es gewesen wäre. Bestimmt hätte sie sogar die Abschiedsrede gehalten, und er hätte begeistert applaudiert. Es wäre zu Standing Ovations gekommen.

»Siebenunddreißig«, antwortet LeGrand, hört sich jedoch seltsam unsicher an, als wäre da der Hauch eines Fragezeichens hinter der Zahl.

»Was?«, ruft Brandon aus, reißt sich jedoch sofort zusammen und senkt die Stimme. »Was?«, wiederholt er deutlich leiser.

LeGrand erläutert es nicht.

»Wow. Okay. Na, du weißt ja jetzt, wo wir uns verstecken, falls du uns suchen kommst.« Brandon wartet und hofft, dass sein armseliger Witz ankommt. Er will nicht erklären müssen, warum das witzig sein soll, weil er dann selbst merken wird, dass er es nicht ist.

»Halb«, murmelt LeGrand.

»Was?«

»Sehr viele sind Halbbrüder und Halbschwestern, so nennt man das doch? Von anderen Müttern. Meine Lieblingsschwester heißt Almera.«

»Cool!«, sagt Brandon, was er auch ernst meint, wenngleich er diese Information im besten Fall als seltsam einstufen würde. Er findet es allerdings wirklich cool, dass LeGrand so viele Geschwister und eine Lieblingsschwester hat. »Du bist bestimmt auch ihr Lieblingsbruder.«

»Sie haben mich verbannt.«

Brandon weiß, was das Wort *verbannt* bedeutet – er ist sich zumindest sehr sicher –, aber das kommt ihm bei einer Familie schon höchst merkwürdig vor. Er hat keine Ahnung, wie er darauf reagieren soll. Auf einmal hellt sich seine Miene auf, denn das ist die Lösung. »Du kannst gern zu mir ziehen. Nach dem Spiel, meine ich. Ich habe ein Haus. Es ist zwar klein und alt, aber auch sehr cool.«

Das Schweigen zieht sich derart in die Länge, dass Brandon schon vermutet, die Sache vermasselt zu haben. Bis LeGrand unverhofft sagt: »Okay.«

»Okay. Okay! Cool! Na, dann bis später!« Der Himmel wird immer heller, daher wird es Zeit, sich Ava und Mack anzuschließen. Aber dank seines neugewonnenen Selbstvertrauens – LeGrand wird sein Freund bleiben! –, ist er bereit, auch Ava und Mack dieses Angebot zu machen und sich dann auf einen langen Tag des Wartens und Hoffens einzustellen, an dem rein gar nichts passiert.

Schon kommt ihm alles weniger schaurig und seltsam vor. Er hat ein Team. Freunde. Und eine Zukunft mit ihnen.

LeGrand beobachtet Brandon, der zurück zum Gebäude geht, in dem sich die anderen verstecken, und irritierend beschwingt wirkt. Brandons Optimismus war auf dem Weg vom Lager hierher verschwunden, scheint aber zurückgekehrt zu sein.

Diesbezüglich ist LeGrand relativ gleichgültig. *Almera.* Er hat ihren Namen nicht mehr laut ausgesprochen, seit er sich vom Gelände geschlichen hat, um dem Arzt in der nächsten Stadt von ihr zu erzählen. Doch da schob man ihn wieder hinaus, ohne ihm zu helfen, ohne Interesse zu zeigen, ohne irgendetwas zu tun.

Warum hat der Arzt ihm nicht geholfen?

Wieso wollte ihm *niemand* helfen?

Das ist ein Zahlenspiel, hatte die Frau von dem Hilfsdienst, der ihnen die Anpassung an die »reale Welt« erleichtern sollte, seufzend erklärt. Wenn sie alle Jungen in der Gemeinde halten, gibt es nicht genug Mädchen für sie, damit jeder mehr als eine Frau haben kann. Daher müssen sie sich Gründe einfallen lassen, um euch loszuwerden. Du hast überhaupt nichts falsch gemacht.

Zu jener Zeit war LeGrand am Boden zerstört und zutiefst erschüttert gewesen und sofort in die Defensive gegangen. Es war eine Sünde, so über den Propheten oder die Ältesten zu sprechen. Er hatte durchaus etwas falsch gemacht. Das war seine Schuld und nicht ihre.

Im Nachhinein fühlt er sich schlecht, weil er diese Frau insgeheim gehasst hat. Dabei wollte sie ihm wirklich helfen. Sie hat sogar die Einladung für diesen aufregenden Wettbewerb ausgefüllt, von dem sie über den Freund einer Freundin gehört hatte. Denn sie wollte nichts weiter, als dass diese armen, verlorenen Jungen, die ungebildete Analphabeten und für eine Welt erzogen worden waren, nur um dann in einer anderen ausgesetzt zu werden, eine Chance bekamen.

Er hätte sonst nie eine Chance gehabt. Dafür hatte sein Vater schon gesorgt. Selbst jetzt zuckt LeGrand bei dieser Vertrautheit innerlich zusammen. *Der Prophet,* korrigiert er sich. Nicht sein Vater.

Abermals lehnt sich LeGrand an den Baumstamm und starrt den Dämonen an, der seine Skelettflügel über dem Reich spreizt. Wenn LeGrand böse ist, weil er Hilfe holen wollte, dann sind es der Arzt, sein *Vater* und seine Mutter und all seine Tanten, Cousins, Geschwister ebenso, auch die Ältesten und der Bürgermeister der Nachbarschaft, der den Blick abwendet, und die Polizei, die das Geld seines Vaters einsteckt und ihn den Zion Mountain so führen lässt, als wäre er sein eigenes Privatreich. Auch der

Staat, der sich nicht darum schert, was innerhalb seiner Grenzen passiert, und eigentlich jeder – wirklich jeder – wäre ebenfalls böse, weil sie nicht helfen wollen. Weil sie gesehen haben, was Almera brauchte, und es ihr nicht beschafften. Und wenn jeder böse ist, dann ist es niemand, und dann muss er sich nicht länger fragen, ob er ein Sünder ist.

Er *ist* ein Sünder, und es ist ohne Belang. Was immer auch als Nächstes passiert, er wird demjenigen helfen, der Hilfe braucht. Genau wie die Frau von diesem Hilfsdienst. Genau wie Brandon, der LeGrand ein Zuhause gibt, und das nur, weil er irgendwie wusste, dass LeGrand es braucht. Genau wie Ava, die LeGrand unter ihre Fittiche genommen hat, obwohl sie es nicht hätte tun müssen.

Wenn die ganze Welt eine Hölle und das Böse um sie herum ist, was kann man dann noch tun, als einander zu helfen?

Brandon klettert ins Versteck. Mack und Ava passen da besser rein – er schlägt sich dreimal den Kopf an den tief hängenden Balken an, während er versucht, eine Position zu finden. Aber die Anspannung in seiner Brust hat ein wenig nachgelassen, denn Mack – nicht Ava, *Mack!* – rutscht zur Seite, um ihm Platz zu machen, während sich Ava im Halbschlaf zur Seite dreht, ohne den Kopf von Macks Schulter zu nehmen. Brandon unterdrückt seine Freude darüber, dass er in Bezug auf die beiden recht gehabt hat, denn er will nicht, dass es irgendwie peinlich wird. Er kann deswegen auch ganz cool bleiben. Sie werden wissen, dass er damit kein Problem hat, weil er nicht reagiert.

Mack tätschelt zaghaft den Boden auf ihrer freien Seite, und Brandon streckt sich vorsichtig aus und ist heilfroh, dass sie ihm wirklich Platz einräumt. Was immer auch passiert, alles wird gut. Sie werden seine Freunde bleiben. Einer von ihnen wird gewinnen, und danach bleiben sie alle zusammen. Davon ist er überzeugt. »Wollt ihr nach dem Spiel bei mir einziehen?«, fragt er und fügt als Erklärung rasch hinzu: »LeGrand macht das auch. Ich hab ein Haus. Es ist klein, aber es gehört mir. Es könnte unser Haus sein.«

Als Mack die Luft ausstößt, glaubt er, dass sie lacht. »Klar«, antwortet sie, und er fragt sich kurz, ob sie sich über ihn lustig macht, doch so etwas würde sie niemals tun. Und sie ergänzt sogar noch: »Das wäre schön.« Ihr verträumter, sanfter Ton verrät ihm, dass sie es ernst meint.

»Ja, warum nicht«, erwidert Ava. »Wo lebst du eigentlich?«

»In Idaho.«

»Okay, das wäre allerdings ein Argument dagegen.« Aber Ava lacht. Nicht über ihn – sie lädt ihn ein, mit ihr zu lachen.

Das macht er dann auch, und die Situation sieht schon gar nicht mehr so schlecht aus. Vielleicht werden sie sogar wieder Spaß haben. »Was machen wir heute Abend? Suchen wir uns ein neues Versteck, oder bleiben wir hier?«

»Es ist ein Labyrinth«, erklärt Mack. »Der Park. Atrius hat das herausgefunden.«

»Dann versuchen wir heute Nacht, es zu enträtseln?« Ava scheint fasziniert zu sein. »Das ergibt ebenso viel Sinn wie alles andere.« Sie fügt nicht hinzu, dass es ihr guttut, ein Ziel zu haben, einen Zweck. Dass sich alle konzentrieren müssen, weil sie das braucht. Dass sie organisiert bleiben müssen. Zusammen.

Ava legt Mack einen Arm um die Taille. Mack hat zwar zugestimmt, bei ihr zu bleiben, doch sie kann für Macks Sicherheit sorgen und Mack für ihre. Und sie werden beide darauf achten, dass auch diesem Riesenwelpen Brandon und dem traurigen, verlorenen LeGrand nichts passiert. Ein neuer Trupp. Eine neue Familie.

Mack ist sich nicht sicher, ob es klaustrophobisch ist, Ava auf der einen und Brandon auf der anderen Seite zu haben. All diese Wärme und Zuneigung und Freundschaft und, was noch viel fremdartiger ist, diese Hoffnung auf eine Zukunft, was über Jahre in ihrem Leben gefehlt hat und plötzlich geballt auftritt. In ihrer Brust baut sich ein großer Druck auf, und wenn sie den Mund aufmachen würde, könnte sie nicht sagen, ob ein Lachen oder ein Schrei herauskommt. Daher streichelt sie Avas weichen Haarflaum, schließt die Augen und versucht, einfach zu existieren.

Ja, sie ist nicht allein. Was allerdings noch lange nicht bedeutet, dass sie nicht versteckt ist. Es heißt bloß, dass sie jetzt Hilfe hat.

LeGrand in seinem Baum.

Ava und Mack und Brandon in ihrer steinernen Gebärmutter.

Die schöne Ava und Jaden auf der anderen Seite des Parks, wo Ava einige Schritte hinter Jaden herläuft, der nach der besten Stelle sucht, um sie zu verraten.

Und genau in der Mitte von alldem erschaudernde feuchte Atemzüge, die immer flacher und unsteter werden, je heller es wird und je mehr der Hunger zunimmt.

Jaden ist kein übler Kerl.

Er wäre der Erste, der einem das versichert, und das hat er auch schon getan, immer und immer wieder, so oft, dass es zu so etwas wie einem Slogan wurde. »Ich bin kein übler Kerl«, sagt er, breitet die Arme aus und hat ein schiefes Unschuldslächeln in seinem fast schon attraktiven Gesicht.

Eine seiner Ex-Freundinnen hat mal gesagt, er würde aussehen wie der Typ, dessen Bild in den Bilderrahmen im Supermarkt steckt. Ansatzweise attraktiv, ein Lückenfüller, bis der Rahmen etwas bekommt, das wirklich wichtig ist. *Nein!*, hatte ihre Freundin ausgerufen, als sie alle schon gut einen drin hatten. *Er sieht aus wie ein Sockenmodel!*

Er hatte gelacht. Aber jedes Mal, wenn er sich Socken anzog oder in einem Geschäft an Bilderrahmen vorbeikam, erinnerte er sich an ihre Worte und ärgerte sich darüber. Aber er war kein übler Kerl. Er besaß Nacktfotos seiner Ex-Freundin und hat sie nie irgendwo gepostet.

An diese Frau denkt er gerade, als er zurücktritt und die aktuelle zukünftige Ex in seinem Leben dabei beobachtet, wie sie eine alte Achterbahn begutachtet. Die Gleise steigen in die Höhe, bis sie zwischen den Bäumen verschwinden, und sind nur noch ein fast an Efeu erstickter Umriss ihres einstigen Erscheinungsbilds.

Alles, was sich Jaden wünscht, ist eine, nur eine Frau in seinem Leben, die treu ist. Die schön und witzig ist und deren Leben sich um ihn dreht. Die ihn nicht enttäuscht. Die nicht über ihn lacht. Die ihn ansieht und dafür sorgt, dass er sich wie etwas ganz Besonderes fühlt, so wie er es gern hätte. Selbst seine eigene Mutter hat gerade mal bis zu seinem Highschoolabschluss gewartet, bis sie erklärte, dass sie jetzt lange genug für ihn gesorgt habe, und nach Florida zog. Er hatte einmal beschlossen herauszufinden, wie lange es dauert, bis sie ihn anruft, wenn er sich nicht jeden Monat meldet. Nach sieben Monaten war er den Tränen nahe zusammengebrochen und hatte sie doch angerufen. Sie wusste nicht einmal, wie lange sie nichts von ihm gehört hatte. Sie hatte ihn nicht vermisst und dachte nicht einmal an ihn, wenn er nicht da war.

In Bezug auf Jaden gibt es keine Objektpermanenz. Aus den Augen, aus dem Sinn.

Bei jeder Freundin, jeder Frau in seinem Leben war es genauso gelaufen. Sie gelangten immer an einen bestimmten Punkt und konnten es dann kaum erwarten, ihn wieder loszuwerden. Daher kam er ihnen im Allgemeinen zuvor.

»Wir sollten da raufklettern«, schlägt Ava vor. Sie will nicht, dass sie die anderen suchen. *Wir sollten aus eigenem Antrieb gewinnen,* hat sie vorhin gesagt, als wäre die Sabotage der anderen nicht ihre Idee gewesen, mit der sie Jaden beeindrucken und an sich binden wollte. Als könnten sie immer noch beide gewinnen. Als wüssten sie nicht, dass es nur einen Sieger geben würde.

Worüber hat sie mit diesen Freaks gesprochen? Haben sie sich über ihn lustig gemacht? Pläne geschmiedet? Hat sie ihm die Suche nach den anderen ausgeredet, weil sie etwas anderes vorhaben? Sie alle wissen, dass er die größte Gefahr darstellt. Er wird gewinnen. Was auch immer die anderen tun, er wird gewinnen.

Er beäugt die Achterbahn. Da könnte er problemlos raufklettern. Er ist in der besten Form seines Lebens. Mit vierzehn, als er moppelig und deprimiert war und in der Schule gemobbt und zu Hause ignoriert wurde, hat er Hindernisrennen für sich entdeckt. Er hat sie sich schon immer gern angesehen und vor allem die Interviews geliebt. All diese Menschen, die wie er ein trauriges Leben führten, die nicht geliebt wurden und verloren waren, hatten alles auf den Kopf gestellt und ihre Körper in perfekte Maschinen verwandelt. In Maschinen, die unglaubliche Dinge zu tun vermochten. Maschinen, die so gut funktionierten, dass sie nicht mehr traurig, verletzt oder einsam sein konnten.

Siebenmal in Folge hat er versucht, in die Show zu gelangen, kam aber nie über die Vorauswahl hinaus. Was sagte das über ihn aus, dass er so viele Jahre genau dasselbe getan hatte, exakt das, was sie ihm geraten hatten, alle Hindernisse in seinem Leben überwunden hatte, seine Hintergrundgeschichte vor dem Spiegel geprobt hatte, damit er *nicht als übler Kerl, überhaupt kein übler Kerl* rüberkam und sie ihn doch nicht haben wollten?

Reflexartig spannte er die Muskeln an. In diesen Wettbewerb hatte er es geschafft, und er würde ihn gewinnen. Und danach?

Ein Wiedersehen mit seiner Mutter. Sie würde so stolz auf ihn sein und all die Jahre bereuen, die sie damit vergeudet hatte, nicht stolz auf ihn zu sein.

Ein Wiedersehen mit dieser Freundin, die endlich begriff, dass er es wert war, in diesem Bilderrahmen zu stecken. Ein Sockengeschenk für ihre blöde Freundin.

Ein Wiedersehen mit diesem gottverdammten Wettbewerb, ein Platz als prominenter Gast, vielleicht schlug er das Angebot aber auch einfach aus. Er würde mit seinem Fitnessstudio, den hingebungsvollen Fans, die in seine Kathedrale des Körpers kamen und ihn anflehten, ihnen den Weg zu zeigen, sie vor sich selbst zu retten, so wie er sich gerettet hatte, genug zu tun haben. Sie würden alle zu ihm aufblicken, und er würde sie nicht aufgeben, ihrer nicht leid werden, sie nicht im Stich lassen.

Ava ist kein Teil dieser Zukunft.

»Sieht nicht stabil aus«, stellt er fest. »Und ich möchte nicht, dass du dich verletzt.«

Bei seinen Worten entspannt Ava die Schultern ein wenig, und als sie sich umdreht, sieht er ihr Lächeln. Er sieht ihre Erleichterung bei diesem Beweis seiner Fürsorge für sie. Dann fällt ihm wieder ein, wie sie nichts unternommen hat, als Irak-Barbie auf ihn losgegangen ist. Er stellt sich vor, was sie diesen Freaks später gesagt haben muss, sieht deutlich vor Augen, wie sie ihn ausgelacht haben.

»Komm«, sagt er und legt ihr einen Arm um die Schultern. »Ich hab da eine Idee.«

Ava ist erleichtert.

Jaden möchte die anderen suchen, um sie zu sabotieren. Und Ava hat eine ziemlich gute Ahnung, wo sie sich verstecken. Am zweiten Morgen des Wettbewerbs hat sie gesehen, wie Brandon in diesem seltsamen Liebestunnel-Gebäude verschwand. Es gibt nur wenige andere Verstecke, die groß genug sind für mehrere Personen. Daher würde sie darauf wetten, dass sie sich dort aufhalten. In gewisser Hinsicht wettet sie sogar wirklich darauf – fünfzigtausend Dollar, um genau zu sein –, jedoch gegen sich selbst, damit sie sie nicht verrät. Dennoch bereut sie es, Jaden überhaupt den Gedanken in den Kopf gesetzt zu haben, andere rauszuwerfen.

Darüber hinaus haben die anderen ihr angeboten, sie zu begleiten, und sie wollten sie sogar dann noch in ihre Gruppe aufnehmen, nachdem sie sich für jemand anderen entschieden hatte, und deshalb steuert Ava Jaden von ihnen weg.

Jetzt, da sie wieder im unheimlichen, langweiligen Park ist, glaubt sie langsam, dass Jaden recht hat. Die Zerstörung im Lager war nur vorgetäuscht. Sie geht jedoch nicht davon aus, dass ein anderer Teilnehmer dafür verantwortlich war, sondern dass es zum Spiel gehört.

Aus diesem Grund hat sie auch noch keine Kameras gesehen. Dies ist keine traditionelle Realityshow. Es ist eine *Horror*-Realityshow.

Etwas in der Art hat sie sogar schon mal gesehen. Damals wurde eine Gruppe von Collegestudenten in ein Haus gebracht. Man erzählte ihnen, dass sich dort grausame Morde ereignet hatten und es seitdem spukte, führte sie danach zum gruseligsten Ort im Wald und ließ sie berichten, was sie empfunden hatten. So gut wie alle hatten etwas gefühlt – eine intensive Kälte, eine unerklärliche Präsenz, überwältigende Angst.

Erst nachdem alle von ihren Erfahrungen berichtet hatten, gestanden die Filmemacher, dass das Haus vor gerade mal zehn Jahren gebaut worden war und es keinerlei Vorgeschichte gab, die mit Gewalt, Heimsuchungen oder irgendetwas Derartigem zu tun hatte.

Die meisten hatten das lachend abgetan. Einige bestanden allerdings weiterhin darauf, dass irgendetwas passiert sein musste, von dem nur niemand etwas wusste, denn sie hatten nun mal etwas gespürt und wollten es nicht leugnen. Eigentlich hatte man damit zeigen wollen, wie wir uns selbst austricksen und dazu bringen, etwas Bestimmtes zu fühlen, doch tatsächlich hatte das Experiment nur gezeigt, dass wir andere austricksen und bestimmte Gefühle in ihnen hervorrufen können.

Ava ist stinksauer. Es ist verdammt unhöflich, dass man sie unter Vortäuschung falscher Tatsachen hergelockt hat. Man hat sie angelogen. In die Irre geführt. Vielleicht stecken einige der schon rausgeflogenen Teilnehmer mit den Veranstaltern unter einer Decke. Möglicherweise haben sie Dinge platziert, damit die anderen sie finden, beispielsweise den verlorenen Schmuck. Verdammt, bei ihrer passenderweise schaurigen Vorgeschichte könnte Mack sogar ein Spitzel sein – und eine Schauspielerin.

Ava stolpert, und Jaden legt einen Arm um sie, damit sie nicht hinfällt. Wenn Mack ein Spitzel ist, muss Jaden, der ja ihre Geschichte erzählt hat, ebenfalls in alles eingeweiht sein. Das wäre doch unsagbar unethisch, oder nicht? Eine körperliche Beziehung – zumindest was das bisschen betraf, das sie auf einer Pritsche inmitten der anderen zuwege gebracht hatten, aber trotzdem – mit ihr einzugehen, wenn er ein Schauspieler war und sie keine Ahnung hatte? So etwas konnte nicht legal sein. Hatte sie in der Verschwiegenheitserklärung etwas unterschrieben, das so ein Verhalten erlaubte?

Nein. Auf keinen Fall. Außerdem kann keine Schauspielerin so gut und überzeugend sein wie Mack. Ava hat ein gutes Gespür dafür, wenn sie verarscht wird – sie hat schon genug Kellnerinnenjobs gemacht, um in den ärgerlichsten Situationen mit einem Lächeln reagieren zu können –, und nichts an Mack kommt ihr falsch oder gespielt vor.

Das ergibt keinen Sinn.

Aber eigentlich ergibt nichts von alldem Sinn, und die Vorstellung, das ganze Spiel wäre eine fiese Abweichung von dem, was man ihnen gesagt hatte, ist deutlich tröstlicher als der Gedanke, im Lager hätte sich wirklich eine Gewalttat abgespielt.

Vielleicht hat Jaden ja recht. Vielleicht wurden Ava und der unheimliche LeGrand hergeschickt, um sie durcheinanderzubringen. Ava traut sie diese Gnadenlosigkeit und Cleverness sogar zu. Fast beneidet sie sie sogar darum.

Oder Mack hat tatsächlich irgendwas gemacht, entweder, um zu gewinnen, oder weil sie nach dem, was sie erlebt hat, nicht mehr zurechnungsfähig ist und jetzt jeden in ihrer Umgebung brechen will. Aber auch das scheint ihr nicht zu Mack zu passen. Allerdings muss sich Ava eingestehen, dass sie Mack im Grunde gar nicht kennt. Tatsächlich kennt sie keinen der anderen wirklich, mit Ausnahme von Jaden, doch eigentlich kennt sie auch nur Typen wie ihn.

Nichtsdestotrotz ist er an diesem Morgen nett zu ihr, und sie kann das bevorstehende Ende spüren, will diese Ruhe vor dem Sturm jedoch genießen. Möglicherweise trennen sich ihre Wege heute Abend. Sie wird sich von ihm trennen. Aber auf freundschaftliche Weise, damit er sich nicht an ihr rächt. *Ich will dich nicht aufhalten.* Oder *Ich möchte nicht, dass du das Gefühl hast, dir meinetwegen Sorgen machen zu müssen. Du solltest dich darauf konzentrieren, diesen Wettbewerb zu gewinnen.* Das sind beides gute Optionen. Die Andeutung, dass sein Sieg in trockenen Tüchern ist und sie sich für ihn freut. Was sie mit einem Lächeln garniert.

Sie fragt sich, was die andere Ava, Brandon, Mack und LeGrand wohl gerade machen. Drehen sie nur noch mehr durch, oder amüsieren sie sich auf ihre Kosten? Sie will es nicht hoffen. Ihr wäre es lieber, wenn die vier Angst haben, statt über sie zu lachen. Sie weiß nicht, dass dies ihre größte Gemeinsamkeit mit Jaden ist.

Ein leichtes, aber vielsagendes Ziehen in Avas Unterbauch holt sie in die Gegenwart zurück. Sie flucht leise.

»Was ist?«, faucht Jaden.

»Nichts.« Ausgerechnet jetzt muss sie auch noch ihre Tage kriegen. Ein weiterer Grund, aus dem es schlauer gewesen wäre, sich den anderen anzuschließen. Mack und die andere Ava haben vielleicht etwas bei sich. Sie bezweifelt stark, dass Jaden vor ihrem Aufbruch daran gedacht hat, Binden aus der Toilette einzustecken.

Ava betet, dass es ein Fehlalarm war oder dass es nur das zaghafte Tröpfeln des ersten Tags ist, bevor ihre übliche apokalyptische Blutung einsetzt, und geht schneller, um zu Jaden aufzuschließen. »Es ist schon fast hell«, stellt sie fest, da die Nacht immer sanfter wird und der Himmel von Indigoblau zu einer schwächeren, verwässerten Farbe wechselt.

»Mach dir keine Sorgen«, erwidert Jaden. »Wir sind fast da.«

Die Achterbahn wäre ein gutes Versteck gewesen, und sie sah auch recht stabil aus, doch es rührt sie, dass er sich um sie Sorgen macht. Sollte sie sich in ihm geirrt haben?

Vielleicht lauert unter den Muskeln und dem Getue eine andere Version von ihm, die sich von jenen unterscheidet, mit denen sie früher aus war. Sie sollte ihn nicht vorschnell verurteilen und derart unfair behandeln.

Sie gingen weiter, und Ava will ihn schon erneut fragen, wo sie eigentlich hingehen. Es dämmert eindeutig. Sie hätten sich schon vor einer halben Stunde ein Versteck suchen sollen. Aber wenn sie das fragt, klingt sie wie eine Nervensäge, und nichts turnt einen Mann schneller ab als eine Nervensäge – noch dazu eine, die definitiv gerade ihre Tage bekommt. Und sie trägt nicht mal Jeans, sondern einen niedlichen, sportlichen Rock. Das ist das Schlimmste, das Allerschlimmste sogar.

Was soll sie nur tun, wenn sie nicht gewinnt? Sie hat eine Woche verloren, in der sie nichts gepostet, keinen Content veröffentlicht hat. Und ja, zugegeben, sie hat kein Momentum, keine Sponsoren, und kaum jemand klickt ihre Fotos und Videos an, aber es ist wichtig, beständig zu bleiben. Außerdem wird es einiges kosten, ihre inzwischen ruinierten Fingernägel erneuern zu lassen. Zudem muss sie auch noch zum Friseur. Sie weiß, dass das billige Shampoo und der miese Conditioner hier Schäden hinterlassen werden, ebenso das ständige Binden zum Pferdeschwanz.

Eventuell sollte sie einfach aufhören. Sich einen richtigen Job suchen. Aber jeder »richtige« Job, den sie bekommen kann, wird zu schlecht bezahlt, als dass sie davon leben könnte. Ihre Chance – ihre einzige Chance – besteht darin, einen Volltreffer zu landen. Sich einen Geldregen zu sichern, auf jede nur denkbare Weise ihre Umwelt finanziell ausnutzen.

Vielleicht läuft die Beziehung mit Jaden ja sogar richtig gut, und sie kann die Social-Media-Kanäle seines Fitnessstudios übernehmen. Das ist ein schöner Gedanke.

Aber wem macht sie denn hier etwas vor? Dieser Gedanke ist entsetzlich. Nur: Was soll sie sonst tun? Den Rest ihres Lebens für zwölf Dollar die Stunde arbeiten? Wieder zurück an die Uni gehen und Schulden machen, die sie dann den Rest ihres Lebens abstottern muss? Oder sich an Jaden hängen und hoffen, dass einer von ihnen Glück hat?

Es macht ganz den Anschein, als hätte sie sich längst für die letzte Option entschieden.

Endlich, als der Himmel schon fast hell ist, bleibt Jaden an ihrem Ziel stehen. In diesem langen, geschwungenen Teil des Pfads gibt es nichts als diese grässlichen verwilderten Büsche um sie herum, jedoch kann sie nirgendwo Gebäude entdecken oder eine Möglichkeit, sich zu verstecken. Ihr ist völlig schleierhaft, wie sie hier seiner Meinung nach ein Versteck finden sollen. Früher einmal muss hier eines dieser großen Kettenkarussells gestanden haben, bei dem an einem Drehkranz in der Mitte Stangen befestigt waren, die nach außen führten und von denen Sitze an Ketten herabhingen, die im Kreis gedreht wurden, sodass die Fahrgäste in immer weiteren Kreisen durch die Luft flogen. Sie hat diese Karussells immer geliebt und auch dieses Kribbeln im Bauch, denn die abrupten Abfahrten und Kurven einer Achterbahn sind nichts für sie.

Allerdings ist das längst kein Kettenkarussell mehr. Die Ketten für die Sitze hängen wie ungewaschene Haarsträhnen herunter, haben sich an einigen Stellen verknotet, sind an anderen abgebrochen. Nur an ganz wenigen Ketten hängen noch Sitze, oder zumindest das, was davon noch übrig ist. Die dicke Mittelsäule sieht relativ robust aus und erhebt sich gerade nach oben. Das ganze Karussell sieht kahl und deprimierend aus und erinnert an einen riesigen zerfetzten Regenschirm.

»Wo sollen wir uns denn hier verstecken?«, fragt Ava verdutzt. Die Plattform ist offen, die Mittelsäule ganz. Sie sieht hier nirgendwo ein offensichtliches – oder auch verborgenes – Versteck.

Jaden grinst sie über die Schulter hinweg an. »*Wir* sollen uns nirgendwo verstecken. Viel Glück, Ava.« Er springt in die Luft, erwischt eine der schwingenden Ketten und klettert geschickt nach oben, wo er auf der Mittelsäule verschwindet. Ob sie nun in der Mitte hohl ist oder ob es darauf genug Platz gibt, weiß Ava nicht, aber er ist von unten nicht mehr zu sehen, daher ist es ohne Belang.

Es zählt nur, dass Jaden versteckt ist und Ava nicht und dass es inzwischen taghell geworden ist.

Sie überlegt, ihn anzuschreien, aber dadurch würde sie ihre Position verraten. Ihr Schock und ihre Wut verfliegen und lassen sie beschämt zurück. Die anderen hatten Jaden richtig eingeschätzt. Sie hatten es gesehen. Und sie hatte ihn ebenfalls durchschaut und sich dennoch für ihn entschieden, weil er einfach besser aussah. Und dann war sie auch noch eingeknickt, statt ihren Fehler zuzugeben.

Eigentlich überrascht sie sein Verhalten nicht. Aber sie ist enttäuscht. Seit sich die andere Ava vorgestellt hat, war Ava besorgt gewesen, sie könnte unter ferner liefen landen. Und jetzt wird genau das passieren, weil sie heute rausfliegt.

Das hätte auch eine Erleichterung sein können. Ein Ende dieses ganzen Elends, eine Rückkehr in das Elend, das sie kennt und das ihr vertraut ist.

Aber als sie sich umdreht und der Morgen wolkenlos und ohne eine Brise anbricht und die Luft schwer und erwartungsvoll wirkt, kann sie nicht aufhören, an diese dunkle Lache mitten im Lager zu denken und an die Spur, die davon wegführte.

Ohne Jaden an ihrer Seite, der hämisch darauf beharrt, dass alles nur ein Spiel ist, fällt es ihr viel leichter, sich vorzustellen, dass die Sache vielleicht, nur vielleicht, doch anders aussieht.

Ava dreht sich um und rennt los. Sie kann sich noch ein Versteck suchen. Sie muss eins finden.

Als wäre es durch ihre Furcht vor Blut heraufbeschworen worden, spürt sie Wärme zwischen den Beinen, die ihren niedlichen Slip durchdringt und an ihrer Haut herunterrinnt. Wenigstens hat Jaden sie früh genug verraten, sodass sie nicht noch voller Scham über diese Erniedrigung neben ihm sitzen muss. Und sie weiß zumindest, dass man in Amerika eine Aversion gegen die Periode hat und diese Bilder von ihr niemals senden wird, selbst wenn es sich um einen fiesen Wettbewerb oder eine manipulative Horror-Realityshow handelt.

Auf der Toilette lagen auch Binden. Sie mochten das Lager aufgegeben haben, doch das bedeutete noch lange nicht, dass es nicht mehr existierte.

Sie weiß allerdings nicht, wo sie sich befindet. Jaden hat sie effektiver hinters Licht geführt, als ihm auch nur bewusst ist. Ihr Orientierungssinn war nie besonders gut, und sie weiß zwar dank der aufgehenden Sonne, wo Osten ist, doch dieses Wissen hilft ihr nicht weiter, da sie keine Ahnung hat, wie sie von ihrer aktuellen Position aus zum Lager gelangen kann.

Sie bleibt stehen, ringt nach Luft und versucht, ihren Standort herauszufinden. Das hier hat sie nicht verdient. Nicht den Verrat, nicht die Erniedrigung und auch nicht dieses immer intensiver werdende Gefühl, dass hier etwas nicht stimmt, dieses Grauen, diese Angst, bei der ihr die Nackenhaare zu Berge stehen.

Irgendwo hinter ihr knackt ein Ast, und Ava rennt los wie ein verängstigtes Häschen und ist fest davon überzeugt, dass sie das, was dieses Geräusch verursacht hat, auf gar keinen Fall sehen will.

Es ist Tag geworden, daher ist Mack wach, doch es kommt ihr vor, als würde sie schlafen. Sie hat dieses Gefühl, als würde sie dahintreiben, nach dem sie sich sehnt und das sie im Schlaf zu finden hofft; dieses Schweben zwischen Wachzustand und Schlaf, gewichtslos, warm und frei.

Möglicherweise liegt es an Ava, die auf einer Seite neben ihr liegt, und an Brandons fröhlicher Präsenz auf der anderen Seite. Oder daran, dass dies ein wirklich gutes Versteck ist und sie davon ausgeht, zumindest für den heutigen Tag in Sicherheit zu sein. An mehr als an diesen Tag denkt sie vorerst nicht. An diese Stunde, diese Minute, diese Sekunde, diesen Moment. Sie kann hier schweben, hier existieren. In diesem Augenblick ist sie sicher.

Ein Ticken dringt durch das dünne, trockene Holz, das sie vom Tageslicht trennt, an ihr Ohr. Es holt sie in die Realität zurück, in das Verstreichen der Zeit. Tick tack, die Zeit ist fast abgelaufen.

Nein, das ist kein Ticken. Es ist ein Schnalzen. LeGrand. Ava hört es ebenfalls. Sie verspannt sich und kriecht vorsichtig zur Außenmauer. Mack und Brandon tun es ihr gleich. Das Schöne daran, sich in einem Gebäude aufzuhalten, das jeden Moment in sich zusammenstürzen könnte, ist, dass es überall Risse und Löcher gibt, durch die sie sehen können, was draußen vor sich geht, ohne selbst gesehen zu werden.

»Was …«, flüstert Brandon, doch Mack rammt ihm einen Ellbogen in die Rippen, und er verstummt.

Mack hält den Atem an und späht auf den Pfad unter ihnen. Sie weiß nicht, was sie erwartet, aber es wird bestimmt übel. Davon geht sie felsenfest aus, denn sie war glücklich, und welches Recht hat sie schon, sich so zu fühlen?

Beinahe rechnet sie mit Schreien wie bei Rebecca, daher erstaunt es sie, dass nur die schöne Ava lautlos vorbeistolpert. Die schöne Ava sieht über die Schulter, sodass man ihr Gesicht erkennen kann, das einer Maske stummen Entsetzens gleicht. Verheerende Angst spiegelt sich darin wider, die derart absolut ist, dass kein Klang sie vermitteln kann, kein Atemzug ausreicht, um die grässliche Leere in der Seele eines Menschen auszufüllen.

Ihr Gesicht blutet, dunkle Rinnsale tränken bereits ihr T-Shirt, und auch auf der Innenseite eines Beins ist Blut zu sehen. Sie rennt an ihrem Versteck vorbei und bemerkt ihre Beobachter nicht.

»Scheiße«, haucht Ava.

»Es könnte eine Falle sein«, wispert Brandon, klingt jedoch verunsichert. Das sollte er aber nicht sein.

Ava umklammert Macks Arm so fest, dass es wehtut. Mack legt die Finger auf Avas. Nicht, um sie zu lösen, sondern um den Druck zu erhöhen. Um Ava hier festzuhalten, um diesmal diejenige zu sein, die sie zum Bleiben bewegt.

»Wenn es ein Spiel ist, dann gewinn«, erklärt Ava entschieden. »Andernfalls überlebe.« Ava dreht sich auf dem engen Raum um, wobei sie Mack mit der Schulter gegen Brandon drückt.

»Nein«, zischt Mack.

»Pass auf sie auf«, befiehlt Ava Brandon, und dann ist sie auch schon aus ihrem Versteck verschwunden.

Mack liegt wie erstarrt da. Sie will ihr folgen. Nicht, um der schönen Ava zu helfen, sondern um bei ihrer Ava zu bleiben. Was auch passiert, sie will bei Ava sein und nicht wieder zurückgelassen werden, verborgen, sicher und allein.

Sie hat schon einmal allein überlebt, und das ist gar nicht mal so prickelnd.

Mack dreht sich um, damit sie ebenfalls aus dieser steinernen Gebärmutter rutschen kann. Da sich Brandon absichtlich breitmacht und ihr den Weg versperrt, fällt ihr das nicht leicht. Er sieht noch immer mit einem Auge durch den Riss in der Mauer nach unten.

Ava ist schon draußen und brüllt »Bleib, wo du bist!«, womit sie entweder LeGrand oder Mack oder Brandon meint, vielleicht auch alle drei. Mack greift nach dem Rand der Plattform, doch Brandon hält sie mit eisernem Griff am Knöchel fest.

»Lass mich los«, flüstert Mack, doch er übt so viel Kraft aus, dass seine Hand zittert. Nein. Brandon zittert, er bebt am ganzen Körper, drückt das Gesicht noch immer an die Wand, verkrampft sich förmlich wegen dem, was er da sieht.

»Rühr dich nicht«, raunt er ihr zu. »O Gott, bitte, bitte halt ganz still, o Gott, o Gott, o Gott.«

Sein Ton entspricht dem, was sie gefühlt hat, als sie damals die Geräusche aus dem Wohnzimmer hörte, während sie sich sicher in Maddies Versteck verbarg. Er klingt wie jemand, der weiß, dass der Tod ganz in der Nähe ist, und der betet, er möge ihn irgendwie, auf irgendeine Weise verschonen.

Mack rührt sich nicht.

Ava hält ein dickes Rohr in der Hand. Die Konturen passen perfekt in ihre Handfläche, das Gewicht ist tröstlich. Eine Pistole wäre ihr zwar lieber gewesen, aber das hier muss zur Not eben reichen.

»Bleib, wo du bist!«, brüllt sie und wedelt mit dem Rohr ungefähr in die Richtung, in der sie LeGrands Versteck inmitten eines dichten Hains vermutet. Wenn sie jetzt rausfliegt, ist das eben so, aber dann muss einer ihrer Freunde gewinnen.

Mack.

Sie will, dass Mack gewinnt. Oder überlebt. Und sie weiß, dass Mack es schaffen kann.

»Ava!«, schreit sie und läuft hinter der anderen Frau her.

Ava zwei rennt ein Stück von ihr entfernt den Weg entlang, taumelt und stolpert eigentlich eher, als dass sie läuft, wie jemand, der von einem Zombie gebissen wurde und sich einbildet, er könnte vor der Ansteckung noch davonlaufen. Blut läuft ihr am Bein hinunter, doch die Spur ist nicht so dick wie die an ihrem Kopf, und ihr T-Shirt ist bereits derart mit Blut getränkt, dass Ava es sogar von hinten sehen kann.

Ava zwei zuckt zusammen, als sie ihren Namen hört, wie eine Marionette, bei der die falschen Fäden gezogen wurden, aber sie bleibt nicht stehen. »Nein«, stößt sie stöhnend hervor. »Lauf weg! Versteck dich!«

Ava sieht über die Schulter. Da ist nichts. Rein gar nichts. Aber *da* – das Knirschen von Laub. Und dort, das Rutschen von Erde über den gerissenen und schiefen Weg.

Die winzigen Haare in ihrem Nacken stehen ihr zu Berge, und zum ersten Mal seit Jahren wünscht sie, längere Haare zu haben, sehnt sich irrationalerweise nach dem falschen Gefühl der Sicherheit, das ihr ein Vorhang aus Haaren hinsichtlich ihres Schädels und ihres Nackens vermitteln würde, einen Schutz gegen den plötzlich überwältigenden Eindruck, sie wäre durch und durch weich und verletzlich.

Sie legt die Hand fester um das Rohr. Scheiß drauf. Ava ist nicht verletzlich. Ava ist eine gottverdammte Kriegerin, und jeder, der ihr oder Ava zwei wehtun will oder auch irgendwem anders, für den oder die sie sich verantwortlich fühlt, wird das auf die harte Tour herausfinden: indem sie ihm das Rohr ins Gesicht rammt.

Ava läuft so schnell, wie sie nur kann, auch wenn ihr Bein lautstark protestiert. Ihr Knie lässt sich nicht mehr richtig beugen, und ihr Fußknöchel ist wie festgeschweißt, daher ist Rennen eigentlich keine Option. Zu ihrem Glück läuft Ava zwei nicht besonders schnell, und Ava holt sie ein und legt ihr eine Hand auf die Schulter.

Ava zwei bleibt so abrupt stehen, dass Ava das Gleichgewicht verliert und auf dem Hintern landet. Sie hebt eine Hand, um sich von der anderen Frau beim Aufstehen helfen zu lassen, doch Ava zwei scheint sie nicht einmal zu sehen.

Denn Ava zwei starrt den Weg entlang, den sie hergekommen sind. Ein tiefes Stöhnen, ein animalisches, entsetztes Geräusch dringt aus ihrer Kehle, und Ava wird speiübel. Sie kennt dieses Geräusch. Es kam auch über ihre Lippen, als sie nach unten sah und feststellte, dass ihr Bein zertrümmert war, oder als sie zur Seite blickte und herausfand, dass Maria fort war, deren Körper zwar noch dort lag, sie jedoch mit leeren Augen anstarrte, in denen Ava nie wieder ihr voller Liebe reflektiertes Spiegelbild sehen würde.

Ava will nicht sehen, was die andere Ava sieht, aber sie sieht dennoch hin.

Da ist *nichts*.

Vor ihnen ist gar nichts.

Der gewundene Weg, der um die Kurve führt, sodass sie den Tunnel der Liebe nicht mehr sehen können, ist leer.

Oder?

Ava rutscht auf dem Hintern nach hinten, ihre Finger, die das Rohr weiterhin umklammern, schaben und reiben über den Boden, und sie lässt den Weg nicht aus den Augen. Der Efeu, der von einer überhängenden Baumkrone herabhängt, wickelt sich um etwas, hängt da, als würde es vom Wind bewegt oder wie ein Vorhang zur Seite geschoben.

Aber da ist nichts.

»O Gott, o Gott, o Gott«, haucht Ava zwei.

»Was ist?«, verlangt Ava mit schriller, vor Panik gepresster Stimme zu erfahren. »Ich sehe nichts. Ich kann nichts sehen. Siehst du was?«

Die andere Frau wendet ihr das blutverschmierte Gesicht zu und blickt nach unten, als würde sie erst jetzt begreifen, dass sie nicht allein ist. »Es tut mir so leid«, flüstert sie. »Ich wollte nicht, dass du gefunden wirst.«

Dann zerbricht Avas Welt in zwei Teile, und sie wird aus ihrer Realität seitlich in eine neue, viel schlimmere geworfen.

Nichts hebt die andere Ava hoch.

Nichts durchbohrt ihren Torso, der stark blutet, während die andere Ava schreit, als würde sie in Stücke gerissen.

Und dann verschwindet der Kopf der Frau.

Avas Verstand wehrt sich gegen das, was sie zu sehen glaubt, sagt ihr, dass es nicht sein kann. Aber der Kopf der anderen Ava ist weg, ihr Schrei bricht abrupt ab, aus ihrem Hals spritzt Blut, und da ist kein Kopf, kein Kopf, kein gar nichts mehr.

Da rappelt sich Ava auf und muss mitansehen, wie der Rest der Frau verschwindet. Doch noch immer ist da nichts. Da ist nichts, und jetzt gibt es auch keine Leiche mehr. Nur das Blut der anderen Ava ist noch auf dem Boden, frisch und heiß und so viel, dass Ava es riechen kann.

Aber sie riecht auch noch etwas anderes. Ein Moschusgeruch hängt in der Luft, etwas weitaus Älteres als frisches Blut. Es ist tagein, tagaus verrottet, und eine Schicht aus Fäulnis durchdringt den Geruch der Welt um sie herum.

Ava umklammert das Rohr. Sie weiß, wie der Tod riecht, und endlich ist er zu ihr gekommen.

Sie reißt den Mund auf, stößt einen trotzigen Schrei aus und schlägt auf das Nichts ein.

Sie hören beide Schreie.

Es ist eindeutig zu erkennen, welcher von welcher Ava stammt.

Und nun gibt es im Grunde auch keine weiteren Fragen mehr. Jedenfalls keine hinsichtlich der Art des Wettbewerbs.

Mack kann sich endlich von Brandon befreien, verlässt ihr Versteck und rennt ins Sonnenlicht hinaus. Es kommt ihr sofort falsch vor, sich tagsüber im Freien zu bewegen. Wie schnell sie darauf abgerichtet wurde.

Brandon folgt ihr langsam. Irgendetwas stimmt mit seinem Gesicht nicht, denn da fehlt etwas, was eben noch da war. Jetzt ist es weg, doch Mack kann nicht einmal sagen, was es eigentlich war.

»Welche Richtung?«, fragt Mack.

Brandon schüttelt den Kopf. »Es ist zu spät«, flüstert er.

»Nein, wir können …«

LeGrand kommt auf sie zu, und seine Miene wirkt entschlossen und entschieden, als wäre eine Wahrheit bestätigt worden. Er wirkt nicht mehr heimgesucht. Brandon wurde durch das gebrochen, was immer er gesehen hat, und LeGrand bekam durch das, was er sah, neue Kraft oder zerbrach derart vollständig, dass er neu geformt daraus hervorging.

»Was war das?«, will Mack wissen, denn LeGrand ist schon einmal losgerannt, um Hilfe zu leisten, und wenn er jetzt nicht rennt, bedeutet das nur, dass er nicht glaubt, noch helfen zu können. Mack legt sich die Hände an den Bauch und will weinen, schreien, Ava hinterherrennen. Sich ihr anschließen, wenn es denn möglich ist, was immer das auch bedeuten mag. Sie muss sich einfach fragen, ob Ava noch da wäre, wenn Mack woanders gewesen wäre. Hat Mack das verursacht? Sie hat die Hülle geknackt, ihren Schutzpanzer, sie hat die Hoffnung hereingelassen und auch Ava, und jetzt das.

Jetzt das.

»Was war das?«, wiederholt sie.

LeGrand zuckt mit den Achseln und ruckt bei der Bewegung zur Seite, als hätte er etwas auf den Schultern, das er loswerden will. »Keine Ahnung.«

»Das war der Teufel.« Brandons Stimme bricht, und er ist den Tränen nahe. Er wackelt immer wieder mit dem Kopf und schaut zu dem anderen Gebäude in der Nähe hinüber, als wolle er sichergehen, dass der alte, verrostete Überrest eines Dämons noch da ist, wo er sein soll. Seine Augen sind weit aufgerissen, zu weit, als könne er sie nicht schließen. Was immer er gesehen hat, zeigte ihm etwas, über das er nie zuvor nachgedacht hatte, und nun kann er es nicht mehr ausschließen und die Wahrheit nicht wegblinzeln.

»Was hat das zu bedeuten?«, hakt Mack nach. Mit Brandon sollte sie im Moment eigentlich sanfter umgehen, aber sie braucht Antworten.

»Das wären zwei.« LeGrands zaghafte Züge haben sich verändert, und diese subtile Veränderung lässt ihn in einem völlig neuen Licht erscheinen. Er hat noch immer ein Babyface, wirkt jedoch nicht mehr wie ein verlorenes Kind. »Wir haben also Zeit bis morgen früh und sollten von hier verschwinden.«

»Was meinst du mit ›der Teufel‹?«, beharrt Mack.

Brandon reibt sich die Augen, als wolle er ein Bild mit Gewalt daraus entfernen. »Es ist ein Monster. Der Teufel. Ich weiß nicht, was ich euch noch dazu sagen soll.«

Mack wirft LeGrand einen Blick zu, der nur schweigend nickt.

Das ergibt überhaupt keinen Sinn, doch darüber will Mack jetzt nicht nachdenken. Es ist auch nicht weiter wichtig. Ava ist wichtig. »Wir müssen nach Ava suchen.«

LeGrand widerspricht nicht. Brandon schüttelt den Kopf. »Das wird nichts bringen«, sagt er, wandert aber trotzdem langsam in die Richtung, in die er Ava wegrennen sah.

Es fällt ihnen nicht schwer, der Spur zu folgen, obwohl sie alle drei keinerlei Erfahrung in derartigen Dingen haben. Die Blutstropfen der schönen Ava sind so frisch, dass sie das Licht einfangen, und ein Faden der Gewalt spult sich vor ihnen ab und führt sie zu dem, was sie sehen müssen. Zum Endziel, dem Ende von Macks kindlicher Hoffnung. Etwas Neues, Fragiles ertrinkt in der Lache des Todes, vor der sie stehen bleiben.

»Kann jemand, der so viel Blut verloren hat, überleben?« LeGrands tiefe Stimme klingt sanft, aber praktisch. Es ist keine hypothetische oder hoffnungsvolle Frage. Er will schlichtweg wissen, ob sie weitersuchen sollen, und lässt Mack die Entscheidung treffen.

Mack starrt den einzigen noch existierenden Beweis dafür an, dass sie vor wenigen Minuten glücklich gewesen ist. Rings um das Blut ist nichts zu sehen. Keine Schleifspuren. Kein Hinweis darauf, dass jemand weggerannt ist, dass sie es aus der Gefahrenzone geschafft haben, dass hier etwas anderes passiert ist als zwei brutale, endgültige Tode. Dies ist ein Ausrufezeichen aus Blut, keine Ellipse. Und ganz bestimmt kein Fragezeichen. Diese Geschichte ist zu Ende.

Es gibt keine Fortsetzung.

Die schöne Ava ist tot. Ebenso wie Macks Ava. Die erste Person, die seit dem Tod ihrer Familie zu einer Person für sie geworden ist, die erste Person, bei der sich Mack gefragt hat, ob es in ihrem Leben noch mehr geben könnte. Falls es in ihrem Leben überhaupt *Leben* geben darf.

Jetzt ist es vorbei. Jedenfalls für Mack.

Sie sieht LeGrand an. Den traurigen, gequälten LeGrand, den Ava beschützen, dem sie helfen wollte. »Warum bist du hier?«

Er scheint diese Frage selbst unter diesen Umständen

nicht als seltsam zu empfinden. Wahrscheinlich wird keiner von ihnen jemals wieder etwas als seltsam ansehen, solange sie leben.

Der Geruch nach Blut und etwas Älterem, Verwesterem, *Falscherem,* ist überwältigend. *Solange sie leben* kommt ihnen auf einmal wie ein sehr begrenzter Zeitraum vor.

»Ich wurde von meiner Familie verbannt, weil ich meiner Schwester ärztliche Hilfe besorgen wollte. Es ist gegen die Regeln, das Gelände zu verlassen.«

»Das Gelände?« Brandon beäugt ihn irritiert.

»Mein Vater ist der Prophet«, antwortet LeGrand.

Das beantwortet Brandons Fragen nicht – es lässt vielmehr weitere entstehen –, doch Mack versteht so viel, wie sie verstehen muss. LeGrand war ein Gefangener. Er hat die Regeln gebrochen, um zu helfen. Das ergibt bei jemandem, der auf das Geräusch zurennt, wenn er jemanden schreien hört, durchaus Sinn. Er ist hier, weil er seine Schwester retten wollte. Mack ist hier, weil sie genau das nicht versucht hat. Weil sie sich versteckt und nichts getan hat, während ihre Welt in Stücke gerissen wurde.

»Wenn du rauskommst …« LeGrand sieht in Richtung der Bäume, wo der Zaun irgendwo im undurchdringlichen, dichten Grün jenseits der stets präsenten ummauerten Wege aufragen muss. »Wirst du ihr dann helfen? Ich komme aus Zion Mountain im südöstlichen Colorado. Ihr Name ist Almera. Sie kann nicht laufen oder reden, aber sie mag Seifenblasen und die Farbe Gelb. Dort wird man ihr nicht geben, was sie braucht. Du wirst sie entführen müssen.« LeGrand nickt, als hätte er sich entschieden. »Das ist der einzige Weg. Ich hätte es selbst so machen sollen.«

Mack sieht Brandon an. Brandon hat Tränen in den Augen, und sie kann sich nicht vorstellen, dass er in der Lage ist, jemanden zu entführen. »Sag uns alles darüber, wie man da reinkommt und wie wir Almera finden können, nur für den Fall. Aber LeGrand muss gewinnen«, sagt Mack an Brandon gewandt. »Falls es so etwas wie einen Gewinner überhaupt gibt. Andernfalls muss er derjenige sein, der es hier heraus schafft.« Sie befürchtet schon, Brandon würde ihr widersprechen und darauf bestehen, dass es nicht fair sei, wenn sie einfach entschieden, LeGrand zum Gewinner zu erklären, ohne das vorher auszudiskutieren.

Brandon schluckt schwer und nickt. »Solange es nicht Jaden ist, bin ich mit allem einverstanden.« Seine Stimme bricht, und Mack kann einfach nicht anders. Sie lacht los. Solange es nicht Jaden ist.

Ihr Lachen bricht den Bann des Bluts und lässt sie frei. Sie gehen weiter, wie Ava es gewollt hätte, wie Mack es will. Sie hat jetzt nur noch ein Ziel: LeGrand rausbringen. Er soll seine Schwester retten, weil er noch immer eine hat und das schaffen kann.

Schaff LeGrand raus, und was immer danach passiert, wird sie diesmal mit offenen Armen über sich ergehen lassen.

Es ist fast vorbei. Noch zwei Tage, dann kann Linda das Tagebuch ihrer Familie zuklappen und muss es erst in sieben Jahren wieder aufschlagen. Gut, in sechs. Diese Dinge müssen ja weit im Voraus geplant werden, um sicherzugehen, dass alles seine Richtigkeit hat. Dabei sollte sie es eigentlich überhaupt nicht mehr aufschlagen müssen, aber sie wird es tun. Sie weiß, dass es so kommen wird.

Sie tippt mit den manikürten Fingernägeln – die in aggressivem Korallenrot leuchten, das ihrer Meinung nach jugendlich aussieht, ihre Haut jedoch tot wirken lässt – auf den Ledereinband des Buchs ihrer Familie. Wie lange ist es nun schon in ihrem Besitz? Seit wann sorgen die Nicely-Frauen jetzt schon dafür, dass alles läuft? Und vertraut sie wirklich darauf, dass ausgerechnet Chuck Callas ihre Aufgabe übernehmen kann, wenn sie nicht mehr ist?

Sie denkt lieber *wenn sie nicht mehr ist* als *tot* und foppt sich und andere mit Plänen vom Ruhestand in Florida und dass sie all das hinter sich zurücklassen will. Dabei weiß sie genau, dass sie das nicht tun wird. Selbst wenn Chuck nominell ihre Aufgabe übernimmt, wird sie nicht darauf vertrauen, dass er die Sache allein stemmen kann. Dazu ist das alles viel zu wichtig, und das gefällt ihr. Denn so fühlt sie sich ebenfalls wichtig, als würde die Last von Generationen auf ihr ruhen, und sie mag es, dass sie diese Verantwortung von ihren Eltern und deren Eltern übernommen hat. Manchmal malt sie sich aus, wie stolz ihre Großeltern wären, dass sie zwar nicht die verehrten *Callas* waren, die alles in Gang gesetzt hatten, doch ihre Tochter und ihre Enkelin passten auf ihr Geschenk auf.

Das dicke, schwere Tagebuch, weitaus größer als das andere Buch, das gestohlen wurde und nun verloren ist, liegt auf ihrem Tisch neben einem Stapel *Good Housekeeping*-Magazine. Niemand liest es. Schließlich kennt Linda die Geschichten auswendig, die Vertreter der anderen Familien kennen ihren Ruf, und der Rest der Stadt und jeder, der davon lebt, muss sie nicht kennen und will das auch gar nicht. Selbst Lindas Tochter will nichts damit zu tun haben. Das schmerzt sie am meisten – der Mangel an Dankbarkeit und Respekt. Dass ihre Tochter ebenso egoistisch ist wie alle anderen. Dieser Gedanke macht Linda so wütend, dass sie den Band mit der Geschichte ihrer Familie nimmt und in dem besonderen, verborgenen Fach in ihrem Porzellanschrank verstaut. Er ist schließlich ebenso kostbar und weitaus heiliger.

Ihr Walkie-Talkie erwacht knackend zum Leben. Ihr

geht durch den Kopf, dass ihre Tochter sie verspotten würde, weil sie dieses Gerät und kein Smartphone benutzt, aber manchmal ist oldschool einfach besser. Insbesondere, wenn man die Handysignale vorsichtshalber stört. Was sie daran erinnert, dass sie mit Leon Frye sprechen und nachhaken muss, ob er seinen Job macht – oder vielmehr, ob sein Team seinen Job macht – und die Social-Media-Konten der diversen Teilnehmer in den nächsten Wochen betreut und zur Sicherheit aktiv hält. Sie kann nicht darauf vertrauen, dass irgendetwas erledigt wird, dass jeder denkbare Fall abgedeckt ist, wenn sie nicht alles selbst macht.

Dabei hat sie ehrlich gesagt keine Ahnung, wie das Installieren seiner App auf ihren Handys dafür sorgt, dass er all ihre Konten übernehmen kann. Sie weiß nicht mal, was eine App überhaupt ist, doch die Fryes haben es wenigstens geschafft, irgendetwas beizusteuern, das dafür gesorgt hat, dass die letzten Saisons reibungslos verliefen.

Linda hebt das Walkie-Talkie hoch. »Was ist?«

»Drei von ihnen nähern sich dem Zaun«, brummt Chuck am anderen Ende der Leitung. Er steht oben im Mary-Turm, der nach seiner Urgroßmutter benannt wurde.

»Welche drei?«, fragt Linda, dabei ist das nicht weiter wichtig. Es kommt ihr beinahe makaber vor, so neugierig zu sein, aber das sorgt nicht dafür, dass ihr natürlicher Impuls, alles wissen zu müssen, nicht aktiviert wird. Wer ist noch am Leben?

»Ich hab ihre Namen vergessen«, antwortet Chuck, der wütend zu sein scheint. Wie soll er ihre Aufgabe übernehmen, wenn er sich nicht einmal ihre Namen oder ihre Gesichter merken kann? Was für ein Privileg, sie nicht ständig mit sich tragen zu müssen. Was für ein Privileg, den Namen Callas zu tragen, die Nicelys jedoch die eigentliche Arbeit machen zu lassen.

Doch Linda ist stark. Ihr liegt die Sache so sehr am Herzen, dass sie sich jeden Namen merkt, jedes Opfer würdigt. Sie reckt stolz das Kinn in die Luft, da sie weiß, dass sie dem Namen Nicely Ehre macht. »Na, dann schieß halt auf sie, wenn sie zu nahe kommen. Aber ziel auf die Arme oder die Beine.«

»Klar.« Chuck kennt die Regeln. Sie kennen sie alle. Aber wenn sie sie fragen, was sie tun sollen, haben sie das Gefühl, Linda würde die Entscheidungen treffen und nicht etwa sie. Sie befolgen nur Befehle. *Schwach.*

Linda tippt gegen die gläserne Vitrinentür und geht in die Küche, um sich einen Tee zu kochen. Ihre Serie fängt gleich an. Sie ist fest entschlossen, sich wegen des verlorenen Buchs nicht länger den Kopf zu zerbrechen. Es ist ja nicht ihre Schuld, dass Susan es bei sich hatte, als sich Linda um sie gekümmert hat. Außerdem ist es sowieso nur noch ein historisches Dokument. Sie brauchen es nicht. Die Saison kommt und geht, alles läuft wie ein Uhrwerk, mit oder ohne Buch. Sie müssen nur bereit sein, und das sind sie – Linda sei Dank – immer.

Anders als Christian bemerkt Brandon das Summen des Elektrozauns sofort und hebt eine Hand. Sie halten abrupt an, als der erste Schuss in den Baumstamm neben Mack peitscht und Borke wie Schrapnells mit Waldgeruch durch die Luft fliegt. Mack duckt sich und rollt sich unter den nächsten Baum. Brandon steht einfach nur wie erstarrt da und reißt die Augen auf.

Er weiß, dass hier Gewalt ausgeübt wird – das lässt sich nicht leugnen –, aber es ist eine Sache, ein Monster zu sehen, und eine ganz andere, wenn ein Mensch auf einen schießt. Er hatte dreizehn Jahre lang Active-Shooter-Drills in der Schule, bei denen das Verhalten beim Eindringen eines Amokläufers geübt wird, und jetzt kann er nur denken, dass es hier keine Tür gibt, die er zumachen kann. Keinen Schreibtisch, um sich dahinter zu verstecken. Keinen Lehrer, der sich zwischen ihn und die Kugel stellen wird.

LeGrand schubst ihn, und sie hocken sich zu Mack unter den Baum.

»Wollen die uns jetzt einfach umbringen?«, fragt Brandon und kämpft gegen die Tränen an.

»Sie wollen verhindern, dass wir aus dem Park kommen.« LeGrand ist hinter einem Zaun aufgewachsen, der angeblich die Welt auf Abstand halten sollte, in Wirklichkeit jedoch dazu gedacht war, sie am Verlassen des Geländes zu hindern. Und ihn danach daran, es wieder zu betreten.

Mack stimmt ihm zu. Wer immer dafür verantwortlich ist, dass sie hier gelandet sind, will sie offenbar nicht rauslassen, bevor es vorbei ist. Sie steht auf und wischt sich die Holzsplitter von der Wange, die sich in ihre Haut gebohrt haben, wobei winzige Blutspuren zurückbleiben.

Vorsichtig entfernen sich die drei Freunde vom Zaun und halten sich im Schutz der Bäume. Nach einiger Zeit finden sie einen Weg, der tiefer in den Wald hineinführt. Mack tritt ins Freie und wartet auf eine Kugel. Nichts passiert. Da sie nicht länger versuchen hinauszukommen, muss auch niemand mehr etwas dagegen unternehmen.

»Der Zaun stand eindeutig unter Strom.« Brandons Hände zucken, als würde durch ihn ebenfalls Strom pulsieren und ihn antreiben. »Da, wo ich wohne, gibt es sehr viele Farmen.«

»Dann müssen wir einen anderen Weg finden, um LeGrand rauszubringen«, sagt Mack.

»Und was ist, wenn er gewinnt?«, fragt Brandon.

»Ich bezweifle, dass es einen Gewinner geben wird.« LeGrand hört sich nicht übermäßig besorgt an, spricht es aber auch nicht harsch aus. Er geht so sanft mit Brandon um, wie Ava es mit ihm getan hat.

Ava. Ava, Ava, Ava. Mack folgt dem Weg tiefer in den Park hinein.

Brandon ist sichtlich verzweifelt, und seine Stimme wird schriller. »Nein, das haben sie gesagt. Es wird einen Gewinner geben. Der Gewinner kann gehen. Wir müssen nur dafür sorgen, dass LeGrand gewinnt. So machen wir das. Nicht wahr, Mack? Oder etwa nicht?«

Mack nickt. Möglicherweise gibt es in der Tat einen Gewinner. Und Linda hat es nur unterlassen, sie über den permanenten Preis dafür, hier wieder rauszukommen, aufzuklären.

Ava.

Sie will Ava wiedersehen.

Mack reibt sich die Augen, die vor Erschöpfung oder aufgrund der Baumschrapnelle ganz trocken sind – sie kennt den Grund nicht und will ihn auch gar nicht wissen. »Wir sorgen also dafür, dass LeGrand gewinnt, und versuchen in der Zwischenzeit, einen Weg nach draußen zu finden.«

»Nein, immer schön eins nach dem anderen.« Brandon sieht sich verwirrt um, als würde er seine Umgebung zum ersten Mal wirklich wahrnehmen. Mit weit aufgerissenen Augen, entweder vor Erstaunen oder Entsetzen, betrachtet er die hoch aufragenden Bäume, die alles überwuchernden Schlingpflanzen, die verrosteten Überreste eines Achterbahnwagens für Kinder, der allein und verlassen mitten auf dem Weg vor ihnen steht. »Zuerst einmal suchen wir Jaden.«

»Ich weiß, wo er ist.« LeGrand dreht sich um und geht einen anderen Weg entlang.

»Erzähl uns von deiner Schwester«, verlangt Brandon. Er wirkt distanziert und unkonzentriert, hält aber mit ihnen Schritt.

»Sie ist … sie …« LeGrand ringt nach Worten. Almera hat bei der Geburt nicht genug Sauerstoff bekommen und wäre beinahe gestorben, weil seine Mutter nicht ins Krankenhaus gehen konnte und nur die Hilfe der anderen Frauen bekam. Er hatte einmal gehört, dass Almera eigentlich vollkommen gesund sein könnte, und es macht ihn traurig, das zu denken. Er trauert um die Almera, die hätte sein können, wenn sein Vater eine richtige medizinische Behandlung erlaubt hätte. Und es betrübt ihn, auch nur darüber nachzudenken, weil ihm ist, als würde er dadurch die Almera betrügen, die heute lebt, diesen wunderbaren Sonnenschein voller Glück, wenn er sich wünscht, sie könnte jemand anderes sein.

Alle sagten seiner Mutter und ihm immer, was für ein Glück Almera hatte. Sie war zu keiner Sünde fähig. Ihr stand der höchste Grad der Glorie bevor. Sie taten das Mädchen ab, das auf der Erde lebte, und konzentrierten sich auf das, was sie danach sein würde.

Aber das Mädchen auf der Erde ist eins, das leidet und sich nicht selbst helfen kann. Sie ist ein Mädchen, das leidet, sich nicht selbst helfen kann und auf einem Gelände eingesperrt ist, wo ihr auch niemand helfen wird, weil sie bereits erlöst ist, und was macht ein bisschen Leid in der Zwischenzeit schon für einen Unterschied?

Wenn Almera so oder so erlöst ist, warum muss sie dann leiden, um die Regeln ihres Vaters, des Propheten, zu befolgen?

»Sie mag die Farbe Gelb und Seifenblasen«, wiederholt LeGrand. »Sie ist dreizehn und kann weder sprechen noch laufen.« Wie soll er die einzige Person, von der er glaubte, dass sie ihn geliebt hat, noch zusammenfassen? »Sie ist nicht besonders schwer. Ihr werdet sie tragen können. Brecht nachts ein. Das Haus meiner Mutter steht in der Südostecke des Geländes. Steigt dort über die Mauer. Ihr werdet wissen, dass ihr das richtige Haus gefunden habt, wenn ihr eine Schubkarre im Gemüsekarren seht, die innen gepolstert ist, damit man Almera damit herumfahren kann. Der Waffenschuppen steht ganz in der Nähe, daher könnt ihr euch ein paar Waffen besorgen, bevor ihr ins Haus geht.«

Brandon stolpert, aber Mack nickt und meint: »Aber du wirst sie da rausholen.« Sie will LeGrand wissen lassen, dass sie ihm zuhört, hat jedoch nicht die Absicht, irgendetwas davon zu tun. Das wird LeGrand machen. Dafür wird sie schon sorgen.

»Ich werde sie holen«, bestätigt LeGrand leise. Er biegt auf einen anderen Weg ab, was beinahe willkürlich wirkt.

»Woher weißt du, wo Jaden ist?«, erkundigt sich Mack.

»Er muss in der Richtung sein, aus der die andere Ava gekommen ist.«

Mack spürt Schuldgefühle und Traurigkeit in sich aufsteigen. Sie hat rein gar nicht um die schöne Ava getrauert, weil LeGrand recht hat: Sie war die *andere* Ava. Nicht die Ava, die etwas bedeutet.

All diese Menschen, die hier eingesperrt sind, und keiner von ihnen bedeutet Mack etwas. Sie hat versucht, sich ihre Namen nicht einzuprägen. Sie hat einige von ihnen wie Feinde behandelt, dabei wollten sie doch alle nur gewinnen. Jetzt sind sie tot. Bald wird sie es ebenfalls sein, und keiner wird sich an ihren Namen erinnern. Und das ist okay. Das ist es, was sie verdient und mehr oder weniger auch das, was sie vom Leben erwartet und will. Sie möchte verschwinden. Sie hat darauf gehofft, zu Lebzeiten zu verschwinden, aber irgendetwas an alldem wirkt unausweichlich. Das Ende eines Spiels, das vor so vielen Jahren begonnen hat, als sie sich an Maddies Platz versteckte.

Es war immer vorhergesehen, dass sie von etwas Entsetzlichem gefunden wird.

LeGrand legt ihr eine Hand an den Ellbogen, um sie auf einen schmalen, gut versteckten Weg zu führen, der von dem abzweigt, auf dem sie sich befinden. Er wird sich an sie erinnern. Und auch an Ava. Er wird sich an sie alle erinnern, davon geht sie felsenfest aus. Genau wie Brandon.

»Die Richtung, aus der sie gekommen ist?« Brandon starrt nach oben zur Sonne, die zwischen den Baumwipfeln zu erkennen ist. Ein riesiger Clownskopf, der einst bunt bemalt gewesen sein muss, nun aber rissig und dreckig ist und keine Nase mehr hat, blickt mit weit offenem Mund auf sie herab, was einer beunruhigenden Einladung gleicht.

»Ein Fahrgeschäft«, sagt LeGrand. »Ich habe gesehen, dass sich Jaden am ersten Tag hier versteckt hat. Das ist eine gute Stelle.«

»Was ist das für ein Fahrgeschäft?«, will Mack wissen.

LeGrand zuckt mit den Achseln. »Keine Ahnung. An so einem Ort war ich vorher noch nie.«

»An so einem Ort war noch keiner.« Brandon lacht auf. Es klingt gebrochen, klafft auf, eine Einladung ähnlich der des Clowns hinter ihnen, die einen auffordert, die Dunkelheit im Inneren zu erforschen. »Ich wollte immer nach Disneyland. Oder nach Lagoon in Utah. Wart ihr schon mal da? Aber mein Dad wollte bei seinen Besuchen nie mit mir hinfahren. Wir sind immer nur einmal im Jahr angeln gegangen. Manchmal nicht mal das. Ich wüsste zu gern, ob er mit Ray verwandt ist.«

»Mit wem?« Mack kann Brandons Gedankengang nicht folgen. Vielleicht gibt es auch gar kein Ziel, und seine Gedanken springen wild hin und her, genau wie ihre.

»Mit Ray, aus dem Diner. Sein Nachname ist Callas. Genau wie bei meinem Dad. Ich hielt es für einen seltsamen Zufall, aber er wollte nicht darüber reden.« Brandon verlangsamt die Schritte und bleibt vor den Schienen einer Miniaturachterbahn stehen. Mehrere Wagen in Käferform stehen dort zur Abfahrt bereit. Darin befinden sich die Überreste der Jahreszeiten mehrerer Jahrzehnte, Laubschichten, die von Grün zu Braun, zu einem feinen Blattpulver am Boden übergehen, und schwarzes Wasser schwappt dort herum, wo die winzigen Füße baumeln würden.

Brandon steckt die Hände in die Hosentaschen, geht weiter und holt LeGrand ein. Er führt seinen Gedankengang fort, der Fahrt aufnimmt, als wäre der Triebwagen in Brand geraten. »Jaden ist für ihren Tod verantwortlich. Für Avas. Für den beider Avas. Und auch für Sydneys.«

»Das wusste er nicht.« Mack würde Jaden nur zu gern die Schuld daran geben, aber er glaubte, es wäre ein Spiel. Er hat einfach nur gespielt.

Andererseits wusste sie Bescheid. Genau wie sie damals wusste, dass es bei dem Versteckspiel mit ihrem Vater um mehr ging als nur ums Gewinnen oder Verlieren, als sie Maddies Versteck für sich beanspruchte. Es schwang in seiner Stimme mit. Sie mochte das Lachen ihrer Mutter vergessen haben, aber nicht seine Stimme aus jener Nacht.

Oftmals tun Menschen, als wäre alles in Ordnung, selbst wenn sie die Wahrheit spüren können, weil sie schlichtweg zu große Angst vor dem haben, was es bedeutet, dem Entsetzen direkt ins Gesicht zu sehen, das Verkehrte wahrzunehmen, sich der Wahrheit in all ihrer grässlichen Pracht zu stellen. Wie kleine Kinder, die Verstecken spielen. Wenn sie das Monster nicht sehen können, kann es sie auch nicht fressen. Dabei kann es das. Es konnte es schon immer. Und während man nicht hinsieht, frisst es alle um einen herum.

Mack wusste es damals, so wie sie es heute weiß. Und wenn Mack Schuld am Tod ihrer Schwester hat, dann ist

Jaden für den Tod von wenigstens drei Frauen in diesem Park verantwortlich.

Und Mack ist schuldig, oder nicht?

»Hier«, sagt LeGrand. Sie sind lange genug marschiert. Inzwischen sind sie weit vom Zaun und der dort wartenden Waffe entfernt. Wird der gesamte Zaun bewacht? Höchstwahrscheinlich. Die Chancen, dass nur an genau der Stelle, an der sie aufgetaucht sind, eine Wache steht, sind äußerst gering. LeGrand fragt sich, wie sie sich auf die andere Seite schleichen wollen und warum sie Zeit mit Jaden vergeuden, aber Mack wollte nach Ava sehen, und Brandon will Jaden finden. Was soll er da noch widersprechen?

Sie blicken alle zu der skelettartigen Struktur hinauf, zu der LeGrand sie geführt hat. Die Ketten des Karussells hängen schwer herunter, nichts schwingt, nichts bewegt sich. Das ist vermutlich das Beunruhigendste daran. Ein Karussell, das für Bewegung und Freude gebaut wurde, verrostet und zerfällt zu nichts.

»Er ist da oben?« Brandon späht mit zusammengekniffenen Augen hinauf. »Wie geht denn das?«

»Er ist an den Ketten hochgeklettert.« LeGrand sieht ebenfalls hoch. Er kann gut auf Bäume klettern, aber das hier ist etwas anderes. Mack wird es ganz bestimmt nicht schaffen. Das ist nicht zu vergleichen mit dem Erklimmen des Wasserboilers und dem Klettern auf die Dachbalken. Brandon packt eine der Ketten, und die ganze Struktur bebt und stöhnt metallisch, als er ein Stück hinaufklettert, bevor er aufgibt und zurück auf den Boden springt.

»Dann warten wir darauf, dass es dunkel wird? Dass er runterkommt?«, fragt LeGrand. »Müssen wir denn auf ihn warten?« Sie vergeuden Zeit, und LeGrand möchte nicht unhöflich sein, möchte sie nicht drängen, aber sie haben nur diesen Tag und diese Nacht, bevor der Morgen anbricht und der Zähler zurückgesetzt wird.

»Nein«, antwortet Brandon, und seine Stimme klingt irgendwie anders und seltsam, fast schon verträumt und leer. Vielleicht ist sein Gedankengang endlich beendet. »Nein, wir können nicht warten.«

Brandons Vater hatte eine andere Familie.

Grammy glaubte daran, dass man immer die Wahrheit sagen sollte, daher hat sie Brandon nie angelogen. Seine Mutter war ein Teenager und hatte die Schule abgebrochen, und sein Vater besuchte sie jedes Mal, wenn er sich beruflich in der Gegend aufhielt. Als sie schwanger wurde, bestand Brandons Vater darauf, dass sie das Kind zur Welt brachte. Sie glaubte natürlich, das würde bedeuten, dass er sie liebte und mit ihr eine Familie gründen wollte. Grammy war anderer Meinung. Sie wusste, dass Männer wie er mit einem Mädchen wie ihrer Tochter keine Familie gründeten.

Aber Brandons Mutter sah es als Neuanfang. Als Beginn eines neuen Lebens. Sie behielt das Baby und suchte sich einen Job an der örtlichen Tankstelle, um sich die Zeit zu vertreiben, bis ihre wahre Liebe seine andere Familie verließ und zu ihnen zog.

Was er selbstverständlich nie getan hat. Allerdings besuchte er sie, blieb über sie auf dem Laufenden und kam oft genug vorbei, sodass sie nie eine neue Beziehung finden konnte, nie die Hoffnung aufgab, doch irgendwann mit ihm zusammenzuleben.

Brandon war sechs, als sie starb. Er tat es ihr gleich und stellte sich wie sie auf unendliches Warten ein. Sein Vater besuchte ihn einmal pro Jahr, verbrachte einen Tag mit ihm und verschwand wieder. Brandon lebte für diese Besuche.

In der Zwischenzeit hatte er Grammy. Eine freundliche, praktisch veranlagte Frau, die auf einer Farm aufgewachsen und so direkt war wie die Geräte, mit denen ihre Familie die Kartoffeln erntete.

Als Brandon zwölf war und nach einem Angeltag mit seinem Dad auf der Türschwelle seiner Großmutter abgesetzt wurde, tief betrübt, weil er wusste, dass es wenigstens ein Jahr dauern würde, bis er die nächsten wenigen schönen Stunden mit seinem Vater verbringen durfte, tätschelte Grammy seine Schulter.

»Er liebt dich nicht«, sagte sie schlicht. »Er hat auch deine Mutter nicht geliebt, und ich möchte nicht, dass du dein ganzes Leben auf etwas wartest, das er dir nie geben kann. Für Männer wie ihn sind andere Menschen nichts als Gegenstände. Darum kann er dich hochheben und ebenso leicht wieder fallen lassen. Aber du bist kein Gegenstand, Brandon. Du bist wunderbar, und wenn er das nicht erkennen kann, dann stimmt mit ihm etwas nicht. Nicht mit dir. Vergiss das nie.«

Ihre Worte hatten ihn schwer getroffen. Brandon lief weinend auf sein Zimmer, doch als er all seine Tränen vergossen hatte, fühlte er sich … erleichtert. Als wäre ihm eine Last von den Schultern genommen worden. Er musste nicht versuchen, seinen Dad zum Bleiben zu bewegen, musste sich seine Liebe nicht verdienen, weil das gar nicht möglich war.

Und so ging Brandon weiter zur Schule und bekam schlechte Noten, weil sein Gehirn mit schulischen Dingen nicht gut zurechtkam. Er übernahm den alten Job seiner Mom bei der Tankstelle, sah abends mit Grammy fern, und das war wirklich okay, denn er musste rein gar nichts tun, um sich ihre Liebe zu verdienen. Sie schenkte sie ihm einfach. Selbst nach ihrem Tod war ihm noch die Erinnerung daran geblieben. Doch das reichte nicht ganz, und als ihn sein Vater anrief, konnte er einfach nicht anders, als dieser alten Verlockung des Glücks nachzugehen, diesem alten Hoffnungsfunken.

Der Haken wurde ins Wasser geworfen, und er biss an.

Und durch diesen Anruf weiß Brandon etwas, das LeGrand, Mack und Jaden nicht wissen.

Er weiß ganz genau, woher diese Einladung zum Wettbewerb kam.

Brandon begreift durchaus, dass Jaden nicht sein Vater ist. Auf gewisser Ebene ist das offensichtlich. Aber Jaden hat andere reingelegt, die aus diesem Grund gestorben sind. Sydney, vielleicht Rebecca und eindeutig die hübsche Ava und seine Freundin Ava.

Seine Freundin Ava, die ihn geliebt hat. Und Jaden wird auch Mack und LeGrand sterben lassen, ohne dass es ihn groß schert, weil sie für ihn alle nur Gegenstände sind.

Zum ersten Mal in seinem Leben fühlt sich Brandon tatsächlich so, als hätte sich seine Grammy vor all den Jahren geirrt. Brandon ist ein Gegenstand, der benutzt und weggelegt werden kann, mehr nicht. Der am endgültigen Ort landet, an dem alle unerwünschten Dinge irgendwann weggeworfen werden. Er ist mit dem Teufel gefangen, seine Freunde sterben, und er kann einfach nicht … kann nicht … kann nicht …

Er kann es nicht.

Daher springt er hoch, packt eine der Ketten und fängt an zu klettern.

Er klettert für Ava. Für Mack und LeGrand. Für seine Träume von Mitbewohnern und Pizzapartys und einem gemeinsamen Leben. Und unerklärlicherweise schafft es der freundlichste Tankwart von Pocatello, Idaho, der nie einen Fuß in ein Fitnessstudio gesetzt hat, an der Kette bis ganz nach oben zu klettern. Er müht sich ab, um Halt zu finden, und wo ein normaler Mensch Angst vor dem Absturz gehabt hätte, bleibt er ruhig, bis er an der runden Plattform über sich einen Vorsprung entdeckt, der ausreicht, um das Bein hinaufzuschwingen und sich auf die Oberseite hochzuziehen.

»Was soll denn der Scheiß?«, faucht Jaden, der in Embryohaltung in der Mitte kauert, schwitzend, von der Sonne verbrannt und in Sicherheit. Er geht auf alle viere und verzieht das puterrote Gesicht vor Zorn.

»Du hast sie getötet.« Brandon dreht den Kopf zur Seite und starrt Jaden an. Doch er nimmt ihn gar nicht wirklich wahr, sondern sieht ein weißes Lächeln und einen Schluck Bier, einen Köder, der ins Wasser fliegt.

»Was redest du denn das? Wieso bist du hier oben? Das ist mein Versteck!« Jaden schafft es nicht, in dieser Position eine bedrohliche Haltung einzunehmen, ohne aufzustehen. Unbeholfen hockt er da und balanciert auf den Fußballen.

Brandon blickt nach oben. Sie sind hoch genug, um sich über den Baumkronen zu befinden, und weiter oben gibt es nichts als Himmel. Den klaren Himmel, so blau, dass seine Augen tränen und alles verschwimmt. Es ist ein schönes Blau. Ein gutes Blau. Ein aufrichtiges Blau.

Er schließt die Augen, weil ihn das Leuchten blendet. In der Welt gibt es Monster, richtige Monster. Seine Freunde sterben. Sie werden alle sterben. Und sein Vater wusste, was passieren würde, davon ist er überzeugt, und wenn Mack und LeGrand tot sind, gibt es auf der ganzen Welt niemanden mehr, dem etwas an ihm liegt. Aber wenn einer von ihnen gewinnt, dann hat Brandon in gewisser Hinsicht doch ebenfalls gewonnen, oder nicht?

Das herbeizuführen ist das Mindeste, was er tun kann. Das Einzige, was er tun kann. Das Einzige, das in einer durch und durch kaputten Welt überhaupt Sinn ergibt.

»Du hast sie getötet«, wiederholt Brandon und schlägt die Augen auf. »Da draußen läuft ein Monster herum, und du hast beide Avas getötet.«

»Jetzt sei kein Idiot.« Jaden schnaubt. »Hat dich diese Schlampe dazu angestiftet? Hör mal, das ist nur ein Spiel, und wenn sie ausgeschieden sind, dann …«

Brandon packt Jadens Fußknöchel. Jaden, der vor ihm kauerte, verliert das Gleichgewicht, und als er wankt, rollt sich Brandon zur Seite und nutzt Jadens Schwung, um ihn von der Plattform zu schleudern.

»Eins«, ruft Brandon seinen Freunden zu.

Jeden Tag scheiden zwei Personen aus. Das gilt auch für morgen, und das werden nicht Mack und LeGrand sein. Dafür kann er sorgen. Denn er ist nicht nur ein Gegenstand. Das ist keiner von ihnen. Er ist ein Mensch, wie seine Großmutter es ihm beigebracht hat. Ein gütiger Mensch und ein guter Freund. Er will nicht in einer Welt leben, in der er ein Gegenstand oder ein schlechter Freund ist oder in der es wirklich Monster gibt.

Brandon steht auf und holt tief Luft. Er tritt an den Rand und blickt nach unten. Mack und LeGrand rufen und winken. Er winkt ihnen zu und schaut ein letztes Mal lange zum perfekten blauen Himmel hinauf.

»Zwei«, sagt er laut genug, damit sie es hören können, und tritt von der Plattform.

Mack blickt auf den Schlamassel hinab. Es kommt ihr herzlos vor, die beiden Menschen – einen, den sie gemocht hat, und einen zweiten, den sie nicht leiden konnte – als Schlamassel anzusehen, aber anders lässt es sich nicht beschreiben. Möglicherweise ist in ihr auch etwas zerbrochen, doch sie wendet den Blick nicht ab. Es kommt ihr wichtig vor, es zu bezeugen.

Brandon ist offensichtlich tot. Er hat sich im Fallen gedreht und beim Aufprall den Hals gebrochen. Sie begreift einfach nicht, warum er es getan hat.

»Zwei pro Tag«, löst LeGrand das Rätsel für sie. Er sieht

sich den Schlamassel nicht an, sondern blickt aufmerksam zu den Bäumen hinüber.

»Er sorgt dafür, dass sie leicht zu finden sind.« Endlich schließt Mack die Augen und muss Brandons leeren Blick nicht länger ertragen. »Er verschafft uns einen weiteren Tag.« Sie weiß, dass sie in der Gegenwartsform von ihm spricht, als wäre er nicht bereits und für immer Vergangenheit. Aber es ist besser, so an ihn zu denken, als würde er dieses Spiel noch immer spielen, es für seine Freunde spielen, als wäre er weiterhin derselbe liebe Mann, der drei Fremden angeboten hat, zu ihm zu ziehen, nur weil er ein Haus besitzt und in der Lage ist, ihnen zu helfen.

Auch jetzt hat er einen Weg gefunden, ihnen zu helfen. So etwas hätte sie nie von ihm verlangt. Und sie hätte es auch nicht für andere getan. Sie weiß mit Sicherheit, dass der Tod auf sie wartet. Er ist längst überfällig. Aber sie wird zulassen, dass er sie findet, ihm jedoch nicht entgegeneilen.

Außerdem muss sie noch einen Weg finden, wie LeGrand gewinnen kann. Dank Brandon bleibt ihr dafür nun ein weiterer Tag.

Ein schreckliches Gurgeln bewirkt, dass sie die Augen aufreißt und das Chaos aus Knochen, aufgebrochener Haut und herausströmendem Blut ansieht, das einst Jaden war. Das noch immer Jaden ist. Er ist nicht tot. Seine Finger zucken, während er sich in den Boden krallt, mit welchem Ziel auch immer. Blutblasen quellen aus seinem Mund, und Mack ist sich sicher, dass das einen medizinischen Grund haben muss, den sie allerdings nicht benennen kann.

»Verdammt«, flüstert sie. Denn Jaden hat ihrer Ava den Tod gebracht, wenngleich unwissentlich. Nicht mit Absicht. Und selbst wenn es so gewesen wäre, scheint das hier grausamer zu sein, als es das Universum zulassen dürfte. In diesem Zustand wird er wohl kaum den nächsten Tag erleben. Es besteht keinerlei Hoffnung, dass Hilfe kommt, dass er gerettet wird. Dass sich ein Arzt seiner annimmt. Selbst wenn, glaubt sie kaum, dass es einen Unterschied machen würde.

Mack mustert LeGrand, der ebenso entsetzt wirkt. Jaden stöhnt inzwischen vor Schmerzen.

Wenn sie es laut ausspricht, bittet sie um Erlaubnis, das ist Mack bewusst. Und sie sollte LeGrand nicht zu ihrem Komplizen machen. Er muss schließlich hier rauskommen und seine Schwester retten. Dafür muss er unversehrt bleiben. Bei Mack sieht die Sache anders aus, und außerdem gilt das für sie doch schon sehr lange nicht mehr, oder?

Sie sucht am Boden nach einem großen Stein. Überall liegen kleinere Steine und nicht identifizierbarer Müll herum, doch sie entdeckt nichts, das so schwer ist, wie sie es haben möchte. Wahrscheinlich muss sie zu einem der Abschnitte, an denen die Mauer eingestürzt ist, und sich dort einen Steinbrocken besorgen. »Geh zwischen die Bäume«, fordert sie LeGrand auf. »Ich bin gleich bei dir.«

»Mack«, sagt LeGrand.

Sie will sich nicht mit ihm streiten. Das ist die einzige Freundlichkeit, die sie Jaden gegenüber zeigen kann, die einzige …

»Mack!« Diesmal schwingt eine leise Warnung in LeGrands Stimme mit, eine Angst, die sie erstarren lässt.

Da hört sie es ebenfalls. Leise Schritte, die sich ihnen nähern, das langsame, tiefe Einatmen eines Wesens. Von etwas, das einem Geruch folgt. LeGrand weicht zurück, verschmilzt mit den Bäumen, und Mack sieht den leidenden Jaden an. Dann macht sie einen Schritt nach hinten, einen zweiten und einen dritten, ohne den Blick von dem Weg abzuwenden, auf dem sie hergekommen sind.

Der ummauerte Weg krümmt sich und lässt sich nicht

sehr weit einsehen. Aber die Geräusche kommen näher, und sie fragt sich, wie sie je auf die Idee kommen konnte, sie hätten es mit einer Person oder auch nur mit einem Tier zu tun. Sie weicht noch einen Schritt zurück.

Einen weiteren.

Und den nächsten.

Sie sollte wegrennen, aber sie kann nicht mehr tun, als im Schneckentempo rückwärtszugehen und auf die Schritte zu lauschen, die immer näher kommen. Ein Schritt vor, ein Schritt zurück, eine präzise Choreografie.

Dann taucht ihr Tanzpartner auf.

»Oh«, haucht Mack, denn sobald sie sieht, was da auf sie zukommt, begreift sie, womit sie gerechnet hat. Sie hat erwartet, einen Menschen zu sehen. Und zwar nicht irgendeinen. Ein Teil von ihr ging fest davon aus, dass ihr Vater um diese Kurve kommen würde, mit dem Messer in der Hand, die schmalen Lippen grimmig aufeinandergepresst, die Augen leer und emotionslos, hier, um ihr endlich den Rest zu geben.

Daher kann sie nicht verstehen, was ihr da tatsächlich gegenübersteht.

Sie verharrt und beobachtet, wie es langsam näher kommt, den Kopf von einer Seite zur anderen bewegt, während das feuchte Schnüffeln weitergeht, die flache, breite Schnauze suchend zuckt, die beiden tränenförmigen Nasenlöcher beben. Darüber, wo sich vielleicht einst Augen befunden haben, ist nun ein Flickwerk aus schlecht verheilten Narben, die rosa und grau aussehen und eine Geschichte der Gewalt erzählen.

Gewalt liegt auch in seinen Händen, die beinahe menschlich, aber doch zu groß sind, jeder Finger ein stumpfes, dickes Instrument, das in einer zackigen, abgebrochenen, mit verkrustetem Blut bedeckten Klaue endet.

Das Blut fesselt Macks Blick. Ist das das Letzte von Ava,

ihrer Ava, eine Kruste aus getrocknetem Blut an den Klauen dieses Monsters?

Es bleibt stehen und schwingt den Kopf hin und her. Seine Nasenflügel öffnen sich noch weiter, als es tief einatmet. Ihr Blick wandert nach oben zu den gewaltigen Hörnern, die aus seinem Kopf ragen, fünf an der Zahl, fast elegant im Vergleich zum Rest. An der Basis, wo sie an den Schädel grenzen, sind sie grau, um sich dann nach oben zu schwingen und in weißen Spitzen zu enden, die sich an einem Punkt etwa fünfzig Zentimeter über dem Schädel beinahe treffen.

Elfenbein, denkt sie und erinnert sich an einen Naturfilm, den Maddie und sie mal über Wilderer gesehen haben. Sie mussten dabei beide derart bitterlich weinen, dass ihre Mutter angelaufen kam und den Fernseher ausschaltete, um danach mit ihnen zu schimpfen. Mack hat nie verstanden, warum sie Ärger bekam, weil sie die Grausamkeit der Welt traurig machte.

Möglicherweise hatte ihre Mutter selbst da schon gewusst, wie ihr Schicksal aussah, was ihre beiden Töchter erwartete, und wollte sie nur so lange wie möglich davor beschützen. Sie in Bezug auf das, was auf der Welt passieren konnte, anlügen. Aber der Schutz ihrer Mutter und nicht einmal ihr Körper hatten ausgereicht, um die sich anbahnende Gewalt aufzuhalten.

Ein in einem Huf endendes Bein gleitet vor, ein langer Speichelfaden fällt wie in Zeitlupe aus dem Maul des Monsters auf das verfilzte, dreckige Haar auf seiner Brust.

Eine Hand legt sich auf Macks Schulter und zerrt sie nach hinten. Das Monster, das unverhofft reagiert, stürzt mit erstaunlicher Geschwindigkeit vor. Doch es bleibt vor Jadens keuchenden Überresten stehen, die Brandon zu diesem Zweck dort zurückgelassen hat.

Seine Bewegungen wirken merkwürdig sanft, glatt und gelassen, als es die Arme nach unten ausstreckt und

Jadens zerschmetterten Körper aufhebt, um ihn vor seinen Mund zu führen.

Mack kann es beinahe sehen – in diesem Mund, diesem klaffenden Schlund, sind keine Zähne, da sind …

LeGrand zerrt sie so fest nach hinten, dass sie fast das Gleichgewicht verliert. Das reicht aus, um sie aus ihrer Verzückung zu befreien, und sie reißt sich zusammen, rennt durch das Unterholz und springt über umgestürzte Bäume, geleitet von LeGrand. Die Geräusche des Todes verklingen hinter ihnen.

Jetzt versteht sie, warum Brandon gesprungen ist. Sie weiß, dass sie ihr Leben allein der Tatsache verdankt, dass Jaden zwischen ihr und dem Monster gelegen hat.

Aber …

»Drei.« Sie nimmt LeGrands Arm. Jetzt weiß sie, wo sie sich befinden, und sie zeigt in die Richtung, in der das Spalier über dem Autoscooter zu finden ist. Von dort oben können sie sehen und hören, was hinter ihnen her ist.

LeGrand nickt mit finsterer Miene.

Drei. Das bedeutet, dass ihre Sicherheit, ihre Vorstellung, es müssten nur zwei pro Tag gehen, falsch ist. Es könnte und wird vermutlich auch als Nächstes auf sie losgehen. Möglicherweise hat es sich nur zwei am Tag geholt, weil es nicht mehr finden konnte.

»Vier«, korrigiert LeGrand sie leise. Denn das Monster wird garantiert nicht bei Jaden aufhören.

Mack ist heilfroh, dass Brandon bereits tot ist. Er wusste, was hinter ihnen her ist, und hat entschieden, diese Welt zu verlassen. Sie trifft ebenfalls eine Entscheidung. Sie wird LeGrand hier heraushelfen, und dann wird sie ihr erstes Versteck aufsuchen – die Stelle, an der Ava neben ihr geschlafen hat, an der Ava ihr vertraut hat, an der sich Mack an Maddie und ihr absurdes Garnentchen erinnert hat –, sich auf den Boden setzen und warten.

»Da.« Mack zeigt erneut nach vorn. Das Spalier liegt direkt vor ihnen. LeGrand klettert zuerst rauf und hilft ihr dann nach oben. Sie legen sich flach auf den Bauch und pressen die Nasen mit rasendem Herzen in den Efeu.

Jetzt hat sie es also gesehen. Sie weiß, was da draußen ist. Es ergibt ebenso wenig Sinn wie zuvor, aber nun kann sie zumindest vom Horror – der Angst vor dem Unbekannten – zum Grauen – der Furcht vor dem Bekannten – übergehen. Das Grauen ist zu diesem Zeitpunkt fast schön tröstlich und gleicht einem alten Freund.

»Wir warten, bis es dunkel wird«, flüstert sie. »Dann gehen wir zum Zaun.«

»Und was ist mit dem Strom und den Wachen?«

»Vielleicht finden wir einen Baum, der auf die andere Seite ragt, und du kannst raufklettern. Ich lenke die Wachen ab.«

Das ist kein besonders guter Plan, und sie kann tief in ihrem Inneren spüren, wie hoffnungslos ihre Lage ist, aber sie muss ein Ziel haben, einen Fokus, an etwas anderes denken als an dieses blinde Gesicht, das das Letzte gewesen sein muss, was Ava gesehen hat. Dessen Klauen sie als Letztes spürte.

»Du kommst hier raus«, fügt sie leise hinzu.

LeGrand nickt, und der Efeu unter ihm bebt. »Wir können es beide schaffen.«

Doch Mack weiß, dass ihr das nicht gelingen wird. Das war nie so vorgesehen. Diese Gewissheit macht sich in ihr breit, und sie spürt, wie sich ihr Herzschlag beruhigt und verlangsamt, als sich so etwas wie Frieden über sie legt.

Sie werden bis zur Nacht warten, LeGrand wird entkommen, und Mack wird schließlich dasselbe Schicksal erleiden wie die einzigen Menschen, die sie je geliebt hat. Der Tod wird sie sich holen, und endlich wird sie nicht mehr die sein, die zurückgelassen wurde und die sich allein im Dunkeln versteckt.

LeGrand gibt neben Mack eine völlig andere Präsenz ab als Ava. Ihr Körper war irgendwie gleichzeitig vertraut und aufregend, tröstlich und verlockend. LeGrand ... nimmt einfach nur Raum ein.

Es ist später Nachmittag, und Mack spürt das langsame Wandern der Sonne über den Himmel bis tief in die Seele. Die Wartezeit ist entsetzlich, und die Tatsache, dass sie sich beim Warten langweilt, macht das Ganze nur noch grausamer. Das Grauen sollte nicht langweilig sein, keine zähe Plackerei über endlose leere Stunden darstellen, sondern unverhofft, schnell und endgültig über einen kommen.

Vielleicht war Maddie ja in der Tat die Glücklichere. Für sie war es schnell vorbei, während Mack das Grauen seit so vielen Jahren erlebt. Doch nun ist das Ende beinahe erreicht. Sie hat es fast geschafft.

LeGrand umklammert ihren Arm, und seine festen Finger sind eine Warnung. Das ist nicht einmal notwendig. Sie hört es ebenfalls.

Sie drücken beide die Gesichter gegen das Spalier und finden eine Stelle, an der sie hindurchspähen können, liegen jedoch nicht weit genug am Rand. Daher blicken sie nur direkt nach unten auf den gerissenen, verzogenen Zement hinab. Was immer sich da nähert, ist nicht mehr fern. Anscheinend reichen ihm auch vier an einem Tag nicht aus. Vielleicht will das Monster die Angelegenheit auch hinter sich bringen. Mack kann es ihm nicht verdenken.

»Wir springen runter«, wispert Mack. »Ich lenke es ab, und du rennst weg.«

LeGrand kneift die wässrigen blauen Augen – weder durchdringend noch schön, eher dumpfe Augen in einem dumpfen Gesicht, von denen sie hofft, dass sie seine Schwester wiedersehen werden – zu, als würde er darüber nachdenken, ihr zu widersprechen.

»Almera«, ruft Mack ihm ins Gedächtnis. Er gibt nach und nickt knapp.

Das Rascheln von Laub gibt ihnen zu verstehen, wo sich das Monster in etwa befindet. »Auf drei«, flüstert Mack und ist selbst erstaunt, wie ruhig sie bleibt, wie stetig ihr Herz schlägt. Ein Lächeln stiehlt sich auf ihre Lippen, und sie weiß, dass es absurd ist, kann jedoch nicht anders. Eckstein, Eckstein, alles muss versteckt sein, und das ist nicht der Sieg, mit dem sie gerechnet, die Freiheit, die sie sich erhofft hat, aber gleicht es nicht trotzdem einer gewissen Freiheit?

»Eins ... zwei ... drei.« Sie rollt sich herum und lässt sich über den Rand des Spaliers fallen, um sich dann festzuhalten und sanft auf dem Boden aufzukommen. Ihre Fußknöchel absorbieren den Aufprall unter Protesten, aber sie braucht sie auch nicht mehr viel länger. LeGrand landet schwer neben ihr und rennt unverzüglich los. Mack dreht sich um und will sich ihrem Schicksal stellen.

Ihr Fuß erstarrt, bevor sie einen Schritt machen kann. Ihr Blick fällt auf das Gewehr. Sie bringt es nicht über sich, in das Gesicht vor sich zu sehen, kann es nicht so recht akzeptieren.

»Du bist tot«, flüstert Mack.

Als sie Mack anstarrt, möchte Ava ihr von den letzten Stunden erzählen. Sie möchte es erklären. Doch sie kann sich nur erinnern, denn selbst dabei jagen ihr so viele Fragen durch den Kopf, dass sie das unmöglich in Worte fassen kann.

Der Tod hatte die Arme nach Ava ausgestreckt, unverkennbar, unsichtbar, ein Rätsel und ein Gestank.

Während die andere Ava vom Nichts verschlungen wurde, hat Ava vor Wut und Trotz geschrien, weil dies ausgerechnet jetzt passiert, jetzt, da sie endlich wieder einen Grund zu hoffen hatte, wo es in dieser verdammten Welt endlich wieder etwas gab, das ihr etwas bedeutet.

Sie schwang das Rohr und traf auf nichts.

Sie drehte sich im Kreis, verlor nur dank ihrer Verzweiflung nicht das Gleichgewicht, schlug und schlug und traf nur Luft.

Die Kampf-oder-Flucht-Reaktion war bei ihr aufgrund des Trainings längst zu einer Kampf-oder-Kampf-Reaktion geworden, doch selbst Ava hatte genug erlebt, um zu wissen, dass Flucht diesmal die bessere Option darstellte. Sie wandte sich von dem ab, was immer da gerade Ava zwei fraß, und lief los. Ihr Bein protestierte lautstark, da es nicht mehr rennen konnte, doch wenn sie eins kannte, dann waren das die Grenzen ihres Körpers und wie weit sie darüber hinausgehen konnte.

Obwohl ihr ungleichmäßiger Lauf schrecklich laut war, spitzte sie die Ohren und lauschte, ob sie verfolgt wurde, lauschte auf dieses furchtbare feuchte Atemgeräusch, wartete darauf, vom Gestank nach Tod und Verwesung überrollt zu werden. Aber sie verließ in der Nähe des Zauns den Pfad und hörte nichts. Roch nichts. Sie hockte sich ins Unterholz und rang nach Luft.

»Arschgeigen«, stieß sie keuchend hervor. Das seltsame Material des Zauns war ihr schon in der ersten Nacht aufgefallen, aber sie hatte nicht begriffen, warum er aus Metalldraht bestand. Nun hörte sie allerdings das elektrische Summen, das leichte Knistern in der Luft. Das erklärte auch die in regelmäßigen Abständen aufragenden Türme, die sie sah. Diese waren keine Überreste des alten Parks, sondern neu. Das waren Wachtürme.

Sie musste zurück zu Mack, Brandon und LeGrand. Sie musste sie warnen. Vorsichtig streckte sie das Bein vor sich aus und wünschte, sie könnte es einfach abschrauben. Sie wünschte, sie könnte wieder so rennen wie früher. Sie wünschte sich so viele Dinge. Drei Minuten. Sie würde sich drei Minuten gönnen, um wieder zu Atem zu kommen, und dann …

In der Nähe fiel ein Schuss. Man schoss nicht auf sie, aber auf jemanden, der nicht allzu weit entfernt war. Eine erstickte, verwirrte Stimme hallte durch die Luft. Brandon. Er würde das Versteck garantiert nicht ohne die anderen verlassen. Was wiederum bedeutete, dass sie in Bewegung waren. Ava konnte sich ihnen anschließen.

Aber …

Irgendwo entlang des Zauns gab es eine Waffe.

Sie machte eine Bestandsaufnahme und überlegte, woran sie gelangen, was sie benutzen konnte. Sanft brachte sie die Panik in ihrem Kopf zum Verstummen und schob sie ganz weit weg, denn damit konnte sie rein gar nichts erreichen. Doch sie hatte etwas zu erledigen.

Mack nimmt Ava nicht in die Arme. Sie kann nicht glauben, was – wen – sie sieht. Darum steht sie einfach nur da und starrt, lässt den Blick über Avas Gesicht wandern, als wären es Finger, versucht, sich die Konturen, die Sommersprossen, Narben und Fältchen eines Gesichts einzuprägen, das sie für immer verloren glaubte. Sie weiß, wie schnell sie vergisst, und sie fragt sich, was sie in den wenigen Stunden schon alles vergessen hat.

LeGrand ist emotional bei Weitem nicht so überwältigt. »Du bist am Leben«, sagt er und kehrt von seinem abgebrochenen Fluchtweg zurück.

»Ja. Lasst uns verschwinden.« Ava hängt sich das Gewehr über die Schulter und drückt ihm eine Tasche mit Quietscheentchen in die Hand.

»Nein, wir müssen uns verstecken.« Mack ist so langsam und durcheinander, ihr Gehirn hat diese neue Entwicklung noch nicht verarbeitet, dieses bahnbrechende Ereignis, das ihre Realität auf den Kopf stellt. Warum hat Ava Quietscheentchen mitgebracht? »Bis es dunkel wird.«

»Es holt sich mehr als zwei an einem Tag«, fügt LeGrand hinzu. Dann runzelt er die Stirn. »Oh, vielleicht auch nicht. Dich hat es nicht erwischt. Vermutlich hat es sich deshalb Jaden geholt.«

»Wie bist du entkommen?« Mack sieht aus, als hätte sie einen Geist gesehen. Sie hat sich dieses Wiedersehen nicht ausgemalt, hat nie in Erwägung gezogen, dass etwas, das genommen wurde, wieder zurückkehren kann, und sie weiß nicht, wie sie das verarbeiten soll. Ein anderer Mensch hätte vielleicht geweint, die geliebte Person umarmt, Glück oder Erleichterung empfunden.

Mack fühlt sich wie betäubt. Sie hatte endlich das Ende erreicht, und jetzt … Sie weiß nicht, was sie erwarten soll. Zuerst war sie sich so sicher gewesen, dass sie gewinnen würde, dann hatte sie geglaubt, sterben zu müssen, und vielleicht waren die beiden Dinge in ihrem Kopf miteinander verschmolzen.

Ava zuckt mit den Achseln. Sie geht ihre Erinnerungen durch und berichtet über das, was geschehen ist, als würde sie es zu Papier bringen und sich und ihre Gefühle heraushalten. Es gibt nur Nomen und Verben, keine Emotionen. »Etwas hat Ava zwei gefressen. Ich habe danach geschlagen, jedoch nichts getroffen, und weil ich es nicht sehen konnte, habe ich …«

»Du konntest es nicht sehen?«, fällt LeGrand ihr ins Wort.

Ava legt verwirrt den Kopf schief. »Ihr etwa?«

Mack nickt.

»Was? Warum kann ich es nicht sehen? Wie sieht es aus?«

Mack versteht jetzt, warum Brandon es nicht beschreiben konnte. Letzten Endes muss sie sich auch mit einem Achselzucken zufriedengeben und macht LeGrands Bewegung nach. Das Monster ist ihr eine Last auf den Schultern, eine seelische Wunde, von der sie Angst hat, dass sie nie vernarben wird.

Ava ist frustriert, ärgert sich über ihre Nutzlosigkeit und kommt sich seltsamerweise ausgeschlossen vor. Aber sie hat keine Zeit. Ihnen bleibt keine Zeit. »Okay. Wie auch immer. Ihr könnt mir sagen, worauf ich zielen muss, wenn wir ihm begegnen. Wo ist Brandon?« Ava sieht sich erwartungsvoll um. Sie sind noch nicht in Sicherheit, noch lange nicht, und sie wird erst Ruhe geben, wenn das geschafft ist. Sie kann erst wieder etwas fühlen, wenn es so weit ist.

LeGrand schüttelt den Kopf.

Trotz ihrer Entschlossenheit schmerzt dieser Verlust. »Das Monster?« Jetzt macht sich Ava ebenfalls Sorgen. Eventuell frisst es doch mehr als zwei Leute pro Tag, und in diesem Fall wäre es sehr viel sinnvoller, bis zum Anbruch der Nacht zu warten.

»Nein«, antwortete Mack, geht jedoch nicht weiter darauf ein.

Wut lodert in Ava auf. Was immer da passiert ist, hätte nicht sein müssen. Wenn sie sich ihnen sofort wieder angeschlossen hätte. Doch dann hätte sie jetzt keine Waffe, keinen Plan. Sie hat die richtige taktische Entscheidung getroffen. Der dumme, liebe Brandon. Er hätte doch bloß warten müssen. Sie hätten alle nur warten und darauf vertrauen müssen, dass sie … Ja, was denn eigentlich? Hätten sie darauf vertrauen sollen, dass sie zurückkommt?

Keiner von ihnen hat je bestätigt bekommen, dass Vertrauen belohnt wird. Oh, Brandon. Ava nimmt ihren Zorn und ihre Trauer und stopft sie zur Panik und dem Schmerz. Nicht jetzt.

»Woher hast du die Waffe?«, will LeGrand wissen.

Ava will nur noch loslaufen, sie dazu drängen, sich zu

beeilen, schneller zu sein, doch sie kann sich oder ihr Bein nicht noch mehr antreiben, als sie es ohnehin schon getan hat. Als sie losläuft, halten die beiden mit ihr Schritt. »Vom Wachturm. An die Quietscheentchen habe ich mich erinnert, weil Mack und ich uns dort versteckt hatten.« Sie dreht sich um und zwinkert Mack zu, um sie aus der Reserve zu locken. Sie müssen alle hellwach und präsent sein. »Sie hat mich gleich zweimal gerettet.«

Mack sieht schlimm aus. Sie ist wieder die Mack, die weggegangen ist, die Mack, die sie verlassen hat. So leer. Was haben sie gesehen, das Ava seltsamerweise nicht sehen konnte? Aber diese Mack bleibt zumindest in ihrer Nähe und reicht ihr den Arm, damit sich Ava auf sie stützen und den Druck auf ihren Knöchel und ihr Knie verringern kann. Mack ist hier und gleichzeitig ganz woanders, und das muss Ava unterbinden, denn sie kann nicht zulassen, dass ihre Leute abgelenkt und nicht bei der Sache sind. Sie müssen sich konzentrieren. Ava muss sie hier rausbringen.

»Jedenfalls stieß ich auf ein Stück Zaun, das von keinem Wachturm einsehbar war«, fährt sie fort und redet so, als hätte sie keine Angst, um ihnen zu zeigen, dass es unwichtig ist, ob sie flüstern oder nicht, weil keine Gefahr droht, weil sie die Kontrolle hat, weil sie wieder da ist und alles gut werden wird. »Wahrscheinlich dachten sie, der Strom würde ausreichen. Also hab ich mir Handschuhe aus Quietscheentchen gebastelt. Meine Stiefel haben sowieso Gummisohlen, dank meines Hausarztes Doc Marten. Ich bin über den Zaun geklettert und hab mich von hinten an einen Turm angeschlichen. Vor ein paar Stunden war Schichtwechsel. Der neue Wachmann blieb noch ein paar Minuten unten stehen, um eine Zigarette zu rauchen. Er hatte einen fiesen rechten Haken.« Ava kneift die Augen zusammen, da sie die Prellung schon spürt, die auf ihrer Wange entsteht. Sie erwähnt nicht, dass es jemand war, den sie kannten – der Mann aus dem Diner. Nicht der wirklich schreckliche. Der andere. Eigentlich ist es unwichtig, wer es war. »Ich hab den Kampf gewonnen und ihm die Waffe und das Funkgerät abgenommen. Bisher hat sich noch niemand nach ihm erkundigt, aber es ist nur eine Frage der Zeit, bis sie merken, dass er nicht mehr da ist.«

»Nicht mehr da?«, hakt Mack nach.

»Es hieß, er oder wir. Ich hab mich für Letzteres entschieden.«

Da begreift Mack, dass es stimmt. Ava war draußen. Sie hat dem Tod ins Auge geblickt, ihn besiegt und ist entkommen. Sie war außerhalb des Parks, außerhalb des Zauns, in Sicherheit und frei. Und dann ist sie wieder reingeklettert und hat sich auf die Suche nach ihnen gemacht.

Jetzt ist Mack noch benommener. Ava hätte weiter weglaufen sollen.

»Nicht da lang«, sagt LeGrand, als Ava eine bestimmte Richtung einschlägt. »Dort haben wir Brandon und Jaden zurückgelassen.« Er will da nicht noch mal hin. Nicht, weil er befürchtet, das Monster könnte noch dort lauern, sondern weil er den Ort nicht sehen will, an dem es geschehen ist, nicht darüber nachdenken will.

Ava runzelt die Stirn. In diesem gottverdammten, verrückten Park ist das der direkte Weg zu dem Zaunabschnitt, den sie ansteuert. »Das ist unwichtig«, erwidert sie. »Die beiden sind weg, oder?« Sie will LeGrand und Mack nicht noch mehr verunsichern, aber sie können nicht riskieren, vom Kurs abzukommen, was auf diesen Wegen schnell passiert.

»Ja«, sagt Mack. Weg. Brandon ist weg. Hätte sie ihn retten können? Vielleicht, wenn er gewusst hätte, dass Ava zurückkommt. Oder wenn Mack der schönen Ava hinterhergelaufen und die Mutige gewesen wäre. Sie geht fest davon aus, dass Ava erkannt hätte, was in Brandon vor sich ging, dass sie ihn hätte retten, es ihm ausreden können.

Sie schüttelt den Kopf, um die Erinnerung an das Geräusch loszuwerden – das all der harten und weichen Körperteile, die am Boden aufkamen –, und konzentriert sich darauf, zu laufen, Ava zu stützen, nicht daran zu denken, wohin sie gehen oder was sie tun werden, wenn sie dort sind. Ihr ist schwummrig, sie ist desorientiert und seltsam enttäuscht. Als wäre ihr die erste gute Entscheidung ihres Lebens genommen worden.

»Ach, Scheiße.« Ava bleibt stehen. Sie haben das Kettenkarussell erreicht.

Jaden ist in der Tat nicht mehr da. Aber Brandon liegt noch dort, gebrochen und reglos, so, wie sie ihn zurückgelassen haben.

»Es hat ihn nicht gefressen.« LeGrand spricht das Offensichtliche aus, aber das Offensichtliche ist alles, was sein Gehirn noch verarbeiten kann. Es gibt ein Monster. Es hat Ava nicht gefressen. Ava wird sie retten. Das Monster hat Jaden gefressen, Brandon jedoch liegen gelassen. Selbstmörder dürfen nicht mit ihrer Familie in höchster Glorie leben oder bei Jesus sein, sagt ihm sein Gehirn, doch er weiß jetzt, dass niemand, der ihn irgendetwas gelehrt hat, wirklich über die Welt Bescheid weiß. Vielmehr geht er davon aus, dass Jesus Brandon mögen und verstehen würde, dass Brandon diese Entscheidung getroffen hat, um andere zu retten. Sie haben sogar viel gemeinsam.

LeGrand ist gleich in mehrfacher Hinsicht erleichtert, dass Ava zurück ist. Denn mit Ava an seiner Seite hat er eine reelle Chance, was seine Flucht, aber auch die Entführung seiner Schwester angeht. Denn er will sie vor diesen menschlichen Monstern retten, die sie gefangen halten, die sie leiden lassen, wo sie ihr doch helfen könnten, wenn sie es wollten. Wenn sie sich nur dafür entschieden.

Avas Anwesenheit bedeutet, dass er leben wird. Dass Almera leben wird. Ava ist alles, wovor die Ältesten ihn warnen würden, und endlich versteht er auch, warum sie sich vor Menschen wie ihr fürchten.

»Es tut mir leid«, flüstert Ava und schließt Brandon nicht die Augen. Er hat einen schönen Blick auf die Bäume über seinem Kopf. Warum soll sie ihm den nehmen? Sie gehen weiter.

Der Tag ist schwül, der späte Nachmittag träge, da sich immer mehr Druck aufbaut. Wolken übernehmen Brandons blauen Himmel, werden rasch vom Wind herangetragen, türmen sich auf. Der Park zwingt ihnen mehrere ausschweifende Richtungsänderungen auf, doch dank Avas Orientierungssinn und LeGrands Fähigkeit, auf Bäume zu klettern, um sich neu auszurichten, erreichen sie schließlich den angepeilten Zaunabschnitt.

Ava reckt eine Faust in die Luft, und obwohl nur Mack genug Filme gesehen hat, um die Bedeutung dieser Geste zu kennen, versteht LeGrand aufgrund der Art, wie Ava angespannt und bereit stehen bleibt, was von ihm erwartet wird. Sie zückt ein Funkgerät, eher ein Walkie-Talkie, und lauscht, aber niemand schickt eine Warnung durch den Äther, niemand benutzt die Geräte. Niemand ruft Ray. Im Park liegt Brandon Callas und starrt mit offenen Augen den wolkenverhangenen Himmel an, und außerhalb des Parks liegt Ray Callas mit dem Gesicht am Boden in dem Busch, in den Ava ihn geschleift hat.

»Hier.« Ava humpelt am Zaun entlang zu Rays leerem Wachturm. »Wenn ihr nur auf den Turm klettert, kriegt ihr keinen Stromschlag. Aber fasst den Zaun nicht an.« Sie ist erleichtert, dass sie nicht noch einmal über den Zaun klettern muss, denn er gab so weit nach, dass es einem Albtraum glich, ihn zu erklimmen. Es hat eine Ewigkeit gedauert, und sie musste sorgsam eine Hand vor die andere setzen und auf ihr Bein aufpassen. Der Turm schmerzt zwar auch, gibt aber wenigstens nicht nach. Sie lässt Mack als Erste raufklettern, da sie die irrationale Angst nicht abschütteln kann, Mack könnte wieder im Park verschwinden, wenn sie das Schlusslicht bilden soll.

Oben angekommen dreht sich Mack um und lässt den Blick über das Gebiet schweifen, das sie verlassen haben, während Ava und LeGrand raufkommen. Vom Turm kann sie gar nicht mal so viel sehen. Der Abschnitt entlang des Zauns wurde gerodet und gleicht einer nackten Pufferzone, die einmal um den gesamten Park herumführt, aber jenseits davon gibt es nur Bäume, aus denen hin und wieder ein Orientierungspunkt herausragt. Das Riesenrad. Die Spitze der Achterbahn. Das Kettenkarussell. Die anderen Wachtürme werden von den Bäumen und der Landschaft verborgen und sind nicht hoch genug, um von hier aus sichtbar zu sein. Wenn die Wachen wirklich sehen wollen, was im Park geschieht, oder das Labyrinth und sein Zentrum überwachen wollen, brauchen sie viel höhere Türme.

Aber das wollen sie gar nicht. Sie wollen, dass es passiert, ohne dass sie zusehen müssen.

Ava kommt oben an und verzieht das Gesicht, während sie ihre Hose richtet, als würde das ihrem Bein Erleichterung verschaffen. Sie kann sich die besorgte Miene ihres Arztes deutlich vorstellen, der sie gewarnt hat, es nicht zu sehr zu belasten. In ihrem Knie liegt Knochen auf Knochen, es gibt keinen Knorpel mehr, auch nicht in ihrem Knöchel, und sie hat mehr Metall als Knochen im Fuß. *Sie wollen doch nicht das ganze Bein verlieren,* hatte er sie gewarnt und daran erinnert, dass sie noch von *Glück* reden konnte. Was war sie nur für ein Glückspilz.

»Okay«, sagt sie, um sich vom Schmerz abzulenken,

der durch ihren Knöchel pulsiert und ihr Bein hinaufwandert. »Jetzt müssen wir eine Entscheidung treffen. Er ist mit einem Quad hergekommen, so wie Linda. Wenn wir das nehmen, kommen wir laut, aber schnell voran. Aber wir werden auch auf der Straße bleiben müssen und anfälliger sein.«

»Wenn wir zu Fuß gehen, haben wir mehr Zeit, bis sie herausfinden, dass wir weg sind«, merkt LeGrand an.

»Es sei denn, der nächste Wachwechsel steht bald an, denn in diesem Fall werden sie es so oder so herausfinden.« Ava weiß, dass es die beste Idee ist, sich hinauszuschleichen, doch der Schmerz ist dermaßen schlimm, dass sie ihn nicht mehr lange ignorieren kann, und sie weiß, dass sie dann die Fähigkeit zu kämpfen verliert.

Mack deutet auf ein Blatt Papier, das am Pfosten des Wachturms hängt. Es ist ein Plan, der sorgsam mit blauem Kugelschreiber ausgefüllt wurde. Sogar in Schreibschrift. »Die nächste Wache kommt erst um Mitternacht.«

»Verdammt.« Ava zuckt zusammen. Ihr Tagtraum, in dem sie mit einem dröhnenden Motor unter dem Himmel hier rausfährt und ihr Bein nicht länger belastet wird, verpufft. Noch haben sie die Gelegenheit, sich unbemerkt davonzumachen, und die sollten sie auch nutzen. »Okay. Wir gehen zu Fuß. Schleichen uns in die Stadt. Da wir nicht wissen, wer in der Sache mit drinsteckt, sollten wir zur Sicherheit niemandem trauen. Wir klauen ein Auto und hauen ab. Ein Auto ist auch nicht so auffällig wie ein Quad.« Trotz der langen Busfahrt hierher und den Schmerzen im Bein weiß Ava, dass sie es vor Mitternacht schaffen werden, die Stadt zu erreichen und sich ein Auto zu besorgen. Das ist eine sichere Sache.

Eine gottverdammt schmerzhafte sichere Sache. Sie beißt die Zähne zusammen. »Lasst uns gehen.«

Als sie vom Turm runterklettern und zwischen den Bäumen verschwinden, die parallel zur Straße stehen, würdigt Ava den Mann, den sie getötet hat, kaum eines Blickes. Sie bedauert nur, dass sie ihn nicht schnell genug umgebracht hat, um Brandon noch retten zu können. Es kommt ihr unfair vor, dass beide tot sind und dass sie das eine nicht gegen das andere Leben eintauschen konnte.

LeGrand fühlt sich besser. Er weiß, dass sie etwas Schrecklichem entronnen sind, doch das ist nicht der Hauptgrund, aus dem er losrennen, aus dem er fliegen könnte. Endlich wird er nach Hause zurückkehren. Und zwar mit Ava und Mack und einer Waffe.

Mack geht mit Ava am Arm, und sie weiß, dass sie sich außerhalb des Parks befinden, dass sie der Freiheit entgegenstreben, doch sie kann das Gefühl nicht abschütteln, dass sie in die falsche Richtung unterwegs sind.

Der späte Nachmittag erstreckt sich endlos vor ihnen, der Tag scheint nicht schwinden zu wollen, verharrt mit schwüler Schwere und dem Summen von Insekten bei ihnen, belastet Macks Seele und ihren Verstand mit dem ungemeinen Ausmaß und der Unmöglichkeit dessen, was heute passiert ist.

Ihnen bleibt nichts anderes übrig, als weiterzulaufen. LeGrand geht voran, Mack stützt Ava, damit sie ihr Bein etwas entlasten kann. Sie bleiben parallel zur Straße, sodass sie den Asphalt durch die dicht stehenden Bäume und das Unterholz sehen können. Hier kommen sie nicht so gut voran, wie es auf der Straße der Fall gewesen wäre – was Ava überhaupt nicht gefällt –, aber sie bekommen so jederzeit mit, ob jemand kommt oder geht. Bisher ist das nicht passiert, was bedeutet, dass ihre Flucht noch unbemerkt geblieben ist.

»Gerissene Mistkerle«, murmelt Ava und schlägt sich in den Nacken, um ein Insekt zu vertreiben. Durch die aggressive Bewegung verlagert sich ihr Gleichgewicht, und Mack stöhnt unter der zusätzlichen Last, bis sich Ava wieder gefangen hat. »Ein Elektrozaun und ein paar alte Männer mit Gewehren. Das ist alles. Sie glaubten, mehr würden sie nicht brauchen.«

Mack teilt diese Einstellung nicht. Es war mehr als nur ausreichend, um den Rest von ihnen im Park zu halten. Alle bis auf Ava. Die Verlockung des Geldes und die Furcht davor, sich wegen seiner Angst zu schämen, hielten sie alle im Inneren fest. Was hätten sie auch anderes tun sollen, als wegzulaufen und sich zu verstecken, nachdem sie das Monster gesehen hatten? Das Grauen war zu laut, zu unmittelbar, um Platz für so etwas wie einen Plan zu lassen.

Vielleicht konnte Ava deshalb noch funktionieren und das Kommando übernehmen. Warum hat sie es nicht gesehen? Mack fühlt sich fast schon einsam in der Gewissheit, dass Ava diese in ihr verwurzelte Furcht nicht teilt. Dass sie davon nicht so betroffen ist, wie Mack, LeGrand oder Brandon es waren.

Überrascht stellt Mack fest, dass der Gedanke an den lieben Brandon mit gebrochenem Hals, der mit leeren Augen zum Himmel schaut, sie nicht innerlich zusammenzucken lässt. Sie wünscht zwar, dass er gewartet hätte, dass die Dinge anders gelaufen wären, aber eigentlich hat er eine Entscheidung getroffen. Und er hat es getan, um andere zu retten. Brandon war ebenfalls besser als Mack. So wie jeder hier. Brandon ist gestorben, um ihnen die Chance auf das Weiterleben zu sichern. LeGrand wurde verbannt, weil er seine Schwester retten wollte. Und Ava, die bereits in Freiheit war, ist bereitwillig wieder zurück in die Hölle geklettert, um sie rauszuholen.

Mack stellt sich ein anderes Szenario vor, in dem sie ihnen mehr ähnelt. Eine Vergangenheit, in der sie Maddie das gute Versteck überlässt. Oder, besser noch, Maddie zu sich heraufzieht, irgendwie Platz für sie beide über der

Tür findet. Oder, und das wäre am besten gewesen, dass sie erkennt, was ihr Vater vorhat, alle warnt und sie dadurch rettet. Denn hat sie es nicht im Grunde gewusst? Hatte sie sein Tonfall nicht davon überzeugt, sich zu verstecken, mit der Dunkelheit zu verschmelzen?

Aber die anderen im Park hatten gewusst, dass etwas nicht stimmt – natürlich hatten sie das, wie hätten sie auch nicht? –, und es geleugnet, hatten weitergemacht, als wäre die Welt nicht von Gewalt durchdrungen, als wären sie nicht alle längst wandelnde Leichen. Man hatte ihnen versichert, dass alles in bester Ordnung wäre, und sie hatten sich bis zu ihrem Tod an dieses Versprechen geklammert.

Ava stolpert, und Mack fängt sie automatisch auf.

»Gleich geschafft«, sagt LeGrand, obwohl er das gar nicht wissen kann. Es kommt ihnen vor, als würden sie seit einer Ewigkeit durch diesen Wald laufen, um nach einer Ewigkeit wieder am Tor des Parks anzukommen. Als würde das Labyrinth in ihrem Rücken sie irgendwie festhalten, ihnen für den Rest ihres Lebens folgen. Die Vorstellung, dass sie bestraft werden, lässt sich einfach nicht abschütteln, zieht sich nur gelegentlich hinter seinen Zorn zurück.

Beinahe hätte er angefangen zu beten, hält sich jedoch noch rechtzeitig davon ab. Man hat ihn gelehrt, wie sich der Heilige Geist anfühlt. Gott würde ihm bestätigen, dass sein Vater mit allem recht hat, wenn er betet. Dafür war das Gebet da. Damit jene verdorbenen Bereiche deines Herzens, all die Zweifel und Fragen, von Gott herausgebrannt und durch Glauben ersetzt werden. Durch Wissen.

LeGrand hat in seinem Leben so viel gebetet, doch er fühlte sich trotzdem immer heilig, und das erschien ihm nicht wie etwas, das Gott ihm geben, das der Heilige Geist tun würde. Es war furchterregend, einen Propheten als Vater zu haben. Zu wissen, von wem und was man abstammte, wem und was man nicht gerecht werden konnte, wer und was über dein Versagen richten würde.

Doch LeGrands Vater war nie aufgetaucht, um ihn zu exkommunizieren. Er hatte einen niederen Älteren geschickt. LeGrands Versagen, das Ende des Lebens, das er bisher gekannt hatte, war für den Propheten Rulon Pulsipher nicht wichtig genug.

Vielleicht ist LeGrand bereits tot, und das ist die äußere Finsternis. Ein weiterer Grund, um Almera zu finden. Wenn er mit Almera wiedervereint ist, wird er wissen, dass er nicht tot ist, denn wenn er tot wäre, könnte er nicht bei ihr sein. Sie kommt in den höchsten aller Himmel und er – tja, das ist ihm völlig egal. Er will *dieses* Leben. Er will es für sich und für Almera. Ob er nun verdammt ist oder nicht, ob er tot ist oder nicht … All das ist ohne Bedeutung, solange er ihr helfen kann.

Außerdem ist Almera so oder so erlöst, wenn die Ältesten recht haben. Sollte LeGrand also sein Leben damit verbringen, ihren Schmerz zu lindern, um dafür in der äußeren Finsternis zu landen, würde Almera dennoch erhoben. Und er würde sich während dieser einsamen Ewigkeit freuen, denn er hätte ihr ein Leben voller Schmerz und Leid erspart, das sie nicht nur ertragen musste, weil andere Menschen Gott unbedingt ihre Hingabe beweisen mussten.

Das Vorhandensein eines echten Monsters hinter ihnen spielt bei seinen Gedankengängen keine Rolle. Er ist in einer Welt voller Engel und Teufel, voller Götter, Propheten und Wunder aufgewachsen. Warum sollte es dann nicht auch Monster geben?

Avas Bein stimmt zu einem Crescendo der Qualen an, Knochen auf Knochen und Metall auf Knochen bilden die Instrumente, ihr Fluchen gibt den Takt an. Der Kasten in ihrem Kopf hat sich aufgelöst, ist an den Rändern geplatzt, weil sie heute viel zu viel hineinstecken wollte.

Die Stadt, ein Auto, Flucht. Sie wiederholt das immer wieder, geht die Elemente durch, als wären es die Perlen am Rosenkranz ihrer Mutter.

Die Stadt.

Ein Auto.

Flucht.

Fast bemerken sie es nicht, dass sich der Wald lichtet. LeGrand hält sie gerade noch auf, bevor sie die Baumgrenze erreichen, die abrupt auftaucht und droht, sie auf einen sorgsam gemähten Rasen an einem im griechischen Stil errichteten Haus auszuspucken, das ihnen demonstrativ den Blick auf die Umgebung versperrt. Sie befinden sich seitlich des Hauses, können allerdings die Säulen davor erkennen, die anscheinend keinerlei Funktion erfüllen.

Nach der Zeit im wilden Chaos des Parks wirken die von Steinen begrenzten Blumenbeete mit den ordentlichen Rosenbüschen, zwischen denen Miniaturversionen griechischer Statuen stehen, ebenso surreal wie all das, was sie hinter sich zurückgelassen haben. LeGrand hat keine Ahnung von Landschaftsgärtnerei. In Zion Mountain sind alle Gärten nichts weiter als das, werden von den Frauen gepflegt und bringen Lebensmittel hervor. Wo liegt der Sinn in dem hier?

Ava hebt einen glatten Stein von einem Haufen vor ihnen auf, der ein protziges Vogelbad erfüllt, aus dem sich ein rundlicher Engel erhebt und Wasser speit. Theoretisch jedenfalls. Denn es ist kein Wasser da.

»Leben, Lieben, Lachen«, liest Ava vor. Die Worte sind auf den falschen Stein geprägt. Der Impuls, ihn in eines der Fenster zu werfen, lässt sich nur schwer unterdrücken.

»Nirgendwo brennt Licht«, stellt Mack fest. Häuser wie dieses kommen ihr stets leicht anklagend vor. Jede perfekte Linie, jedes sorgsam ausgewählte Objekt schreit ihr entgegen *Du gehörst hier nicht hin,* genau wie im Spa. Die Fenster beobachten sie und lassen sie wissen, dass sie sie sehen.

Aber es dämmert, und nirgendwo brennt Licht. Die Fensteraugen sind leer.

»Na, dann los.« Ava humpelt einfach über den Rasen und trampelt mit Absicht durch jedes Blumenbeet auf ihrem Weg. Die Hintertür ist nicht verschlossen. Sie hält Ausschau nach einer Alarmanlage, doch es scheint keine zu geben.

»Das ist eine gute Stadt.« Mack betritt das Haus und muss an den Busfahrer denken, der ihr nicht in die Augen sehen konnte. »Eine sichere Stadt.«

»Sucht nach Autoschlüsseln.« Ava hinterlässt eine Schmutzspur auf den makellosen Fliesen. Wo Mack Sorge hat, eine Spur zu hinterlassen, wirkt Ava entschlossen, hier alles dreckig zu machen. Doch das ist schwierig zu sagen, denn die Küche ist in Braun- und Orangetönen gehalten, ein Relikt aus einer anderen Ära, und sieht zwar überaus ordentlich, aber auch schrecklich veraltet aus. Am Kühlschrank wurden mehrere Kinderzeichnungen mit Magneten befestigt. Mack fährt mit den Fingern darüber; sie sind vom Alter schon brüchig geworden. Ein Bild fällt herunter und segelt wie ein Blatt zu Boden. An der Stelle, an der sich der Magnet befand, bleib ein unberührter weißer Kreis zurück, der nie das Sonnenlicht gesehen hat und vor der Zeit beschützt wurde. Mack hebt es nicht auf.

Ava öffnet die Tür, die von der Küche in die Garage führt. Darin steht ein Quad neben einer leeren Stelle, an der sonst zweifellos ein Auto parkt. »Mist.« Sie geht wieder ins Haus und marschiert durch ein überladenes Esszimmer, in dem ein großer polierter Tisch den Raum dominiert, den selbst die gelblichen Spitzenplatzdeckchen nicht weicher wirken lassen. Anders als Mack und LeGrand kann Ava ermessen, was ein schönes Haus ist, und dieses war früher einmal auf jeden Fall eins, wurde jedoch seit Jahrzehnten nicht mehr renoviert. Es gleicht einer Zeitkapsel des teuren, schlechten Geschmacks.

Mack und LeGrand folgen ihr und wissen nicht, was sie tun sollen. Ava stößt auf das Wohnzimmer – dem jedoch jegliche Wärme oder das Chaos einer echten Familie fehlt – und lässt sich auf die geblümte Couch sinken, deren Stoff auf eine Art und Weise glänzt, die elegant aussehen soll, das Möbelstück jedoch glatt und unbequem macht. Zischend streckt sie das Bein aus. Sie will es nicht zugeben, aber sie hält nicht mehr lange durch. Sie hat die Grenze ihrer Schmerztoleranz fast erreicht und sorgt sich langsam, dauerhafte Schäden davonzutragen.

»Zwei Optionen«, sagt sie. »Wir gehen weiter und suchen ein anderes Haus und einen Wagen. Dadurch steigt natürlich die Wahrscheinlichkeit, dass man uns entdeckt. Oder wir warten. Es macht nicht den Anschein, als würden hier junge Leute wohnen, und alte Menschen gehen nicht lange aus, richtig? Außerdem vermute ich aufgrund des Quads, dass die Besitzer in der Sache mit drinstecken. Also warten wir und schnappen uns ihr Auto, wenn sie zurückkehren.«

LeGrand möchte weitergehen, fühlt sich in diesem Haus fast so unwohl wie Mack, doch ihm entgeht nicht, dass Ava starke Schmerzen hat. Er mag sie nicht bitten, noch mehr zu laufen. Daher sieht er Mack an, damit sie die Entscheidung trifft, doch sie achtet gar nicht auf ihn. Mack steht vor einer Vitrine mit Porzellanfiguren.

Da hat jemand genug Geld für alles, was er braucht,

und entscheidet sich für eine Sammlung von kleinen Jungen und Mädchen mit kitschigen unschuldigen Gesichtern in einer Vielzahl von Posen und Kleidungsstücken. Die übertriebene Unschuld der kleinen Mädchen in ihren rosafarbenen Rüschenkleidern, die mit leicht geöffneten Lippen über die Schulter schauen, kommt ihm fast schon obszön vor.

Mack sieht ebenfalls über die Schulter. Ava und LeGrand sehen sie an und warten auf ihre Entscheidung. Niemand sollte sie dazu zwingen, etwas entscheiden zu müssen. Sie ist sich noch immer sicher, dass sie etwas vergessen hat, dass etwas Entscheidendes zurückgelassen wurde. Der Park zerrt an ihr, als wäre sie ein Kompass und er der wahre Norden. Die Vorstellung, von hier wegzufahren, einfach ... zu gehen ... kommt ihr surrealer und unmöglicher vor als das Monster, das im Labyrinth auf sie wartet.

Aber Ava hat Schmerzen. Sie hat die Option, die das hier Warten beinhaltet, detaillierter beschrieben, was Mack vermuten lässt, dass dies der von Ava favorisierte Plan ist. »Wir warten«, entscheidet Mack und geht in die Küche, um einen Blick in den Kühlschrank zu werfen. Sie hat die Tasche mit all ihren sorgsam gehorteten Proteinriegeln verloren. Die Tasche liegt noch im Park. Vielleicht ist sie es, die Mack dorthin zurückzieht. Die Vorstellung, wieder hinzugehen und die Tasche zu holen, sich praktisch in die Höhle des Löwen zu begeben, entlockt ihr ein leises Lachen.

Ava weiß nicht, ob sie die richtige Entscheidung treffen, doch sie könnte vor Erleichterung weinen, weil sie nicht sofort wieder aufstehen muss. Sie muss irgendetwas gegen die Schmerzen unternehmen. Dadurch wird sie abgelenkt und ist eine schlechte Anführerin, was dazu führen könnte, dass jemand verletzt oder getötet wird.

»Kannst du eine Waffe abfeuern?«, will sie von Le-

Grand wissen, der als Antwort nickt. Er stellt die Tasche mit den Quietscheentchen ab. Ihr fällt erst jetzt auf, dass er sie behalten hat. Sie brauchen sie nicht mehr, aber LeGrand trägt sie natürlich trotzdem weiter, bis man ihm etwas anderes aufträgt, nur für den Fall, dass Ava noch etwas damit anfangen will. Damit er helfen kann.

Ava reicht ihm das Gewehr, lehnt sich zurück und wünscht sich nichts sehnlicher, als schlafen zu können, dabei weiß sie genau, dass sie erst wieder schlafen kann, wenn sie diesem Albtraum ein für alle Mal entronnen sind. Sie hat in ihrem Leben schon jede Menge Mist gesehen, aber unsichtbare Monster, die Frauen fressen, landen dann doch ganz oben auf der Liste.

Bei Gott, sie kann nur hoffen, dass es nicht noch schlimmer wird. Was gibt es da draußen in der Welt noch, von dem sie nichts weiß, was sie nie gesehen hat? Wobei sie das hier ja auch nicht sehen konnte. Wieso konnten LeGrand und Mack es sehen, sie aber nicht?

Mack leckt den Löffel ab und leert schnell einen Puddingbecher. Sie nimmt sich einen zweiten und geht zurück ins Esszimmer. Auch hier steht eine riesige Vitrine, jedoch nicht mit Figuren, sondern mit feinem Geschirr, das aussieht, als wäre es nie benutzt, sondern nur ausgestellt worden. Erstaunlich. Da liegt eine von Hand bestickte Serviette – ein Taschentuch? – auf dem Boden, die ihr ins Auge fällt. *Nicely* wurde sorgsam an den Rand des Stoffs gestickt. Nicely war der zweite Vorname ihres Vaters, den man ihm gegeben hat, um den Mädchennamen seiner Mutter nicht in Vergessenheit geraten zu lassen. Was hat der zweite Vorname ihres Vaters hier zu suchen?

Mack stellt den halb geleerten Puddingbecher auf den Tisch und öffnet die Vitrinentür. Sie hebt das Taschentuch auf, und da bemerkt sie das kleine, darunter verborgene

Fach. Nachdem sie das Taschentuch eingesteckt hat, öffnet sie den Deckel und holt ein großes, in Leder gebundenes Buch heraus.

Der Name Nicely ist auf den Buchdeckel graviert. Erstaunlicherweise hat sie in diesem Haus etwas gefunden, das ihr das Gefühl gibt, doch hierher zu gehören.

Das gefällt ihr gar nicht.

Sie bringt das Buch ins Wohnzimmer, setzt sich neben Ava und schlägt es auf.

1. JULI 1946

Ich, Lillian Nicely, beginne diese Aufzeichnung meiner Zeit als Leiterin der Saison.

Ich habe die Aufzeichnungen studiert – sowohl jene von Tommy Callas als auch die des alten Trunkenbolds Hobart Keck. (Wir wissen nicht, ob er tot oder nur weggegangen ist. Mir ist beides recht. Warum wir ihn überhaupt jemals an der Durchführung der Saison beteiligt haben, ist mir ein Rätsel. Hobarts trostlose und negative Meinung über unsere Eltern und das Opfer, das sie für uns gebracht haben – ihr göttliches Geschenk, das sowohl Wohlstand als auch die daraus resultierende Verantwortung beinhaltet –, wird von uns anderen nicht geteilt. Wir sehen unser Erbe weder als Last noch als Fluch an, sondern als große Gabe und feierliche Pflicht. Ein Glück, dass wir ihn los sind.)

Selbstverständlich kann ich mich in Bezug auf die Vorbereitung auf so gut wie nichts stützen, was mich allerdings nicht überrascht. So etwas passiert, wenn man jemandem, auf dessen Wert man nicht vertrauen kann, der nicht zu den sieben Familien gehört, die wichtigen Aufgaben überlässt. Doch ich muss ehrlich zugeben, dass auch Tommy jr. keine große Hilfe war. Als ich ein Treffen anberaumte, um über Kecks Verschwinden und meine Pläne für die nächste Saison zu sprechen, hat er kaum ein Wort gesagt. Er wollte nicht mal das Tagebuch seines Vaters lesen und bestand darauf, dass wir es im Besprechungshaus in einen Safe legen. Damit es »fair« bleibt, kennt nur die Stratton-Familie die Kombination. Ihre Rolle besteht darin, einmal pro Generation das Buch zu lesen. Das ist eine weitaus einfachere Aufgabe, als sie manch anderer zu erfüllen hat, und wohl kaum genug, um für ihren Unterhalt in der Stadt aufzukommen.

Aber das ist unwichtig. Ich habe alles gelesen und eigene Aufzeichnungen angefertigt.

Zudem habe ich einen neuen Plan ausgearbeitet, bei dem es nicht erforderlich ist, dass jemand von uns während der siebentägigen Saison die Barriere des Tors überschreitet. Wie wir aus Hobarts ungeheuerlichen Fehlern gelernt haben, kann man auch versehentlich verzehrt werden, selbst wenn man nicht das beabsichtigte Opfer ist.

Unser erster Schritt war der gefährlichste, doch es ist vollbracht. Zu behaupten, wir hätten große Angst gehabt, ist eine drastische Untertreibung, aber wir haben unsere Aufgabe erledigt, und das ohne Probleme! Wie immer schlief die Bestie so tief und fest, als wäre sie fast tot – jedenfalls, wenn nicht gerade Saison ist. Wir sind in ihren Tempel geschlichen und haben ihr die großen, lodernden Augen ausgestochen.

Obwohl ich wir schreibe, meine ich natürlich die jüngsten Callas- und Pulsipher-Söhne, die lernen müssen, ihren Teil der Verantwortung zu übernehmen. Aber sie kehrten beide unversehrt und übermütig zurück und feierten ihren Erfolg.

Wir werden bald erfahren, ob die Bestie jetzt, da wir ihr das Augenlicht genommen haben, weiterhin so wählerisch hinsichtlich der Personen ist, die sie verschlingt.

Wir haben vierzehn entfernte Verwandte und eine fremde Frau, die dem Wahnsinn verfallen ist und aus einer Anstalt drei Staaten weiter geholt wurde, vor Ort. Es ist bedauerlich, dass wir Menschen hineinschicken müssen, die nicht wissen, was sie erwartet, aber wir können die Macht und das Gute, die uns allen – und dadurch auch der Welt – dank des Opfers zuteilwerden, nicht leugnen, und wir gehen davon aus, dass diese Personen uns zustimmen würden, wenn sie wirklich verstehen könnten, welches Opfer unsere Eltern gebracht haben und zu welch unglaublicher Kette selbstloser Segnungen sie sich gesellen werden.

Kommen wir zu den Details:

In der Nacht des Vierzehnten werden wir ihnen ein Gebräu verabreichen, das Joel Young jr. zusammengestellt hat, um sie danach auf die Lichtung vor dem Tempel zu bringen. Letztes Jahr haben wir Ketten in den Beton rings um den Tempel eingelassen, und sie werden alle mit genug Lebensmitteln und Wasser für sieben Tage versorgt (wenngleich nicht alle von ihnen so viel benötigen werden. Dennoch ist es besser, mehr bereitzustellen, statt sie grundlos leiden zu lassen, da wir nicht vorhersagen können, in welcher Reihenfolge sie verschlungen werden.) Wir werden die Verrückte näher am Tempel anketten, damit sie die Bestie als Erste in Versuchung führt.

Dank dieser Methode müssen wir das Gelände nicht länger betreten oder verlassen. Das Tor kann geschlossen bleiben, und sobald die sieben Tage um sind, können wir uns dort wieder gefahrlos bewegen, um sauber zu machen und die Anpassungen für die nächste Saison vorzunehmen, die wir als sinnvoll erachten, während wir gleichzeitig herausfinden, ob die nun augenlose Bestie uns immer noch erkennt.

Es wäre falsch zu behaupten, dass ich aufgeregt bin – selbstverständlich nicht, denn das wäre ja grässlich –, aber ich bin bereit, meinen Teil beizutragen, um dafür zu sorgen, dass die Kette des Wohlstands, die derart teuer erkauft wurde, nicht unterbrochen wird.

Ich habe entschieden, dass wir als Dank für ihren unwissentlichen Beitrag und als Hommage an unsere Eltern den Tag, bevor wir die vierzehn Opfer auf das Gelände bringen, dafür verwenden, sie zu verwöhnen und vorzubereiten. Das hätte unseren Eltern gewiss gefallen.

22. JULI 1946

Was für eine Katastrophe. Wer hätte ahnen können, dass sie sich lieber das Leben nehmen, statt zu warten, sobald sie herausgefunden hatten, wie ihr Schicksal aussehen würde? Ihr Tod erfüllt keinen Zweck, hatte keine Bedeutung, bewirkte nichts Gutes. Er war egoistisch. Dumm. Und wir wissen nur davon, weil die Bestie stöhnend und sabbernd zum Tor kam und blind nach uns suchte. Ich hätte nicht gedacht, dass es etwas Schlimmeres als diese beiden lodernden Punkte geben könnte, doch da habe ich mich offenbar geirrt.

Glücklicherweise war ich auf Eventualitäten vorbereitet. Zwei Ersatzpersonen befanden sich bereits in der Stadt und waren in meinem Haus angestellt. Sie wurden geopfert, was uns etwas Zeit verschaffte, um uns umzusehen und weitere zu beschaffen.

Wir schickten den Ersatz in Zweiergruppen hinein, um am Gebäude im Wald zu »arbeiten«, und sobald sie nahe genug herangekommen waren, um zu merken, dass etwas nicht stimmte, war es für sie längst zu spät.

Peinlicher- und unnötigerweise verschlang die Bestie nicht einmal die Verrückte oder die Leichen. Nach Ablauf der sieben Tage saß die Frau inmitten der verbliebenen Toten, völlig verdreckt und weinend. Es war ein schrecklicher Anblick, und ich wünschte, jemand anderes hätte sich darum gekümmert, damit es nicht mir zufiel.

Ich schäme mich meiner Arroganz, da ich annahm, das perfekte System entwickelt zu haben, aber wer hätte das vorhersehen können? Es gab Gerüchte, dass Tommy Callas jr. das Ruder übernehmen sollte, doch er ist nicht bereit dazu. Warum sollte er das auch tun? Er hat kein größeres Recht auf die Führungsposition als ich. Die vierzehn Familien stehen auf einer Stufe, ungeachtet dessen, wessen ursprüngliche Idee das Opfer war.

Dennoch werde ich fortan bescheidener sein und mich cleverer verhalten. Keine weitere Vergeudung mehr.

Aber ich frage mich schon, ob Hobart je wirklich versucht hatte, andere Optionen für die Fütterung der Bestie zu finden. Nun wissen wir, dass sie nichts Totes verschlingt, und sie benötigt auch ihr Sehvermögen nicht, was beides höchst bedauerlich ist.

Ich werde darüber nachdenken und mir das perfekte System überlegen. Es muss doch eins geben. Eines, das die Bestie vom Tor fernhält, sie mit Futter versorgt und unsere Sicherheit gewährleistet.

15. JULI 1947

Ich spüre die Last des Julis deutlich. Wenngleich mir noch sechs Jahre zum Planen bleiben, fühlt sich jeder Juli an wie eine Klaue, die sich schwer auf meine Schulter legt. Dabei ist es wenig hilfreich, dass ich eigene Kinder habe, die meine Aufmerksamkeit benötigen, und einen Gatten, der nicht begreift, warum ich mich mit den anderen Familien treffen muss und welche »Geheimnisse« wir miteinander teilen.

Manchmal, wenn er leise schnarchend neben mir schläft, würde ich ihn am liebsten mit seiner Unwissenheit ersticken.

Sammy Frye jammert herum, dass er durch das Aufspüren entfernter Verwandter und Cousins und Cousinen aus aller Welt völlig ausgelaugt ist, als hätte er die schwerste Aufgabe. Unsere Männer sind potent. Wir haben sie nicht entmutigt, ihren Samen bei niederen Frauen nach Lust und Laune zu verteilen. Dieses Opfer zum Wohle unserer Gemeinde fällt ihnen leicht. Ihnen und den Geschwistern unserer Eltern haben wir es zu verdanken, dass wir aus einer Vielzahl an Opfern auswählen können, die nicht wissen, was wir im Wald außerhalb von Asterion verstecken. Viele haben nicht die geringste Ahnung, was ihre Söhne im Krieg beschützt hat, welches Wunder während der Bankenkrise auf ihr Geld aufgepasst hat, welcher geheime Wind sie alle in immer größere Höhen trägt. Aber je mehr das Blut verwässert wird, desto verwässerter sind die Menschen, und es gibt genug, die entbehrlich sind.

Das ist alles zu geschmacklos, um darüber nachzudenken. Bis zur nächsten Saison werde ich mir einen besseren Plan ausgedacht haben.

23. MAI 1948

Mein Gatte ist aus New York und von einem Ausflug nach Coney Island mit den Mädchen zurückgekehrt. Ich verlasse Asterion nicht – ich bin die Wächterin der Stadt und nehme meine Verantwortung ernst –, aber ihre begeisterten Berichte über die Achterbahnen, Spiele und Karussells zu hören und wie schnell ein ganzer Tag dort verstrichen ist, brachte mich auf eine neue Idee. Eine, die bedeutet, dass wir die Opfer frohen Mutes hineinschicken können, damit sie verschlungen werden, ohne dass einer die Wahrheit erfährt! Minimales Leiden. Eine auffallende, fröhliche Lösung.

Ein Vergnügungspark! Einfache Unterhaltung für die einfachen Klassen und perfekt auf unsere Bedürfnisse abgestimmt.

Zugegeben, die Pläne sind aufwendig. Tommy jr. hat sich ausgiebig beschwert, was niemanden überraschte. Aber die Pulsiphers, Youngs, Harrells und Fryes sind auf meiner Seite. Außerdem mache ich das nicht aus einer Laune heraus. Der labyrinthartige Aufbau des Parks dient einem Zweck, damit sich die Bestie im Kreis bewegt und in der Nähe der Mitte und fern des Tors bleibt. Während unsere Opfer durch das Versprechen von Vergnügen, Freude und Aufregung immer weiter hineingelockt werden, bewegen sie sich aus eigener Kraft in Richtung Schlachtbank.

Der große Nachteil ist natürlich, dass alle Opfer durch Tommys Tor geleitet werden müssen, das demzufolge während der Saison offen stehen muss. Zu normalen Zeiten können wir die Gäste durch ein bedeutungsloses Nebentor hinein- und wieder herauslassen. Aber nicht dann, wenn es darauf ankommt. Das macht uns alle nervös, aber das ausgeklügelte Design des Parks und die Flut potenzieller Opfer werden dafür sorgen, dass sich die Bestie nie weit von der Mitte entfernt. Wir werden das Tor natürlich weiterhin bewachen, aber ich bin zuversichtlich, dass wir weder Entdeckung noch Flucht zu befürchten haben. Das ist ein perfektes System. Alle werden versorgt, und wir bringen der Region darüber hinaus weitere Arbeitsplätze und Wohlstand, was die Abneigung, uns von einigen der umliegenden Städte entgegengebracht wird, zweifellos verringern wird.

Die Vorbereitung erfordert noch sehr viel Arbeit. Ich weihe meine jüngste Tochter Linda in die Pläne ein, wenngleich sie gerade mal alt genug ist, um Lesen zu können. Es ist nie zu früh, die nächste Generation auf ihre Pflichten vorzubereiten. Ich befürchte, bei ihrer älteren Schwester haben wir schon zu lange gewartet.

22. JULI 1953

Der Vergnügungspark ist ein voller Erfolg! Nicht nur, weil die diesjährige Saison ohne Zwischenfall über die Bühne ging, sondern auch weil der Park an sich wunderbar und den ganzen Sommer über beliebt ist. Es ist sehr schön, dass wir diesen Ort nun häufiger als alle sieben Jahre benutzen können.

Selbstverständlich besucht keiner von uns den Park. Das ist eine reine Vorsichtsmaßnahme. Aber ich habe in den hiesigen Zeitungen begeisterte Berichte gelesen.

Wir haben schon eine Liste der Personen erstellt, die wir während der nächsten Saison in den Park einladen wollen. Das, was wir anfänglich für einen Fluch hielten – dass nur wir die Bestie sehen können –, erweist sich als unerwarteter Segen. Sie wandelt unter ihnen, und keiner bemerkt sie, mit Ausnahme jener, die verschlungen werden müssen.

Und falls doch irgendjemand mitbekommt, dass ein Opfer – wie durch Zauberhand! – verschwindet … Nun ja, es ist ein Vergnügungspark voller Wunder. Ein entfernter Harrell-Cousin hat mitangesehen, wie sein Bruder gefressen wurde, und rannte schreiend hinaus, doch er lief natürlich zum Haus der Harrells. Sie brachten ihn im Schutze der Nacht zurück in den Park und ließen ihn bewusstlos vor dem Tempel liegen. Dieser Abschaum unserer Familienzweige verschwindet häufig oder brennt durch, daher stellt es kein großes Problem dar, im Nachhinein die Spuren zu verwischen.

Ich gehe davon aus, dass wir dieses System über einen langen Zeitraum nutzen können. Darüber hinaus bin ich sehr stolz, wie bereitwillig sich Linda unseres Erbes annimmt, und ich weiß, dass meine Eltern ebenso empfinden würden.

22. JULI 1974

Es grämt mich, dass mein erster Eintrag im Buch meiner Mutter von einem Desaster handelt. Ich hätte ihr die Kontrolle schon vor Jahren aus den senilen Händen reißen sollen. Vielleicht wäre es dann nicht dazu gekommen. Nun fühle ich mich gedemütigt, dabei ist nichts davon meine Schuld. Dennoch muss ich mich um den Schlamassel kümmern!

Hätten wir gewollt, dass Mister Jones' Familie den Park besucht, hätten wir sie eingeladen! Selbstverständlich gehörte seine Familie nicht zu den Opfern, die wir bereitwillig machen würden. Und nun sind die Strattons verständlicherweise außer sich, weil das kleine Mädchen aus ihrer Familie stammt. Susan Stratton hat sogar geweint, weil das Mädchen ihretwegen tot ist.

Nein! Sie wurde verschlungen, weil wir so viele im Unklaren darüber gelassen haben, worauf ihr Wohlstand beruht. Ich wollte meine Mutter und die anderen Familien davon überzeugen, dass wir alle einweihen, doch sie sind der Meinung, das wäre zu viel und würde den anderen nicht behagen. Dass sie versuchen würden, alles aufzuhalten.

Aber würden sie so etwas wirklich tun? Wenn sie wüssten, dass sie ohne das, was in der Mitte des Parks haust, alles verlieren würden? Das kann ich mir nicht vorstellen! Ich glaube eher, sie würden die Logik dahinter verstehen, die Notwendigkeit, die entsetzliche Verantwortung. Meiner Ansicht nach ist es eher die Geheimnistuerei, die andere abschreckt, wie es auch bei meinem Vater und bei meiner großen Schwester passiert ist. In der Tat scheinen nur jene von uns, die in direkter Linie von den ursprünglichen sieben Familien abstammen, in Asterion zu bleiben. Alle anderen ziehen in die Welt, lassen uns zurück, werden getragen von der Kraft und der Unterstützung dessen, was wir tun.

Mein Park ist geschlossen. Wenigstens hat dieser Narr seine Tochter am letzten Tag der Saison verloren, daher mussten wir uns nicht auch noch auf die Suche nach einem anderen Opfer machen. Das ist das einzig Gute, das ich dem Tod des kleinen Mädchens abgewinnen kann.

Ich werde mich abermals ans Reißbrett setzen müssen. Nach vielen Jahren reibungsloser Saisons müssen wir von vorn anfangen. Meine Mutter ist zu alt für diese Aufgabe, und niemand sonst scheint ihr gewachsen zu sein. Dann widme ich mich ihr eben selbst.

1. JULI 1981

Früher konnten wir Dutzende Unerwünschter in den Vergnügungspark schicken, auf dass sich die Bestie aussuchte, wen sie verschlingen wollte, fühlten uns sicher genug, um das Tor offen zu lassen, da wir wussten, dass an jedem Tag der Saison mehr als zwei unseres Blutes zwischen uns und der Bestie stehen.

Aber heute müssen wir uns erneut mit Beschränkungen abfinden und stehen vor dem Dilemma, vierzehn Personen auf einmal oder in Zweiergruppen hineinschicken zu müssen.

Ich möchte das Tor nicht länger als unbedingt erforderlich offen stehen lassen. Wir haben etwas Kostbares sowohl innerhalb als auch außerhalb und müssen es mit allen Mitteln beschützen.

Ich habe vierzehn Personen eingestellt, von denen keiner etwas über die Verbindung zu unseren Familien weiß, um »den Park für eine mögliche Neueröffnung zu säubern«. Sie haben strikte Anweisung, in Zweiergruppen zu arbeiten, jedoch nie in einer größeren Gruppe. Außerdem werden sie auch im Park übernachten. Ich hoffe sehr, dass sie aufgrund unseres Labyrinths aus Mauern, Bäumen und Wegen nicht oder viel zu spät begreifen, was dort wirklich vor sich geht. Darüber hinaus haben wir den Zaun entlang der Parkgrenzen verstärkt und vierzehn Wachtürme errichtet. Einen für jedes der ursprünglichen Opfer. Ihr Geist wacht noch immer über uns und beschützt uns. Manchmal gehe ich in den nach meiner Großmutter benannten Turm, lasse den Blick über den Park schweifen und fühle mich mit ihr verbunden, während ich die Bäume und Büsche anflehe, schneller, höher, dichter zu wachsen, damit ich den Tempel nicht mehr sehen muss, sondern einfach die Aussicht genießen kann.

22. JULI 1981

Es lief so gut, wie es zu erwarten war. Zumindest ist Ray gut darin, auf jemanden zu schießen, sodass er zwar verwundet wird, jedoch nicht stirbt, daher gab es keine Flüchtigen und keine Verschwendung.

Ich werde diesen Herbst heiraten. Noch weiß ich nicht, was ich Dick über meine Familie oder den Grund, warum wir in Asterion leben müssen, erzählen werde oder ob ich es nicht einfach lasse. Wie viel muss er eigentlich wissen? Schließlich schenke ich ihm und unseren zukünftigen Kindern den Segen meiner Großeltern. Wir ziehen in das Haus meiner Mutter. Er hat mich gefragt, woher ich das Geld für die Renovierung bekomme, und ich musste lachen. Es gehört mir.

Ich habe es mir verdient.

22. JULI 1988

Dieses Jahr bestand die größte Herausforderung darin, vierzehn Personen zu finden, die bereit waren, den Job zu machen. Wir wissen, dass sie alle wertlose Schnorrer sind, die rein gar nichts beitragen. Sie profitierten von der Gesellschaft, die wir mitaufgebaut und gestärkt haben. Sind sie sich zu fein für eine Woche ehrlicher Arbeit?

Dieser Anspruch und diese Faulheit machen mich so wütend. Möglicherweise werden wir uns in Zukunft eine andere Taktik ausdenken müssen, wenn diese jungen Generationen ein solches Problem mit guter, harter Arbeit haben.

Ich frage mich häufig, wie weit sich das Netz erstreckt. Unsere Generation ist so erfolgreich, ebenso unsere Kinder, unsere Cousins und Cousinen, Nichten und Neffen, aber wir stoßen am Rand weiterhin auf Verzweifelte. Vielleicht ist der Segen des Opfers bei jenen, die der Blutlinie näherstehen, wirkungsvoller. Was für ein Glück, dass die Bestie nichts gegen verwässertes Blut einzuwenden hat.

Heute habe ich mir angesehen, wie viel wir erreicht, aufgebaut und unserer Gemeinde, ja, der ganzen Welt gegeben haben! Wenn die Menschen doch nur davon wüssten, wenn es unsere Eltern und Großeltern doch sehen könnten. Wir haben so hart gearbeitet und mit dem, was sie uns hinterlassen haben, so viel getan. Wir sind im wahrsten Sinne des Wortes ihre wahr gewordenen Träume. Wenn ich daran denke, was meine Mutter über Joel Young jr. schrieb, der ein Mittel erfand, das die Opfer einschlafen ließ, muss ich beinahe lachen. Heute ist Young Pharmaceuticals eines der führenden Pharmaunternehmen der Welt. Aus allem Anschein nach kleinen Anfängen sorgte der Segen unserer Eltern für wahrlich erstaunliche Ergebnisse.

Davon würde man jedoch nichts merken, wenn man mit einem der anderen spricht. Susan Stratton tauchte gestern volltrunken vor meinem Haus auf. Sie tut so, als wäre das alles eine schreckliche Last, dabei muss sie bloß Tommy Callas' Buch lesen und ihrer Tochter zeigen. Dabei ist es ein Privileg. Ich würde alles dafür tun, dieses

Buch lesen zu dürfen, damit ich mehr über das erfahre, was unsere Großeltern für uns getan haben.

Aber nein, da stand sie vor mir und jammerte, ob der Preis die Sache wert sei, ob wir das Recht dazu hätten, klagte um dieses kleine Mädchen, das sie nie getroffen oder kennengelernt hat.

Ohne das Recht hätten wir auch nicht diese Verantwortung. Ich habe sie an die Abschlüsse ihrer Kinder erinnert, an ihre Stellen in wichtigen Unternehmen, an Gerichten, im Kongress. Wir haben diese Rollen verdient, wir bekommen sie, und wir tun Gutes damit.

Ist das Äquivalent eines Lebens alle sechs Monate wirklich so ein gewaltiges Opfer, wenn man das große Ganze betrachtet? Meiner Meinung nach ist es nicht zu viel verlangt, und das habe ich ihr auch gesagt. Außerdem hat sie ohnehin nie mehr getan, als mürrisch und kuhäugig an unseren Besprechungen teilzunehmen.

Dennoch erinnert mich das erneut daran, dass es falsch gewesen wäre, alle einzuweihen. Es ist besser, die Informationen gut zu schützen. Sie zu bewahren. Wer weiß denn schon, was andere Leute tun würden, wenn sie Bescheid wüssten, welche Entscheidungen sie treffen würden. Ich habe Dick dabei ertappt, wie er versucht hat, dieses Tagebuch in die Finger zu bekommen. Er fragte mich beiläufig, worum es bei meinen Treffen mit den Familien geht. Als würde es ihn irgendetwas angehen, was ich mit meiner Zeit, meinem Haus, in meiner Stadt mache. Er kann von Glück reden, dass ich ihn nicht rauswerfe.

Ich werde Susan im Auge behalten.

22. JULI 1995

Dieses Jahr kam es zu einer Tragödie, da Susan aus irgendeinem Grund während der Saison innerhalb des Tors war. Niemand hat sie reingehen sehen. Wir erfuhren erst davon, als ihre Tochter Karen uns auf ihre Abwesenheit hinwies und wir merkten, dass die Bestie anders als geplant gefressen hat – was nur bedeuten konnte, dass jemand anderes verschlungen wurde. Susan.

Es ist ein Rätsel und eine Tragödie. Ich schrieb bereits von einer Tragödie, und daran sieht man, wie aufgewühlt ich bin, weil ich mich wiederhole.

Nun denn. Uns bleibt nichts anderes übrig, als nach vorn zu blicken. Alles andere lief glatt.

1. FEBRUAR 2000

Diese Hexe. Diese gottverdammte Hexe. Endlich ist es mir gelungen, die Kombination des Safes zu knacken – eine Aufgabe, die Jahre in Anspruch genommen hat –, damit ich den Rest meines Erbes lesen kann, und musste feststellen, dass es verschwunden ist. Das Buch ist weg. Susan muss es in jener Nacht bei sich gehabt haben. Sie nahm es mit hinein. Ich hätte es wissen müssen, als ich sie dabei beobachtet habe, wie sie sich aus dem Spa schlich. Warum hätte sie sonst dort sein sollen? Aber ich kann mit niemandem darüber sprechen, weil ich sonst zugeben müsste, dass ich sie im Park ausgesetzt habe. Ich habe das für uns getan, für Asterion, um uns alle zu schützen, aber würden sie das auch so sehen? Natürlich nicht.

Niemand darf erfahren, dass es verschwunden ist. Sobald sie es wissen, werden sie Fragen über Susan stellen. Oder sie machen sich im Park auf die Suche nach dem

Buch. Doch wer weiß schon, was sie zurückgelassen hat, welche Beweise sie dort finden werden.

Zum Glück hat Karen längst ins Buch geschaut. Und Karens Tochter ist noch ein Kind. Mir bleiben noch einige Jahre, um einen Ersatz zu finden, bis der Safe das nächste Mal geöffnet wird.

1. JANUAR 2002

Ich bin auf etwas gestoßen, das sich Reality-TV nennt. Was für ein Albtraum. Was für ein schillerndes Beispiel für alles, was bei den jüngeren Generationen falsch läuft. Aber … welch eine Gelegenheit für uns. Ich glaube, endlich das Problem gelöst zu haben, wie wir die Menschen dazu bringen können, uns bereitwillig aufzusuchen, gern im Park zu bleiben und die ganze Zeit durchzuhalten, selbst wenn sie bereits vermuten, was dort wirklich vor sich geht.

Weitaus pressierender ist die Frage der Nachfolge. Ich musste die letzten beiden Saisons nur mit Ray und Gary durchführen, immerhin taugen ihre Söhne durchaus zum Wachdienst. Allerdings kann ich in keinem von ihnen etwas erkennen, das auf wahren Führungs- oder Innovationsgeist schließen lässt. Tommy Callas würde sich gewiss in Grund und Boden schämen. Er war wenigstens ein Visionär. Keiner seiner Nachkommen ist ihm ähnlich. Auch auf keines von Rulon Pulsiphers Kindern ist Verlass. Dafür hat er gesorgt.

Meine Kinder führen hingegen ein glückliches, erfolgreiches Leben an anderen Orten. Dick hat mich auf die einzige ihm mögliche Art verletzt, indem er sie gegen mich aufgestachelt hat. Ich habe alles für meine Familie geopfert, und sie lässt mich im Stich. Manchmal geht mir durch den Kopf, dass meine Großeltern Glück haben, weil sie das nicht mitansehen mussten. Ihr Opfer war sofortig und vollständig.

Chuck Callas wird zweifellos darauf abgerichtet, für mich zu übernehmen. Mir ist bewusst, dass die Familien seit Jahrzehnten versuchen, mich loszuwerden. Ich bin gespannt, wie er sich schlägt. Die weibliche Hand wird ihnen allen schon bald fehlen.

22. JULI 2002

Ich werde gar nicht erst versuchen, meine Cleverness zu bejubeln, aber ich hatte recht. Der »Wettbewerb« hat sie leichter und dauerhafter angelockt, als es die Aussicht auf ehrliche Arbeit vermochte. Sie wollen alle etwas umsonst haben.

22. JULI 2009

Eine weitere perfekte Saison. Ich glaube, endlich vollbracht zu haben, was kein anderer zu tun vermochte: Ich habe das ideale Opferszenario gefunden. Gern geschehen, Asterion.

12. JULI 2016

Auch diese Saison wurde erfolgreich geplant, doch wird mir das von irgendjemandem angerechnet?

Früher dachte ich, wir sollten uns vielleicht eher an ältere Menschen wenden und die jungen verschonen, weil ich hoffte, sie würden noch etwas aus ihrem Leben machen, aber wenn ich mir diese Gruppe ansehe, ihre jungen Gesichter, ihre glatte Haut, ihren vollkommenen

Mangel an Respekt für Erfahrung und harte Arbeit, wären all die Jahre, die ihnen noch bleiben würden, ohnehin vergeudet. Sie tragen nichts zur Gesellschaft bei, und sie beschweren sich, wenn sie gebeten werden, so zu arbeiten, wie wir es getan haben, sich wie wir selbst etwas aufzubauen. Offen gesagt bin ich der Ansicht, dass ich ihnen einen Gefallen tue. Ich gebe ihnen ein Ziel. Ich sorge dafür, dass ihr Leben zumindest irgendeine Bedeutung hat.

10. JULI 2023

Die nächste Saison steht schon fast vor der Tür. Dies könnte meine letzte sein. Ist es seltsam, dass ich da sentimental werde? Vor mir liegen die Namen und Fotos meiner letzten vierzehn Opfer. So jung. Sie haben nicht die geringste Ahnung, welch große, noble Sache sie bald tun werden.

Ich wünschte, ich könnte meiner Tochter diese Aufgabe übertragen. Ich wünschte, sie hätte mit mir Seite an Seite gearbeitet, so wie ich es bei meiner Mutter getan habe. Ich wünschte, sie empfände Dankbarkeit für das, was wir ihr gegeben haben, anstatt alles und mich als gegeben hinzunehmen. Das liegt am Gift, das ihr ihr Vater ins Ohr geträufelt hat. Ich hätte einen verdammten Harrell oder Young heiraten sollen, dann wäre die Sache wenigstens innerhalb der Familien geblieben.

Reue. Aber ich bereue nicht, was ich getan habe, um dieses Vermächtnis zu schützen, und ich werde es ein letztes Mal tun. Mein Erbe wäre perfekt, wären da nicht diese dumme Susan und ihr Diebstahl. Aber vielleicht sterbe ich ja, bevor sie herausfinden, dass das Buch verschwunden ist. Das würde ihnen recht geschehen. Ein gewaltiges Durcheinander und keine Linda, die zur Rettung eilt! Sollen sie doch zur Abwechslung mal selbst für Ordnung sorgen.

Doch darüber muss ich jetzt nicht nachdenken. Eine neue Saison. Eine weitere heilige Woche, in der wir jenen gedenken, die vor uns waren, in der wir dankbar sind für alles, was wir haben, und in der wir die dafür notwendigen Opfer anerkennen. Mein Lebenswerk ist bereit, weitergereicht zu werden, um jenen, die nach mir kommen, um den Tempel und unsere Segnungen zu beschützen, Vertrauen zu schenken.

Ach, wem will ich denn hier etwas vormachen? Sie sind alle Idioten. Soll Chuck Callas ruhig versuchen, sich besser zu schlagen, als es mir gelungen ist. Ich bedauere all jene, die mit seiner ersten Saison zu tun haben. Meine Teilnehmer werden nie erfahren, was für ein Glück sie hatten, dass sie während ihres Opfers von mir betreut wurden. Sie haben nicht die geringste Ahnung. Es gibt keinen, der wertschätzt, was ich für andere tue.

DIE DÄMMERUNG SENKT sich auf die Stadt herab und lässt die Nacht wie eine Decke aus Dunkelheit herniedersinken. Die Familien atmen erleichtert auf, seufzen, weil die Anspannung nachlässt. Es ist fast vorbei. Nur noch zwei Tage. Während der siebentägigen Saison geht keiner oft aus, da ihre Furcht trotz des Tors und der Tatsache, dass die Bestie gefüttert wird, nicht nachlassen will. Am Ende der Woche treffen sie sich zu einer großen Grillparty, ohne sich je dazu verabredet zu haben, lachen laut und trinken zu viel, denn mit dem Ende jeder Saison geht auch das Versprechen einher, dass die Dinge für sie so weiterlaufen werden wie bisher, ohne Mühe, ohne Unterbrechung, dass das Opfer ohne ihr Zutun gemacht wurde und sie nichts davon hören oder sehen oder es gar selbst darbringen mussten.

Und Lindas Wackelpuddingsalat schmeckt wie immer köstlich.

Derweil sitzen drei Leute wie betäubt auf Lindas Haus und starren den letzten Tagebucheintrag an.

»Rulon Pulsipher ist mein Vater«, sagt LeGrand.

»Mein Vater war ein Nicely.« Mack klappt das Buch zu und fährt mit den Fingern über den Namen auf dem Einband. »Und Brandon ist ein Callas.«

»Wie viele Menschen haben sie geopfert?«, fragt Ava entsetzt, schließt die Augen und schüttelt den schmerzenden Kopf. »Und wer zum Teufel ist Hobart Keck?«

Das Garagentor geht lautstark auf und kündigt einen Neuankömmling an.

Mack nimmt ihren abgestellten Puddingbecher auf dem Weg in die Küche mit und leckt den Löffel ab, bevor sie ihn ins Spülbecken legt. Sie zieht die Kramschublade auf, die sie bei der Suche nach dem Löffel entdeckt hat, und nimmt eine schwere Rolle Gewebeband heraus.

Ava kommt hereingehumpelt, dicht gefolgt von LeGrand mit dem Gewehr im Anschlag. Der Schmerz in Avas Bein beherrscht inzwischen ihren ganzen Körper, dringt an Stellen ein, an denen er nichts zu suchen hat, und setzt sich fest – in ihrem Kopf, ihrem Hals, ihrer linken Schulter. Ihr letzter Physiotherapeut, der sie betreut hat, bevor ein bürokratischer Fehler Avas Versicherung beendete und sie sich die Besuche nicht mehr leisten konnte, hat ihr geraten, Stress zu vermeiden und aktiv daran zu arbeiten, die Anspannung aus ihrem Körper herauszulassen. Aus diesem Grund hat sie LeGrand die Waffe gegeben. Es erscheint ihr viel zu verlockend, den Abzug zu drücken, und sie vertraut darauf, dass er weiser entscheidet.

Die Tür zur Garage geht auf. Linda hat den Kopf gesenkt und kramt in ihrer gewaltigen Kunstlederhandtasche mit Krokodilhautmuster herum. Linda, die sie herzlich empfangen hat. Linda, die Isabella am Abend, bevor Isabella an ein Monster verfüttert wurde, mütterlich übers Haar gestrichen hat. Linda, die diese ganze Sache voller Stolz geplant und durchgeführt hat.

Auf einmal bereut es Ava, die Waffe abgegeben zu haben. Ein Schwall derart unflätiger Worte, dass sie fast schon greifbar in der Luft hängen, kommt ihr über die Lippen, als sie über das Linoleum stürzt und Linda einen rechten Haken verpasst.

Zu Lindas Glück behindert der Schmerz Ava derart, dass ihr Schlag sie nur streift und nicht pulverisiert. Dennoch ist Linda derart schockiert von der grellen, überwältigenden Realität des Schmerzes, dass sie ins Stolpern gerät und mit der Hüfte gegen einen Küchenschrank prallt, was sie nur noch mehr verwirrt.

Mack nimmt Linda am Handgelenk und führt sie sanft zu einem der verzierten Esszimmerstühle, drückt sie darauf und macht sich daran, Lindas Arme mit dem Klebeband ans Holz zu fesseln. Derart intensiv wurde dieser Stuhl seit mehr als einem Jahrzehnt nicht mehr benutzt, und dies gleicht ganz und gar nicht den Dinnerpartys, die sich die frisch verheiratete Linda ausgemalt hat, als sie das Haus ihrer Mutter vor vierzig Jahren übernahm und renovierte.

Kurz macht sich Mack Sorgen, dass Lindas papierdünne Haut reißen könnte, wenn sie das Klebeband entfernen. Sie zieht die Ärmel von Lindas Blazer herunter – wieder einmal ein Blazer, diesmal in grellem Blau –, doch das Material ist steif und dehnt sich nicht. Wenigstens ist Linda alt genug, um Strumpfhosen zu tragen, die anstelle der Haut an ihren Beinen zerreißen werden.

Aus dieser Nähe kann Mack die Verfärbungen sehen, als sie Lindas Fußknöchel an die Stuhlbeine fesselt, das feine Netz aus lilafarbenen und blauen Venen, die ihren eigentlichen Zweck nicht mehr erfüllen, sondern an die Oberfläche vorgedrungen sind und ins Leere laufen.

Wie es wohl ist, alt zu werden? Mack hat noch nie darüber nachgedacht, hat sich nie in ihrer Mutter gesehen, kann sich nicht gut genug an ihre Großeltern erinnern, um sie sich vorzustellen. Waren sie ebenso zerbrechlich, als ihr Vater sie mit dem Messer traktiert hat? Mack ist abgelenkt und merkt nicht einmal, dass Linda auf sie einredet oder dass Ava und LeGrand noch immer in der Küche sind und sich leise streiten.

»Hast du überhaupt ein Wort von dem gehört, was ich gesagt habe?«, flüstert Linda, deren Lippenstift sich stark von ihren blassen Wangen abhebt. Die blauen Ringe unter ihren Augen, die durch das Make-up hindurchschimmern, haben eine schönere Farbe als Lindas trübe Iris.

»Nein.« Mack tritt zurück, um ihr Werk zu begutachten. Sie könnte sich nicht daraus befreien und bezweifelt, dass Linda dazu in der Lage ist.

Ava kommt ins Wohnzimmer gestürzt und leert Lindas Handtasche auf dem Tisch aus. Goldenen Lippenstiftröhrchen rollen herum, dazu eine dicke rosafarbene Geldbörse, ein Adressbuch, ein Walkie-Talkie, das aussieht wie das, das Ava in einer ihrer vielen Taschen verstaut hat, Lutschtabletten, eine kleine Pistole mit blassrosa Perlenintarsien im Griff, Feuchttücher, Taschentücher und zu guter Letzt Autoschlüssel.

»Wie seid ihr rausgekommen?«, verlangt Linda zu erfahren, während Ava die Geldbörse öffnet, sämtliche Scheine herausnimmt und sie in einer anderen Tasche verstaut.

»Das ist genug Spritgeld, um einige Staaten weit von hier wegzukommen, wo immer wie auch gerade sein mögen«, murmelt Ava. »Wir brauchen auch was zu essen.«

»Wie viele von euch sind rausgekommen?« Linda bittet nicht darum, befreit zu werden, versucht nicht zu feilschen. Andere Dinge sind ihr wichtiger. »Bitte, Mackenzie.«

Mack blickt erschrocken auf. Die einzigen Menschen, die sie so nennen, sind jene, die ihren Namen von einer Liste vorlesen. Genau das ist sie für Linda – ein Name auf einer Liste.

»Ich muss es wissen«, fährt Linda fort. »Wie viele von euch haben den Park verlassen? Wurde es heute schon gefüttert? *Wurde es heute schon gefüttert?*« Ihre Stimme wird vor Panik eine Oktave höher.

Ava kann die alte Frau nicht erreichen, da sich der Tisch zwischen ihnen befindet, und das ist vermutlich auch besser so. Stattdessen setzt sie sich auf einen der Stühle, lehnt sich zurück und verschränkt die Finger hinter dem Kopf. »Das ist alles, was Sie gerade interessiert? Während wir hier bewaffnet vor Ihnen stehen und Sie ganz genau gewusst haben, was uns da drin erwartet?«

»Bringt mich um, wenn ihr wollt«, faucht Linda. »Aber es hat heute schon gefressen. Ihr würdet keine Freunde zurücklassen, wenn sie hätten mitkommen können. Und die Wachen hätten per Funk gemeldet, wenn es am Tor aufgetaucht wäre.« Sie schließt die Augen und seufzt erleichtert. »Okay. Das ist gut. Dann haben wir noch Zeit. Fass das nicht an!«

Mack erstarrt mit der Hand am Porzellanschrank. Sie wollte das Taschentuch zurücklegen.

Ava grinst. »Keine Sorge, Linda, wir haben Ihr Tagebuch schon gefunden.«

Linda quellen vor Empörung die Augen aus dem Kopf, und ihre aufgemalten Augenbrauen passen nicht so ganz zum Rest ihrer angesäuerten Miene. »Wen habt ihr im Park zurückgelassen? Ihr seid nur zu dritt.«

»Warum interessiert dich der Scheiß?«, knurrt Ava.

Linda zuckt zusammen, und ihre Miene verfinstert sich. »Derart unflätige Ausdrücke haben in meinem Haus nichts zu suchen. Es interessiert mich, weil ich es wissen muss …« Sie hält inne und seufzt erneut. »Nein, ich schätze, ich muss nicht genau wissen, wie viele Ersatzleute wir brauchen. Das ist nicht mehr mein Problem. Soll sich Ray doch zur Abwechslung darum kümmern.« Sie lacht kurz auf. Das ist also das Ende. All ihre Arbeit, ihre vielen Opfer, alles wird von diesen undankbaren kleinen Scheißern zunichtegemacht.

»Ray ist der aus dem Diner? Der Koch?« Ava dreht die Pistole auf dem Tisch, wobei winzige Muster auf der polierten Oberfläche entstehen.

LeGrand steht in der Küchentür und richtet weiterhin

das Gewehr auf Linda, als könnte sie sich jederzeit von ihren Fesseln befreien, in ein Monster verwandeln und sie alle verschlingen. Diese Sorge ist nach allem, was er gesehen und was Mack ihnen vorgelesen hat, nicht ganz unbegründet. Er kann das Gefühl nicht abschütteln, dass Linda ihm noch immer wehtun kann, wehtun wird, ihren allen schaden wird.

Linda nickt. »Ja, das ist Ray.«

Ava hält die Drehung der Pistole an, die nun direkt auf Linda zeigt. Dann setzt sie sie lässig wieder in Bewegung. »Ach, der ist tot.«

Linda schnaubt entrüstet. Ihr Atem ist schal und wetteifert mit dem durchdringenden Blumenduft ihres Parfums um die olfaktorische Vorherrschaft. »Was für eine Verschwendung.«

»Was?« Ava lacht auf. »Ich wusste ja, dass Sie eine kaltherzige Schlampe sind, aber, wow, das ist eine völlig neue Dimension.«

»Wenn ihr Ray schon unbedingt ausschalten musstet, hättet ihr ihn wenigstens in den Park bringen können.« Linda zuckt und will sich die Stirn reiben, kann jedoch nichts Derartiges tun. Vielleicht noch beeindruckender ist, dass ihr Haar keinen Zentimeter aus der gelockten, mit Unmengen an Haarspray zur blonden Skulptur aufgetürmten Frisur gerutscht ist. »Wen habt ihr denn nun zurückgelassen? Jaden?«

»Der ist nicht mehr.« Mack starrt ihr Spiegelbild vor dem Hintergrund des zarten Porzellans an. Ihre Augen sehen aus wie leere Höhlen, das Gesicht ist ganz weiß, ihr Haar schwarz. Sie erinnert an eine Skizze, die ein Künstler von einer Person angefertigt hat, um sie dann nicht zu beenden, weil sie die Mühe nicht wert war. Reiß sie aus dem Block raus und fang noch mal von vorn an.

»Ihr habt den lieben Brandon nicht hängen lassen, oder?« Linda besitzt die Dreistigkeit, entsetzt zu klingen.

Mack erschaudert und muss an das Geräusch denken, als Brandon am Boden aufgekommen ist. »So etwas hätten wir nie getan«, wispert sie.

In einem anderen Leben hätte sie das vielleicht gemacht, aber nicht in diesem.

»Er ist auch tot.« Ava dreht die Waffe so schnell, dass sie vom Tisch rutscht und auf den Boden fällt.

Linda saugt an den Zähnen, um Lippenstiftreste zu beseitigen – eine Gewohnheit, die zu einem Automatismus geworden ist. »Verschlungen oder tot?«

»Tot.« Wieder einmal stellt Mack fest, dass sie sich für ihn freut. Der freundliche Brandon. »Das Monster hat sich Jaden und die andere Ava geholt.«

»Noch eine Verschwendung. Er ist umsonst gestorben.«

»Im Gegensatz zu den anderen?« In Avas Stimme schwingt Hysterie mit, in ihrem Grinsen spiegelt sich Fassungslosigkeit wider.

»Ja, im Gegensatz zu den anderen! Ihr habt mein Tagebuch gelesen. Glaubt ihr etwa, wir hätten das aus Spaß gemacht?«

»Keine Ahnung. Bei weißen Menschen weiß man nie.«

»Sei nicht so rassistisch«, faucht Linda.

Mack hat nie erfahren, was ihren Vater dazu trieb, was auch immer Jaden und sein verdammter Podcast behauptet haben mögen. Auf einmal kommt es ihr wichtig vor, den genauen Grund dafür zu kennen, warum derart viele Menschen im Park ihr Leben gelassen hatten. Warum sie im Park sterben sollten. »Warum?«, fragt sie. »Warum mussten so viele sterben?«

In dem Tagebuch, das sie gelesen haben, blieb vieles unklar, aber Ava weiß genug. »Weil sie ein Haufen räuberischer Dämonenanbeter sind.«

»Ich bin Christin!« Linda schnaubt und muss Avas Annahme sofort korrigieren. »Wir beten es nicht an. Ihr versteht nicht, dass alle Dinge ein Opfer verlangen.« Lindas Stimme verändert sich plötzlich und bekommt einen Glanz, der an den des polierten Tisches erinnert. Diese Worte hat sie schon häufiger rezitiert, sie kommen ihr vertraut und glatt über die Lippen. »Und die sieben Familien, die unsere Stadt gegründet haben, gestalteten die Welt in vielerlei Hinsicht. Pharmazeutische Errungenschaften, chirurgische Erfindungen, Techniktitanen, nicht zu vergessen die Vielzahl an Richtern, Senatoren, lokalen Größen und bedeutenden Geschäftsleuten, die unser Land leiten und zahllosen Menschen Arbeit geben.«

»Und aus welchem Grund müssen deswegen Menschen an ein unsichtbares Monster verfüttert werden?«, hakt Ava nach.

»Konntest du es nicht sehen?« Lindas Stimme verlässt die altbekannte Bahn und kehrt in die Wirklichkeit zurück.

»Nein.«

»Was ist mit euch beiden?« Sie beäugt LeGrand und Mack und lacht auf. »Selbstverständlich habt ihr es gesehen. Das ist offensichtlich. Außerdem hatten wir nie irgendwelche Zweifel an der Herkunft deines Vaters, LeGrand. Er ist der fruchtbarste Pulsipher.«

LeGrand runzelt die Stirn, sagt jedoch nichts.

Ava tritt gegen den Tisch. »Sie wollten eben erklären, warum Sie ein unsichtbares Monster mit Menschen füttern.«

»Wisst ihr, wie viele Gründungsfamilien dieser Stadt während der Weltwirtschaftskrise pleitegingen? Wie viele ihre Söhne im Zweiten Weltkrieg, in Korea, in Vietnam verloren haben?«

»Woher zum Henker soll ich das denn wissen?«, murmelt Ava und wird immer gereizter. Das alles bringt sie nicht weiter. Sie sollten gehen. Aber Mack hängt mit gierigem Blick an Lindas Lippen. Ava wird warten, bis Linda alles erklärt hat, LeGrand und Mack zum Auto schicken und die alte Frau erschießen. Für Brandon. Weil er tot ist und weil diese Frau das als Verschwendung bezeichnet, da sie persönlich nicht davon profitiert.

»Keine.« Lindas Lippen umspielt ein triumphierendes Lächeln. »Keiner hat alles verloren, keine geliebten Söhne fielen auf fremdem Boden. Wir wurden beschützt. Wir genießen seit der Zeit meiner Großeltern Schutz. Sie haben das erste Opfer gebracht, den Pakt besiegelt, ihr Blut gegeben, um ihre Blutlinie zu schützen. Zu der du ganz eindeutig nicht gehörst, Ava. Ich hätte es wissen müssen. Deine Schlampe von einer Mutter muss deinen dämlichen Vater reingelegt haben.«

Ava beugt sich vor, hebt die Waffe vom Boden auf, legt sie auf die Tischplatte und streichelt sie mit den Fingern. »Noch ein Wort über meine Mutter.« Ein wildes Grinsen breitet sich in Avas Gesicht auf. Ihr Vater hat immer gewusst, dass ihre Mutter schon schwanger war, als sie sich kennenlernten, und seinen Namen trotzdem auf die Geburtsurkunde setzen lassen. Ihm war das völlig egal, und er hat Ava stets nur voller Liebe und Stolz angesehen.

Natürlich gehörte er nicht zu diesen Leuten.

»Ach, dann erschieß mich doch, du dreckiges kleines Tier. Das ist völlig unwichtig. Sie werden herausfinden, dass ihr entkommen seid, und jemand anderen herholen. Vielleicht von Rulon. Dafür war er schon immer gut. Er hat garantiert eine oder zwei nutzlose Töchter, die er uns nur zu gern überlässt.« Sie wirft LeGrand einen Blick zu und lächelt scheu.

LeGrand hebt das Gewehr mit einer geschmeidigen Bewegung. »Ich leg Sie um.«

»Wer kann schon sagen, wen sie als euren Ersatz nehmen, wenn ich erst mal tot bin? Ihr unterschreibt damit Todesurteile.«

»Was für ein Quatsch!«, stößt Ava hervor. »Wir haben nichts damit zu tun!«

»Ach nein? Ihr entscheidet euch zu gehen, obwohl ihr wisst, dass jemand anderes euren Platz einnehmen muss. Eure ganze Generation ist so egoistisch, dass es mich anwidert. Dies war das Nobelste, das ihr mit eurem Leben anstellen könnt, und ihr wendet euch ab und lauft davon, um jemand anderen an eurer statt sterben zu lassen.«

Ava lässt die Waffe los und wirft fassungslos die Hände in die Luft. »Hören Sie sich selbst eigentlich reden? Was für ein Schwachsinn! Totaler, kompletter Schwachsinn.«

»Achte auf deine Worte«, schimpft Linda. »Ich dulde eine solche Sprache nicht in meinem Haus.«

»Großer Gott. Wenn Ihnen Ihr Vermächtnis so wichtig ist, dann opfern Sie sich doch selbst.«

Linda schnaubt. »Das würde euch wohl gefallen. Wenn wir alle fort sind, hätte keiner mehr das Sagen. Meine Großeltern haben sich geopfert, damit wir es nicht tun müssen! Wir haben uns unseren Erfolg verdient. Wir haben es verdient zu leben. Wir haben uns diese Welt verdient, und ich will verdammt sein, wenn ich sie mir von euch nehmen lasse.«

»Lasst uns gehen.« Ava steht auf und bedeutet Mack und LeGrand, sie zu begleiten. Das ist doch sinnlos. Es kommt ihr beinahe so vor, als würde sie sich erneut auf Facebook mit ihrem perversen Großvater streiten. Vielleicht verliert sie ja wirklich den Verstand, und das Schmerzdelirium hat eingesetzt. »Hauen wir ab. Wir sind hier fertig.«

»Mein Vater wird jemanden herschicken?«, fragt LeGrand leise.

»O ja«, bestätigt Linda. »Zumindest einen Ersatz besorgt er uns bestimmt. Er hat sie erwähnt, als wir uns über dich unterhalten haben. Alma? Almera? Etwas in der Art.«

LeGrand schwingt das Gewehr, und der Lauf trifft Linda an der Schläfe. Ihr Kopf ruckt zur Seite, die Haut platzt auf, und endlich ruiniert Blut ihre Frisur.

Linda keucht vor Schmerz auf, blinzelt, ist noch am Leben. Noch bei Bewusstsein. Das ist das erste und einzige Mal, dass LeGrand jemanden geschlagen hat. Es ist, als wäre es jemand anderes gewesen. Er sieht den Beweis vor sich, spürt, wie sein Herz rast, doch er hat sich nicht bewusst dafür entschieden, sie zu schlagen. Es geschah ganz automatisch.

»Woher wisst ihr, wie es funktioniert?«, verlangt Ava zu erfahren.

»Was genau meinst du?« Linda stöhnt, schließt die Augen und schüttelt den Kopf.

»Ich meine, woher wisst ihr, dass ihr nur dank dieses Pakts mit einem Teufel reich seid und alles habt? Ihr seid weiß. Ihr seid wohlhabend. Leute wie ihr sind doch bestimmt seit Generationen geschmeidig durchs Leben geglitten. Dafür braucht es keinen mystischen Schutz.«

»Tu nicht so, als hätte ich ein leichtes Leben gehabt! Du hast ja keine Ahnung, was ich tun, durchmachen, entscheiden musste, um meine Familie, meine Freunde, mein Erbe zu beschützen.«

Ava lacht laut los. »Wir haben das Tagebuch gelesen und wissen genau, was Sie getan haben. Großer Gott. Mir reicht's. Ich kann nicht länger mit ihr reden. Gehen wir.« Ava reicht Mack eine Hand.

»Was passiert, wenn das Monster nicht gefüttert wird?«, fragt Mack. »Bricht es dann aus?«

»Es wird auf jeden Fall gefüttert. Das sagte ich doch bereits. Außerdem sorgt das Tor dafür, dass es nicht rauskommt.«

»Versprechen Sie, dass LeGrands Schwester nichts passiert?«

»Mack«, warnt Ava sie.

Linda blickt auf und kneift verschlagen die Augen zusammen. »Als Gegenleistung wofür?«

»Wir gehen wieder rein«, sagt Mack. »Das verschafft Ihnen einen Tag, und dann brauchen Sie nur noch eine Person.« Endlich hat Mack begriffen, warum es sich falsch anfühlte, den Park zu verlassen. Sie liefen nicht etwa fort, sie versteckten sich weiter, nur an einem anderen Ort. Mack würde sich verstecken, und jemand musste an ihrer Stelle sterben, genau wie zuvor. Wie bei Maddie. Nur dass sie diesmal Bescheid wusste.

Doch das durfte nie wieder passieren.

»Mack!« Ava packt Macks Schulter, aber Mack steht nicht auf, rührt sich nicht, wendet den Blick nicht von Linda ab.

»Zwei weitere Personen«, korrigiert Linda sie. »*Sie* wird es nicht fressen.« Sie deutet mit dem Kopf auf Ava, und ihr Ton gibt ihnen zu verstehen, dass sie das als Beleidigung ansieht. Die niedere Ava ist nicht gut genug, um von einem Monster verschlungen zu werden.

»Okay«, sagt Mack. »Zwei weitere. Aber nicht Almera. Sie ist für immer in Sicherheit.«

»Hör auf damit.« Ava zerrt an Macks Arm und versucht, sie zum Aufstehen zu bewegen, sie hier wegzubringen. »Lass das.«

Linda starrt Mack an wie ein Hai, der Blut gewittert hat. Sie kann den Spieß noch umdrehen. Sie kann trotzdem gewinnen. Selbstverständlich kann sie das. Es ist ihr göttliches Recht zu gewinnen. »Das kann ich garantieren. Allerdings nur, wenn ich am Leben bleibe.«

»Schwören Sie es?«, schaltet sich LeGrand ein. »Wenn ich wieder reingehe, ist Almera für immer in Sicherheit. Wirklich sicher. Sie nehmen sie meinem Vater weg und bringen sie in ein gutes Zuhause. An einen Ort, an dem man sich um sie kümmern wird.«

»Das schwöre ich beim Leben meiner Großeltern. Bei

ihrem Opfer. Ich werde dafür sorgen, dass deine Schwester für den Rest ihres Lebens in Sicherheit und gut versorgt ist.«

»Das kann nicht euer Ernst sein!« Ava lässt Macks Arm los und marschiert auf und ab, doch der Schmerz ist unerträglich. All das ist unerträglich. Sie bekommt keine Luft mehr, ihr Sichtfeld schränkt sich ein, und sie lehnt sich schwer gegen eine Wand. »Nein. *Nein.*«

»Ich hatte nie eine Wahl.« Mack starrt die Maserung des Tisches an, die winzigen, von Ava verursachten Kratzer. Sie fragt sich, ob sie sich beseitigen lassen, ob jeder Hinweis darauf, dass sie jemals hier waren, getilgt werden kann. »Nein. Das ist nicht richtig. Ich hatte eine Wahl, und ich habe sie getroffen. Ich ließ meine Schwester an meiner Stelle sterben. Ich habe ihr das Versteck geklaut, aber wofür? Was habe ich je aus meinem gestohlenen Leben gemacht?«

Endlich blickt Mack auf, doch sie sieht nicht Ava an. Sie betrachtet ihr geisterhaftes Spiegelbild in der gläsernen Vitrinentür. In dem Glas vor dem Nicely-Familienporzellan, das Mack nie anfassen, nie benutzen, nie besitzen würde. »Diesmal weiß ich, worum es geht, und kann mich dafür entscheiden, mich zu opfern. Und ich werde denselben Fehler kein zweites Mal machen.« Mack wirft LeGrand einen Blick zu. Dieser Deal betrifft auch ihn.

Er nickt. Für Almera würde er alles tun.

»Okay«, sagt sie. »Wir gehen wieder rein.«

»Verdammte Scheiße!«, schreit Ava und rammt die Faust gegen die Wand. »Nein! Das lasse ich nicht zu.«

Ganz ruhig richtet LeGrand das Gewehr auf sie. »Ava. Steig in den Wagen und fahr weg. Verschwinde von hier. Das ist nicht mehr dein Problem.«

»Ihr könnt nicht … Das ist nicht … Großer Gott, nein. Nein.« Avas Stimme bricht, ihr stehen Tränen in den dunklen Augen.

»Du kannst sie begleiten«, schlägt Linda vor. »Bleib bei ihnen. Bezeuge ihr Opfer.« Linda lächelt, und das rote Blut, das ihr über die Wange läuft, bildet einen Kontrast zu ihrem pinken Lippenstift, eine grelle Kombination. »Dir wird nichts passieren, und du kannst dafür sorgen, dass ich mein Wort halte. Dann würden sich LeGrand und Mack besser fühlen, nicht wahr? Ava kann mich zur Rechenschaft ziehen.«

LeGrand nickt knapp. »Bitte«, sagte er und bedroht Ava weiterhin mit der Waffe.

»Glaubt ihr wirklich, die lassen mich danach am Leben?« Avas Stimme klingt gepresst, da sie gegen die Tränen und die schreckliche Last der Verzweiflung ankämpft.

Lindas Tonfall gleicht wieder dem fröhlichen der Frau, die sie vor einer gefühlten Ewigkeit im Bus begrüßt hat. Sie wird Ava auf keinen Fall am Leben lassen, doch es gibt keinen Grund, nicht vorerst mitzuspielen. »Wir haben das schon mal gemacht. Bei Doreen, einem Hausmädchen. In der zweiten Opfersaison. Damals, als wir noch dachten, wir könnten der Bestie niedere Beute anbieten. Sie hat sie natürlich abgelehnt, und wir haben sie gehen lassen. Denn wer würde einer …«, Linda stockt, wodurch offensichtlich wird, dass sie einen anderen, für sie gebräuchlicheren Begriff verwenden wollte, bevor sie sich schnell korrigiert, »einem armen, ungebildeten Schwarzen Hausmädchen glauben und nicht uns?«

»Und wer würde mir glauben …?« Ava lacht auf und schüttelt den Kopf. »Ja, Sie haben recht. Sie haben vollkommen recht. Ich kann mit niemandem darüber reden.«

Linda setzt ein Lächeln auf, das sie für warmherzig und mütterlich hält. Ava würde es auf jeden Fall versuchen. Zwar würde ihr niemand glauben, doch diese Aufmerksamkeit können sie ganz und gar nicht gebrauchen. Außerdem können sie sie problemlos beseitigen, wenn Mack und LeGrand erst einmal tot waren. »Du kannst jederzeit gehen. Ich werde dich nicht aufhalten. Oder du hältst bei deinen Freunden Wache und gehst danach. Deine Entscheidung.«

»Gib ihr auch das Geld«, verlangt Mack.

»Was?«, fragen Ava und Linda gleichzeitig.

»Das Preisgeld.«

Linda reißt die Augen auf und sieht Ava an, als wolle sie sich vergewissern, dass hier wenigstens eine schlau genug war, um zu erkennen, dass es überhaupt kein Preisgeld gibt. Dass keiner von ihnen überleben sollte. »Ja, natürlich.« Linda klingt beschwichtigend. »Wir geben ihr die fünfzigtausend Dollar.«

»Gut.« Mack überkommt Frieden. Wahrer Frieden. Sie versteckt sich nicht mehr. Sie hat zum ersten Mal in ihrem Leben die Kontrolle. »Und zwar sofort. Gib ihr das Geld jetzt.«

»Ich habe keine fünfzigtausend Dollar bei mir!«

»Dann gib ihr, was du im Haus hast.« Mack zuckt mit den Achseln. Sie kann warten. Die Nacht ist lang, die Dämmerung und der nahende Tod sind noch weit genug entfernt.

»O Gott.« Linda schließt die Augen, ihr Ton lässt jedoch weniger Besorgnis, sondern vielmehr Verärgerung erkennen. »In meinem Schlafzimmerschrank steht ein Safe. Der Code ist sieben-vierzehn-sieben. Darin liegt Bargeld. Fasst den Schmuck nicht an. Er gehörte meiner Mutter.«

»Mack«, fleht Ava.

»Hol das Geld«, verlangt Mack. »Ich binde sie los, und dann fahren wir zurück zum Park. Niemand sonst muss erfahren, was passiert ist, nicht wahr, Linda? Sie sagen ihnen einfach, das Monster wollte Ava nicht und Brandon ist bei einem Unfall ums Leben gekommen, darum brauchen Sie noch zwei weitere Personen.«

»Das ist akzeptabel. Wie habt ihr Ray getötet? Ich muss Schadensbegrenzung betreiben.«

»Hab ihm den Schädel eingeschlagen.« Ava marschiert los, um Lindas Schlafzimmer zu suchen. Dabei hat sie keine Ahnung, warum sie das überhaupt macht. Was das alles soll. Sie hat die Kontrolle verloren. Sie hat nicht mehr das Sagen. Alles ist so unfassbar schiefgelaufen. Sie kann Mack nicht wegzerren, kann LeGrand nicht zwingen, in den Wagen zu steigen. Was passiert hier eigentlich gerade? Was haben sie gesehen, was ihr entgangen ist? Sie hatte geglaubt, es wäre zu spät, um Brandon zu retten. Wie sich herausstellt, ist es zu spät für sie alle.

Linda nickt und sortiert ihre Gedanken. »Den Schädel eingeschlagen. Das ist kein großes Problem. Er ist vom Turm gestürzt. Für den Wachdienst war er sowieso viel zu alt.« Sie setzt ihr bestes »Machen wir uns an die Arbeit«-Lächeln auf und sieht zu, wie Mack vorsichtig das Klebeband abzieht. Dann reibt sie sich die Handgelenke und erhebt sich. »Ich gehe mich nur kurz waschen, und dann schaffen wir euch Kids mal dorthin, wo ihr hingehört.«

Mack nickt, schiebt Lindas Sachen wieder in ihre Handtasche und bückt sich, um einige Lippenstifte aufzuheben, die Linda nicht sehen kann. Den Autoschlüssel behält Mack in der Hand. Sie ist bereit. Sie weiß, dass Ava verletzt ist – und würde ihr zu gern helfen –, aber sie ist auch froh, dass Ava beschlossen hat, sie zu begleiten, statt sie im Stich zu lassen.

Notfalls könnte sie das auch allein tun, doch es ist eine Erleichterung, es nicht zu müssen. Ava hat ihren Panzer durchdrungen, hat das alles in Bewegung gesetzt, daher möchte sie, dass Ava es auch zusammen mit ihr beendet. Mack folgt Linda in die Küche und lässt sie nicht aus den Augen.

LeGrand behält das Gewehr in der Hand. Er umfängt es und blickt ins Leere. Die Entschlossenheit, die sein Gesicht verändert hat, ist wieder weicher geworden. Er hat Almera gerettet. Nicht so, wie er es gewollt oder sich erhofft hat, aber es ergibt Sinn. Gott lässt zu, dass er sie rettet, aber nur, wenn er dafür sein Leben gibt. Als er das letzte Mal versucht hat, ihr zu helfen, glaubte er schon, deswegen alles zu verlieren. Nun wird es tatsächlich so kommen.

Ava taucht wieder auf. Ihre Miene ist grimmig, die Taschen beulen sich aus. Sie hält Linda eine Medikamentendose vor die Nase. »Ist da auch drin, was draufsteht?«

Linda runzelt gekränkt die Stirn und tupft sich mit einem Waschlappen vorsichtig das Gesicht ab. »Natürlich.«

Ava nimmt zwei Tabletten, schluckt sie ohne Wasser herunter. »Den Scheiß kann ich mir nicht leisten, dabei brauche ich ihn dringend.«

»Es ist nicht meine Schuld, dass du arm bist«, faucht Linda.

Ava nimmt die Autoschlüssel vom Tisch. »Da bin ich anderer Meinung.« Sie sieht Mack nicht an, wendet bewusst den Blick ab, als sie in Lindas Limousine steigen. Ava fährt. Mack kann den Schmerz in Avas Augen erkennen, den seltsamen Wagemut, der sich jetzt, wo sie ihr Schicksal akzeptiert hat, in ihr ausbreitet.

Vielleicht wünscht sich Mack, dass Ava sie doch verlassen hätte, dass sie beschlossen hätte, in den Wagen zu steigen und von all diesem Wahnsinn, der nichts mit ihr zu tun hat, wegzufahren. Ava hat das Monster nicht gesehen. Sie kann nicht wirklich verstehen, wieso Mack da wieder reinmuss.

Ava setzt rücksichtslos zurück, wirft Lindas mit Blumen bemalten Briefkasten um und zerstört mehrere Blumenbeete. Linda zischt vor Empörung, hält es aber anscheinend für klüger, das nicht zu kommentieren.

Sobald sie jedoch auf der Straße sind, fährt Ava so ruhig, als hätte sie keine Schmerzen und keine Schmerzmittel genommen. Sie weiß, dass Linda und ihre Spießgesellen sie umbringen werden. Tatsächlich freut sie sich sogar schon darauf. Dann hat sie wenigstens einen Gegner, dem sie ins Gesicht sehen, den sie bluten lassen kann.

Was soll sie gegen Macks Entscheidung, sich selbst zu zerstören, nur unternehmen? Ava kann es durchaus nachvollziehen. Als sie mutterseelenallein im Krankenhaus lag und wieder zusammengeflickt wurde, wünschte sie sich mehr als einmal, ihr Leben wäre neben Maria auf dieser Straße zu Ende gegangen. Sie kommt beinahe von der Straße ab, als sie an Maria denken muss. Nun wird sie Mack ebenfalls sterben sehen.

Abrupt ändert sie den Kurs. Nein. Sie wird sich etwas einfallen lassen. Irgendetwas. Aber sie kann nur helfen, wenn sie bei ihnen bleibt. Sie knirscht mit den Zähnen, da ihr der nachlassende Schmerz noch zusetzt, wappnet den Kopf gegen die drohende Wirkung der wirklich guten Medikamente.

Mack war immer allein. So lange Zeit. Ebenso wie Ava. Sie haben noch einige wenige letzte Stunden, in denen sie nicht allein sind, und danach wird sich Ava etwas ausdenken. Sie wird es tun, weil sie muss.

LeGrand starrt in die Nacht hinaus, seufzt und ist so müde. Wenigstens wird er so verschlungen und verschlingt niemand anderen. In einem anderen Leben wäre er gewachsen. Ein Ältester geworden. Er wäre so geworden wie sein Vater, ein Verschlinger, ein kleiner, armseliger Gott einer kleinen, erbärmlichen Welt. So ist das nun mal in seiner Stadt. Rulon Pulsipher hat einfach einen anderen Weg eingeschlagen als Linda.

Nichts von alldem ist von Bedeutung. Almera wird in Sicherheit sein, und das ist alles, was er jemals wollte.

Doch nun, da er durch die Nacht in Richtung Park rast, muss er sich eingestehen: Er würde auch gern leben.

»Wo seid ihr rausgeklettert?«, fragt Linda, als die Straße ungepflastert und immer holpriger wird.

»Bei Rays Wachturm.«

»Und da habt ihr vermutlich auch seine Leiche liegen lassen.« Linda wirkt verärgert.

»Ganz genau!«, trällert Ava.

»Dann fahr hier ran, bevor uns die Torwache sieht. Ihr könnt an derselben Stelle wieder über den Zaun klettern.«

Ava hält abrupt an und steigt aus. Sie führt sie durch den Wald, da sie sich auf ihren Orientierungssinn verlassen kann. Am leeren Wachturm angekommen zeigt sie auf die Stelle, an der Rays Leiche liegt.

»Zieh ihn her«, verlangt Linda.

»Zieh ihn doch selbst her. Du bist nicht mein Boss.«

»Lasst das Gewehr hier liegen«, faucht Linda. »Sonst ist ihnen klar, dass hier etwas nicht stimmt.«

LeGrand will es Linda reichen, aber Ava ist schneller. Mit der Waffe in der Hand überlegt sie kurz, Mack und LeGrand als Geiseln zu nehmen. Sie zu zwingen, wieder in den Wagen zu steigen. Aber sie weiß, dass sie das nicht tun werden, und sie wird sie auch nicht erschießen. Am liebsten würde sie Linda im Park absetzen, damit sie vom Monster gefressen wird. Aber LeGrand verlässt sich darauf, dass Linda Almera beschützt. Er wird das nicht zulassen.

Okay, am besten wäre es, wenn sie keine neuen Opfer besorgen müssten. Schaff Linda in den Park und finde irgendwie drei weitere Wachen, lass dich nicht erschießen, locke oder wirf sie ebenfalls in den Park, ohne dabei von den anderen Wachen oder Stadtbewohnern bemerkt zu werden. Und all das, ohne ihr Bein richtig belasten zu können, mit diesem Crescendo der Schmerzen im Leib und während sie vielleicht auch noch gegen LeGrand und Mack kämpfen muss, die offenbar darauf aus sind, sich selbst zu opfern …

Es ist alles hoffnungslos. Ava zieht den Schlagbolzen aus dem Gewehr. »Falls Sie doch beschließen, mir in den Rücken zu schießen, sobald wir über den Zaun geklettert sind.«

»Was für ein grässliches Mädchen«, murmelt Linda und nimmt das Gewehr entgegen. »Was werden sie denken, wenn sie die Waffe genauer untersuchen?«

»Dass Ray nicht damit umgehen konnte. Keine Ahnung. Ist mir auch egal. Viel Glück mit der Leiche. Er war ein großer Kerl.« Ava mahlt mit dem Kiefer. Sie ist im Hyperfokusmodus, kann immer nur eine Aufgabe erledigen, nicht an morgen denken, an das, was passieren wird, was sie tun soll. Sie ist so wütend und würde sie am liebsten alle erwürgen. Doch sie weiß nur, dass sie bei Mack und LeGrand bleiben muss. Sie ist ihre einzige Hoffnung. Daher klettert sie rauf in den Turm und auf der anderen Seite wieder hinunter in den verdammten Mördermonsterpark.

»Ihre Großeltern haben verstanden, was ein Pakt ist.« LeGrands Stimme ist fest. »Sie werden diesen einhalten.« Es ist keine Frage, sondern eine Aussage, die er so energisch wie nie zuvor in seinem Leben ausspricht. Er hat sich erst ein Mal so gefühlt – nämlich, als er Linda geschlagen hat. Das kommt ihm noch immer vor, als wäre es jemand anderes gewesen, als hätten das nicht seine Hände getan.

»Selbstverständlich.« Linda hat Kopfschmerzen, und sie vergisst und vergibt nicht, während sie ihn beim Klettern beobachtet. Da sie schon einmal durch Tommys Tor gekommen sind, dürfte das kein Problem darstellen. Man muss nur einmal die Schwelle überqueren.

Mack ist die Letzte. Linda erstarrt vor Schreck, als Mack sie umarmt. »Danke«, sagt Mack.

Zögerlich tätschelt Linda Mack den Rücken, doch dann lockert sich etwas in ihr, und sie erwidert die Umarmung. Linda ist so erleichtert, dass Mack es versteht. Endlich kann jemand die Last dieser Verantwortung, dieser Aufgabe nachempfinden. Zu ihrer eigenen Überraschung ist Linda stolz auf dieses nervige, seltsame Mädchen. Ein Mädchen, das begreift, dass manchmal Opfer gebracht werden müssen. Selbstverständlich ist sie eine Nicely. Sie waren schon immer die beste Familie.

Alles wird gut enden. Linda hat die Sache wieder unter Kontrolle, wider Erwarten, obwohl es kurzzeitig anders aussah. Sie wird das Versprechen halten, das sie LeGrand gegeben hat, und seine Schwester in eine Anstalt bringen lassen, denn so kann sie notfalls immer auf einen Ersatz zurückgreifen. Doch in Bezug auf Ava wird sie wortbrüchig werden. Ava muss sterben.

»Leben Sie wohl.« Mack löst sich von ihr und fängt an zu klettern.

Als sie auf der anderen Seite ankommt, sind Ava und LeGrand bereits beide am Boden und sehen ihr zu. Ava lässt die kräftigen Schultern hängen. Dass sie wieder hier ist, hat sie gebrochen. Sie weiß nicht, was sie jetzt tun soll. Sie hat keine Ahnung, wogegen sie kämpfen, wie sie das Monster bekämpfen soll oder ob sie überhaupt noch Kraft zum Kämpfen hat.

LeGrand setzt sich auf den Boden. Er kann genauso gut hier warten. Es erscheint ihm sinnlos, irgendetwas anderes zu tun.

»Warum?«, flüstert Ava und greift nicht nach Macks Hand, will ihre Haut nicht berühren, solange sie noch warm ist, solange sie noch bei ihr ist. Sie hat sich bei Mack sicher gefühlt, hat in ihrer Berührung eine gemeinsame Zukunft gespürt. »Warum hast du das getan?«

Mack hat Maddies Versteck übernommen. Aber sie wusste nicht, was daraus resultieren würde. Sie hat Maddie nicht getötet. Dank Linda ist ihr das jetzt klar geworden. Mack hockt sich hin und zieht die Pistole hervor, die sie in ihren Socken gesteckt hat, statt sie mit den heruntergefallenen Lippenstiften wieder in Lindas Handtasche zu verstauen.

»Ich sagte, dass wir entscheiden, was geopfert wird. Ich habe aber nie gesagt, dass wir es sein werden.«

TAG 6

DIE SONNE GEHT am Horizont auf, durchbricht die Dunkelheit und erhellt einen verlassenen Vergnügungspark – ein Labyrinth – einen Friedhof –, einen Ort, der ebenso von den Lebenden wie den Toten heimgesucht wird.

Darin befinden sich drei Personen.

Als Erstes fällt die Sonne auf den höchsten Punkt des Riesenrads, lässt es derart im Gegenlicht erstrahlen, dass es beinahe aussieht, als könne es sich jeden Augenblick in Bewegung setzen, die Fahrgäste nach oben und im Kreis herumtragen, ein Orbit des Staunens, während sie nach unten auf den rasch kleiner und dann rasend schnell wieder größer werdenden Boden starren, die schwindelerregende Freude führt zu einem gestohlenen Kuss. Schallendes Gelächter. Einige Minuten, in denen sie von der Schwerkraft befreit sind.

Aber damit ist es vorbei. Dieser besondere Orbit ist für immer stehen geblieben und eingerostet. Der Ausblick wird sich nie wieder ändern.

Auf eine Achterbahn, uralt und verrottend, mit so viel Efeu überwuchert, dass es sich genauso gut um den Körper einer schlafenden, längst vergessenen Bestie handeln könnte, fällt das Licht als Nächstes. Dabei ist es doch nur Holz und Metall. Die einzige Bestie im Park ist weder vergessen noch schläft sie.

Das Tageslicht dringt durch die Bäume, den Efeu, die

wild wuchernden Büsche. Es kann nicht in die Mitte des Karussells fallen, auf dem sowohl Rosiee als auch Rebecca gestorben sind, umgeben von den Grimassen diverser Tiere, von denen die Farbe abblättert. Es fällt seitlich ins Basislager, wo Ians und Christians Blutlache zu einem klebrigen schwarzen Fleck geworden ist, einer Anklage, für die niemand zur Rechenschaft gezogen wird. Es funkelt an den Ketten des Kettenkarussells, auf dem Jaden glaubte, in Sicherheit zu sein, und Brandon beschloss, dem ein Ende zu machen. Es verharrt in Brandons Augen, die glasig geworden sind, denn seine Leiche wurde nicht einfach sauber verschlungen. Wer wird jetzt der freundlichste Tankwart von Pocatello, Idaho, sein?

Das Sonnenlicht rast über den Boden, über unzählige gewundene Mauern des Labyrinths, verschlingt Schatten und durchbohrt Nebelschleier, macht alles sichtbar und deutlich. Die Büsche, in die sich Sydney gehockt und die Augen geschlossen hat, damit sie nicht sehen musste, was hinter ihr her war. Der weit aufgerissene Clownsmund, in dem Logan – der so schnell ausgeschieden ist, dass unsere drei Versteckten sich nicht einmal mehr an seinen Namen erinnern können – eingeschlafen ist, um nie mehr herauszukommen. Die zähflüssige Pfütze, ein Zwilling der Lache im Basislager, ein Beweis dafür, dass die schöne Ava existiert hat, dass sie real war, dass sie es versucht hat. Sie hat sich solche Mühe gegeben.

Und hier, ein Pfeil nach dem anderen, der Weg, den Atrius zurückgelassen hat. Er hat dem Wettbewerb sein Zeichen aufgedrückt. Mack bleibt neben den praktischen Pumps am Boden stehen und versucht, sich an die Frau zu erinnern, der sie gehört haben, kann jedoch nur das Bild eines Hosenanzugs und eine gestresste Aura heraufbeschwören.

Isabella, als Erste verloren, für immer verloren.

Mack bemerkt auch den Kinderschuh aus gerissenem,

gesplittertem Leder, der an einem Ast auf Höhe ihres Gesichts hängt. Sie nickt, als würde sie sich insgeheim mit dem Schuh verständigen, nimmt ihn herunter und steckt ihn sich in die Tasche.

Sie geht weiter, weiß zwar, dass dies weit genug ist, muss jedoch das Zentrum des Ganzen mit eigenen Augen sehen. Das, was eine Generation lange vor ihrer heraufbeschworen und bezahlt hat und was nachfolgende Generationen durch andere bezahlen ließen. Trickle-down-Ökonomie. Sie bekommen die Ökonomie, das Blut fließt durch die Dekaden.

Mack biegt um eine Kurve und stolpert beinahe über eine alte Eisenschlinge, die vor Jahrzehnten im Zement verankert wurde. Sie bleibt stehen und ist im ältesten Sinne des Wortes ehrfürchtig – wo die Ehrfurcht noch aus grenzenloser Angst und fassungslosem Staunen besteht, die sich zu einem Gefühl vermischen.

Hier ist der Tempel.

Und hier ist die Bestie.

Anderswo sitzen rings um den Park Männer mit säuerlichen Mienen in ihren Türmen, die erschreckend wenig Trauer um einen ihrer verlorenen Brüder empfinden, ihre Waffen an die Wand gelehnt haben, Kaffee trinken und froh darüber sind, dass es Linda ist, die den Schlamassel in Ordnung bringen muss. Die weniger großmütigen unter ihnen hassen Ray dafür, dass er tot ist und die Wachrotation nun auf einen Mann weniger bauen kann, weshalb sie alle mehr zu tun bekommen. Die Großmütigsten leben längst nicht mehr in der Stadt und haben auch nichts mehr mit ihren Familien zu tun, demzufolge sitzen sie auch nicht in den Türmen.

Selbst Rays Sohn Chuck kann keine stärkeren Gefühle als allgemeines Unbehagen über den Tod seines Vaters und den »peinlichen Fehler« im Park, wie Linda die Sache ärgerlicherweise zusammengefasst hat, heraufbeschwören. Sie werden ihm beim nächsten Mal all das aufbürden. Er ist ein fünfundvierzigjähriger Mann, verdammt noch mal, und er arbeitet noch immer für seinen Vater. Jedenfalls hat er das bis vor wenigen Stunden getan. Wo sind denn seine Segen, die er dem großen Opfer verdankt? Warum muss er sich darum kümmern, dass alles glatt läuft, damit andere Leute davon profitieren? Es ist eine gute Stadt, aber irgendwie kommt ihm das wie ein Todesurteil vor.

Sein Funkgerät erwacht knisternd zum Leben, während es gleichzeitig irgendwo im Park mehrmals knallt. Er springt auf und sieht sich um, kann allerdings nicht besonders viel sehen. Sein Turm steht dem Tor am nächsten und ist nach seinem Urgroßvater Tommy benannt, doch er sieht nichts.

Das statische Rauschen übertönt mehrere Worte, aber einer der anderen – vielleicht Ted? Es hört sich an wie Ted – sagt etwas darüber, dass auf ihn geschossen wurde.

Linda liegt endlich im Bett und drückt sich eine Kompresse an den schmerzenden Kopf, als das Telefon auf ihrem Nachttisch klingelt.

»Was ist?«, faucht sie. Es muss einer der Männer sein, der vermutlich wissen will, wie es mit dem Ersatz für Ray aussieht, als könne sie das nicht alles allein regeln, so wie sie es schon seit Jahrzehnten tut! Wenn sie irgendeinen kompetenten Helfer hätte, wäre es vielleicht nie zu dem Fiasko von letzter Nacht gekommen.

»Du gehst nicht ans Walkie-Talkie. Besteht die Chance, dass die im Park eine Waffe haben?«, will Gary wissen.

»Nein, wir haben im Bus ihre Taschen durchsucht. Woher sollten sie …« Linda lässt das Telefon aufs Bett fallen, rennt durch den Flur und stößt sich dabei den Ellbogen an der Wand. Ihre Handtasche steht noch an der Stelle auf dem Tisch, auf der Mack sie stehen gelassen hat, nachdem sie den herausgefallenen Inhalt wieder hineingeschaufelt hatte. Linda kippt sie verzweifelt um. Aber sie findet natürlich nicht das, was sie sucht.

Sie geht zum Telefon an der Wand und nimmt den Hörer ab. Die Verbindung steht noch. »Entschuldige, ich hab das Telefon fallen lassen. Chuck war anscheinend nicht gründlich genug bei der Durchsuchung. Das ist bestimmt die Veteranin. Seht sie als äußerst gefährlich an.«

Diese dreckigen kleinen Schlampen. Linda zieht sich den Hausmantel über, schnappt sich ihren Autoschlüssel und steigt in den Wagen.

»Welcher Turm?«, verlangt Chuck zu erfahren.

»Riesenrad! Schnell!« Die Stimme des Mannes bricht ab. Chuck ist kurz verwirrt – die Türme haben Namen –, aber er weiß, welchen Ted meint. Rose. Was ebenfalls merkwürdig ist, weil Ted sonst in Ethel ist, aber er muss mit jemandem getauscht haben. Sein Pech. Ihr aller Pech. Ted ist der schlechteste Schütze von ihnen allen, daher müssen sie schnell zu ihm gelangen. Und das Riesenrad befindet sich auf der gegenüberliegenden Parkseite, gute drei Kilometer entfernt, da er einmal außen rumlaufen muss.

»Alle zu Rose!«, gibt Chuck über Funk durch, steigt nach unten und setzt sich auf sein Quad, um von seinem Turm weg und am Tor vorbeizusausen.

LeGrand stellt das Walkie-Talkie auf Senden und hält es in die Richtung, womit er die Leitung blockiert und verhindert, dass die anderen noch kommunizieren können. Dann gibt er zur Sicherheit noch einen Schuss ab, zielt jedoch auf nichts, und rennt los.

»Verdammt noch mal, wo ist es denn?« Ava reißt Ians Tasche auseinander, die auf dem Boden des verlassenen Pavillons lag. Sie ist die Einzige, die nicht in unmittelbarer Gefahr schwebt, aber sie spürt Macks und LeGrands Risiko überdeutlich wie einen Druck in der Brust, Phantomklauen, die ihren Bauch zerfetzen. Sie bringen es heute zu Ende. Ava findet ein altes, in Leder gebundenes Buch und steckt es in eine ihrer vielen Cargotaschen. Damit lässt sich ein Feuer machen. Allerdings kann sie das Feuerzeug nicht finden.

»Ah!«, schreit sie triumphierend auf und taucht mit dem schmalen silbernen Feuerzeug aus den Tiefen von Ians Tasche auf. Dann überlegt sie sich die Sache mit dem Buch noch mal anders, nimmt sich eins von Christians *Athens Solar*-T-Shirts, packt den monströsen Generator und zieht ihn hinter sich her.

Ihr noch intakter Magen zieht sich zusammen. Vielleicht hätten sie für diese Aufgabe jemanden mit zwei funktionierenden Beinen auswählen sollen.

»Scheiße, Scheiße, Scheiße.« Sie beißt gegen den Schmerz die Zähne zusammen. Das hier hätte nie ihr Kampf sein sollen. Aber ist nicht jeder Kampf ihr Kampf, ob sie nun davon profitiert oder nicht? Sie ist das Kämpfen so leid.

»Mack«, flüstert sie, schließt die Augen und holt tief Luft. Dann hockt sie sich hin, so gut es mit einem rechten Knie und Knöchel geht, die sich nicht mehr beugen lassen, legt die Arme um den Metallkäfig, in dem sich der Generator befindet – die elenden Geizhälse konnten nicht mal einen mit Rädern besorgen? –, und steht brüllend auf.

Einen Fuß vor den anderen ist gut genug, denkt sie und muss lachen, weil sie nur noch einen guten Fuß hat. Aber es wird reichen. Es muss reichen.

Sie ist die gottverdammt stärkste Frau der Welt.

In Macks Kopf, der von den Wunden jener Nacht vernarbt ist, hat ihr Vater sein Gesicht verloren. Er hat sich in etwas Großes verwandelt, das sich in unmöglichem Winkel verbiegt und schwarze Löcher statt Augen besitzt. Er hielt kein Messer in der Hand, er *war* ein Messer.

Aber Mack, die dem Tod ins Auge blickt, lässt endlich zu, dass sie sich an ihren Vater erinnert. Und als sie das tut, muss sie lachen.

Er hatte einen Bierbauch. Seine Arme und Beine waren dünn, das Haar so schütter, dass es an einigen Stellen ausfiel. Er konnte sich keinen Bart wachsen lassen. Seine Augen sahen aus wie ihre, zu groß, weit auseinander, sodass er stets so wirkte, als wäre er abgelenkt oder ein bisschen verwirrt. Der schnellste Weg, sein explosives Temperament hochgehen zu lassen – was eigentlich kein großes Problem darstellte –, bestand darin, ihn zu fragen, ob er auch zuhörte. Dadurch hatte er die meisten Jobs verloren.

Er versuchte ständig, irgendwelche Abflüsse zu reparieren, fluchte, tobte und erklärte dann, dass er eine Pause brauche, um in einer Bar zu verschwinden. Macks Mutter trat dann immer schweigend auf den Plan und brachte die Sache zu Ende, damit er nach seiner Rückkehr selbstgefällig erklären konnte, er habe alles richtig gemacht, und das Ganze habe sich nur ein paar Minuten setzen müssen.

Er schrie seine Lieblingsfernsehprogramme an, als hätten seine Gefühle irgendwelche Auswirkungen auf das, was auf der Mattscheibe geschah.

Er machte Pancakes mit Grinsegesichtern aus Schokostreuseln und konnte klar und melodisch pfeifen.

Er schlug ihre Mutter, und er schlug Maddie und Mack, aber nicht, weil er stark war, ganz im Gegenteil. Kein starker Mensch schlägt ein Kind. Niemand, der stark ist, tut irgendetwas von dem, was er machte.

Und Mack ist sich in einer Hinsicht ganz sicher: Er tat alles mit voller Absicht. Er sah die Welt an und hatte das Gefühl, sie schulde ihm mehr als das, was er besaß, und wenn sich das nicht einstellte, dann ließ er seinen Frust an jedem Menschen aus, der versucht hatte, ihn zu lieben, und der ohne ihn vermutlich glücklicher gewesen wäre.

Endlich kann Mack ihn in ihrem Verstand als klein, unfähig und unendlich wütend sehen. Er war gar kein Monster, sondern nur ein unfassbar armseliger Mensch.

Das Monster vor ihr ist ganz und gar nicht menschlich, wenngleich seine Hände ansatzweise so aussehen. Es hat keine Klauen, sondern eher dicke, gerillte Nägel, die nie gestutzt wurden, abgebrochen sind, weiterwuchsen, wieder brachen und zu zackigen Kanten wurden. Es schlurft auf Beinen, die sich an den Knien nach hinten biegen wie bei einer Kuh, auf sie zu. Am Ende dieser Beine erspäht sie schwere Hufe, die fast unter dichtem, verfilztem Fell verschwinden, vom Moos grün verfärbt, und nicht etwa fröhlich klappern, sondern leise tapsen.

Seine Schultern sind breit, zu breit, und kräftig. Die massive Brust verjüngt sich an der Taille fast schon zu sehr, bevor sie in Hüften übergeht, die nicht für das aufrechte Gehen geschaffen zu sein scheinen. Es besitzt keinerlei Genitalien, nur mehr von diesem verfilzten, grün verfärbten Fell. Sein Kopf befindet sich parallel zum Boden, weil es sich dermaßen krümmt. Auf dem kurzen, breiten Hals ruht ein Kopf mit einem flachen Gesicht mit zwei Nasenlöchern, die beben, als das Monster suchend und tief einatmet. Die schrecklichen Narben an den Stellen, an denen ihm die Augen ausgestochen wurden, befinden sich zwischen zwei unpassend zarten Ohren, die samtweich aussehen und sich auf beiden Kopfseiten unter den langen, fast schon sinnlich zu einer Krone gekrümmten Hörnern abschrägen.

Die Hornkrone sieht schwer aus. Mack fragt sich, ob ihm nach einem langen Tag, an dem es auf der Jagd war, wohl der Hals wehtut.

Anders als ihr Vater hat dieses Monster nichts armselig Menschliches an sich, doch es wirkt auf sie dennoch erbärmlich, als es näher kommt und der Geruch nach Tod, Verwesung und Fäulnis ihre Sinne bestürmt und sie warnt, dass dies das Ende ist.

Obwohl dieses Ding, diese Abscheulichkeit, so viele Menschen vernichtet hat und auch sie verschlingen würde, kann sie es nicht hassen. Was immer diese Familien getan haben, um es heraufzubeschwören, um diesen Pakt zu besiegeln, so kann sie sich beim besten Willen nicht vorstellen, dass es damit einverstanden war. Es macht auf sie nicht den Anschein, als wäre es dazu in der Lage.

Es existiert, um zu verschlingen. Wer kann es dem Monster verdenken, dass es seinem schrecklichen Kurs folgt, dass es an einem Ort lebt, an den es nicht gehört, dass es zu einer elenden Existenz gezwungen wird und nur Nahrung und Futter erhält, um weiter zu existieren?

Mack nimmt Rosiees scharfkantigen Herzanhänger, den sie aus dem Karussell mitgenommen hat, und zieht ihn sich über das Handgelenk. Blut quillt an der Linie hervor, da die Haut zwar aufgeritzt, die Wunde jedoch nicht sehr tief ist.

Das Monster verharrt und reißt den Kopf in Macks Richtung herum. Es bläht die Nasenflügel auf.

Ihre Aufgabe besteht darin, dafür zu sorgen, dass das Monster dort ist, wo sie es haben wollen, wo es sein soll. Doch statt sich umzudrehen und loszurennen, sieht Mack zu. Sie kann den Blick nicht abwenden. Als der Tod sie das erste Mal holen wollte, hat sie ihn verpasst, und hier war sie für ihn bereit – hätte ihn vielleicht sogar mit offenen Armen empfangen. Dieses letzte, ultimative Versteck, die

Dunkelheit, in der sie niemand finden kann. Nicht ihr Vater, nicht ihre Schuldgefühle oder ihre Scham, weder Hunger noch Furcht oder Verlangen.

Das Monster öffnet die zu einer schmalen Linie zusammengepressten Lippen, und etwas Speichel tropft aus seinem Mund. Darin sind keine Zähne. In seinem Schlund gibt es nur das Vergessen. Eine samtene Schwärze, die so tief und vollkommen ist, wie Mack sie nie gesehen hat und nie wieder sehen wird. Und jenseits davon die Andeutung von etwas Brennendem. Kein warmes, hungriges orangefarbenes Feuer, sondern das kalte weiße Pulsieren eines fernen Sterns.

Mack macht einen Schritt auf die starke Anziehungskraft dieses Versprechens zu.

In der Ferne fallen mehrere Schüsse, und Mack erinnert sich. Sie erinnert sich an ihr Ich, extrem verdichtet, so weit verdrängt, dass sie nichts als den Sog ihres Elends, das schreckliche Gewicht ihrer einsamen Scham hatte.

Aber ihr Panzer ist aufgebrochen, und das war nicht ihr Ende. Sie ist nicht verbrannt oder geplatzt. Sie ist nicht mehr allein, und sie wird ihre Freunde nicht verlassen, und sie weiß auch – sie hat es gesehen, gespürt und würde es sogar ohne diese Beweise glauben –, dass ihre Freunde sie nicht im Stich lassen, dass Ava da sein wird.

Mack dreht sich um und rennt los, und der Tod folgt ihr schnell, angezogen vom Geruch ihres Bluts und der Gier nach mehr.

Ava kommt zu langsam voran. Das weiß sie selbst. Aber selbst ihr unbändiger Wille kann ihren Körper nicht dazu bewegen, schneller zu sein. Der Generator mit dem Namen *Predator,* was vom Unternehmen nicht einmal ironisch gemeint war, wiegt fast einhundert Kilo. Sie ist froh darüber, denn das bedeutet, dass noch Benzin im Tank ist.

Aber es bedeutet ebenfalls, dass sie ihn kaum schieben und erst recht nicht das zügige Tempo vorlegen kann, mit dem sie geplant hat.

Sie verlassen sich darauf, dass sie zur richtigen Zeit am richtigen Ort ist, ansonsten haben sie keine Chance. Mack wird sterben, LeGrand wird sterben, und was bleibt Ava dann noch? Endlich hat sie ihre Grenzen wiedergefunden, endlich glaubt sie, die gewaltige Leere füllen zu können, die einen so großen Teil von ihr erobert hatte. Endlich hat sie ein Ziel und eine Familie, was ihr beides zusammen mit einem funktionierenden Bein genommen worden war.

Im Augenblick würde sie fast alles für ihr altes Bein geben. Ihr Knie zittert und gibt beinahe nach, ihr von einem Stiefel umgebener Metallknöchel rutscht gefährlich weit nach vorn. Sie kann sich nur mit Mühe auf den Beinen halten.

Kopf runter. Erledige deine Arbeit. Sie hat schon krassere Dinge gemacht.

Hat sie?

Vermutlich nicht. Na gut, dann ist das eben das Krasseste, was sie je gemacht hat, und sie will verdammt sein, wenn sie es nicht schafft.

»Du bist die stärkste Frau auf der Welt«, raunt ihr Maria in ihrer Erinnerung zu, in der sie beide auf ihrer Pritsche lagen, so dicht beieinander, dass Ava genau wusste, wo ihr Körper endete und Marias anfing, weil sie jeden Zentimeter davon spürte.

»Unmöglich.« Maria hatte Avas Bizeps gedrückt und gelacht, als Ava ihn stolz anspannte. »Auch ohne die Muskeln«, hatte Maria gesagt und sie gezwickt, »auch ohne all das wärst du noch immer die stärkste Frau der Welt.«

Ava ist es so leid, stark zu sein. Sie hatte Maria nicht retten können und auch nicht ihre Seele, und warum sollte sie überhaupt so stark sein? Die Welt verlangt von

Frauen wie ihr ständig Stärke, dass sie unendliche Anmut und Geduld an den Tag legen und beweisen, warum sie es verdienen zu …

Ava stolpert erneut, und diesmal kann sie sich nicht mehr fangen. Es gelingt ihr nur noch, sich in der letzten Sekunde zu drehen, sodass der Generator nicht auf ihr landet und sie auf den Boden presst.

»Scheiße!«, schreit sie und drückt die Nase ins Laub zahlloser Jahreszeiten. Ein erdiger Geruch, Dreck, Verwesung und Leben in einem, dringt ihr in die Nase und den Mund und versucht, sie zu erobern.

Ava bleibt eine Sekunde lang liegen. Zehn Sekunden. Dreißig. Eine Minute.

Nur, weil sie nicht so verdammt stark sein sollte, bedeutet das noch lange nicht, dass sie es nicht ist. Ava steht auf. Sie greift in den Metallkäfig um den Generator und zerrt ihn hinter sich her.

Sie bewegt sich, ohne nachzudenken, ohne auf ihr Vorankommen zu achten, hat nichts außer ihrem Ziel im Sinn. Sie denkt nicht daran, wohin sie gerade geht, überlegt nicht, was sie tun muss, wenn sie dort ankommt. Sie sieht nur das Ziel, das jenseits von alldem liegt. Mack und LeGrand und die Freiheit.

Ihre Tasche mit Ians Buch schlägt ihr gegen das Bein, während ihre anderen Taschen klimpern und gefüllt sind Bargeld und Lindas Familienschmuck – den sie als Vergeltung dafür mitgenommen hat, dass ihre gottverdammte *Heilige* von einer Mutter immer wieder von Frauen wie Linda, deren Häuser sie putzte, bezichtigt worden war, ihren Schmuck gestohlen zu haben –, und ihre Muskeln zittern, und ihr Rückgrat schmerzt, und ihr Knie bewegt sich nicht richtig, und ihr Fußknöchel zickt rum, und Ava macht weiter.

Sie hat keine Ahnung, wie nah sie dem Tor bereits ist, und da sie rückwärtsgeht, sieht sie auch die Besitzerin dieses schrecklich protzigen Schmucks nicht, die auf der anderen Seite steht und mit dem Gewehr auf Avas Rücken zielt.

Mack folgt Atrius' Pfeilen und lässt sich von seinem Geist leiten. Ihr Arm blutet, wo sie sich mit Rosiees Silber geschnitten hat. Die leisen Schritte werden immer lauter, was daran liegen könnte, dass das Monster ganz nah ist, das sich ihrem Tempo bei dieser furchtbaren heißhungrigen Verfolgungsjagd anpasst, und sie kann sie in sich spüren, all diese verlorenen Menschen, die sich so angestrengt haben, um sich einen Ort zu schaffen, an dem sie erfolgreich sind, berühmt, stabil, wo sie geliebt werden und sich sicher fühlen.

Sie kamen hierher, voller Verzweiflung, angelockt von dem Versprechen, endlich etwas zu gewinnen, und wurden reingelegt und verschlungen, damit andere, die bereits alles hatten, weiterhin genau das besitzen durften, was schon ihnen gehörte, was sie ohnehin bekommen hätten, was sie als ihr Anrecht ansahen. Für das sie vierzehn hoffnungsvolle Seelen bezahlen lassen wollten.

Mack kann sich nicht an all ihre Namen erinnern, aber das ist nicht weiter wichtig. Sie sind nicht mehr ihre Rivalen. Sie sind ihr Team. Sie wird diesen Wettbewerb nicht ihnen zum Trotz, sondern ihnen zuliebe gewinnen. *Für* sie. Für Isabella und Logan und Rosiee und Sydney und Atrius und Rebecca und Ian und Christian und die schöne Ava und sogar Jaden.

Und Brandon.

Und LeGrand.

Und Ava. Aber sie rennt nicht für Ava. Sie rennt auf Ava zu und vertraut vollkommen darauf, dass Ava bereit sein wird.

Ein weiterer Schuss hallt durch die Luft, diesmal deutlich näher, und wenn Mack sich nicht derart aufs Laufen konzentriert hätte, auf das Zurechtfinden in diesem Labyrinth mit einem Monster dicht auf den Fersen, dann hätte sie sich gefragt, warum sie noch einen Schuss hört, wo LeGrand doch seinen Teil erledigt hatte und zu ihnen kommen sollte.

Wäre es irgendjemand anderes als Ava gewesen, hätte die Gestalt Lindas Kugel abbekommen.

Aber Linda lässt außer Acht, dass Ava schon viele aktive Gefechte erlebt hat. Dass Avas Instinkte trotz der Tatsache, dass sie ihr den Rücken zuwendet und ihr Körper protestiert und sich ihr Verstand auf eine einzige unmögliche Aufgabe konzentriert, den Klang eines gespannten Gewehrs erkennen und sie sich genau in dem Moment, in dem der Abzug gedrückt wird, zu Boden werfen wird.

Der Schuss trifft genau die Stelle, an der Ava eben noch stand. Linda ist nicht nur eine schlechte Mutter, eine vergessene Ex-Frau und die Hoffnungen und Träume ihre Großeltern, die gleichzeitig komplett erfüllt und drastisch gescheitert sind, sondern auch eine hervorragende Schützin.

Ava rollt sich zur Seite ab und kauert sich hinter den Generator.

»Ach, jetzt steh schon auf, du wertloses Tier«, ruft Linda. »Hast du wirklich geglaubt, alle würden sich dazu verleiten lassen, ihren Posten aufzugeben? Ich werde meinen niemals aufgeben! Er ist mein Geburtsrecht, mein Vermächtnis, und niemand wird ihn mir wegnehmen.« Linda verzieht die ungeschminkten Lippen zu einer hässlichen Grimasse, und ihre falschen Zähne zeichnen sich weiß und gerade vor ihrem grauen Zahnfleisch ab. »Steh auf und ertrag es wie der Mann, der du gern wärst.«

Ava geht ihre Möglichkeiten durch. Sie hat keine. Die

Straße zum Tor wurde gerodet, und die nächste Deckung ist nicht nahe genug, um sie bei einer so guten Schützin wie Linda erreichen zu können. Das bedeutet noch lange nicht, dass der Plan gescheitert ist, sagt sich Ava. Nur ihr Anteil daran geht in die Hose. Vorsichtig holt sie T-Shirt und Feuerzeug hervor und legt beides so auf den Boden, dass LeGrand und Mack sie finden werden. Ein letztes Geschenk der Liebe.

Dann steht Ava auf und dreht sich um, reckt dabei beide Hände in die Luft und die Mittelfinger gen Himmel.

Linda deutet mit dem Gewehr auf den Generator. »Was hattest du damit vor? Wolltest du das Ding in die Luft jagen?« Ihr Lachen ist harsch und hässlich, vernachlässigt, dünn und sauer wie der Atem, der es durch die Luft trägt. Denn Linda hat genau das getan, was von ihr erwartet wurde, doch obwohl sie von den schrecklichen Opfern jener, die vor ihr kamen, profitiert hat, war ihr Leben doch vollkommen frei von Glück, Wärme, Freude. Sie hat alles und doch nichts, und einem Teil von ihr ist das durchaus bewusst. Ein Teil von ihr weiß Bescheid und muss Ava vernichten, muss das bisschen Hoffnung zerstören, das Ava noch hat, bevor sie sie umbringt.

Ava soll begreifen, dass sie, Linda, und nicht Ava gewinnen wird. Dass sie besser ist als Ava.

»Ihr könnt es nicht töten«, säuselt Linda. »Du kannst da stehen und dich in die Luft jagen, während das Monster auf dir hockt, und es würde dennoch unversehrt bleiben. Es ist weder Tier noch Mensch. Es ist ein Konzept. Es ist ein Pakt. Es ist eine Vereinbarung zwischen meinen Großeltern und dem Universum, die besagt, dass es uns wohlergehen wird, solange wir es füttern. Und wir werden nie aufhören, es zu füttern. Es mag dich nicht wollen, aber es wird sich Mack und LeGrand holen, ebenso wie all die anderen armseligen Äste, die wir kappen, um es zu füttern. Es wird immer da sein, und jemand wie du kann rein gar nichts dagegen unternehmen.«

Ava spannt die Kiefermuskeln an. Sie will nicht, dass ihr Teil schon vorüber ist. Sie wünscht sich, es würde anders enden. Doch das Universum hat sich noch nie für ihre Wünsche interessiert.

»Halt die Klappe und schieß endlich, du blöde Kuh«, sagt Ava.

Ein Schuss hallt durch die Luft.

Ein weiterer Schuss, und diesmal ist er nahe genug, dass Mack ihn bemerkt und es mit der Angst zu tun bekommt. Sie wird sogar noch schneller, wobei sie nicht mal wusste, dass das möglich ist. Für jemanden, der sich so oft gefragt hat, ob es nicht besser gewesen wäre, zusammen mit ihrer Familie zu sterben, ist sich Mack unverhofft deutlich bewusst, wie leicht das Sterben ist und dass sie es um jeden Preis verhindern will.

Ava spürt, wie die Waffe losgeht, die Gewalt des Schusses hallt durch ihren ganzen Körper. Und sie sieht zu, wie Linda das Gewehr fallen lässt und ins Taumeln gerät, als ein frischer scharlachroter Fleck auf ihrem geblümten Hausmantel erscheint, bevor sie nach hinten umkippt.

LeGrand tritt hinter der Mauer hervor, hinter der er sich versteckt hatte, und wirft Lindas verzierte Pistole zur Seite. »Keine Kugeln mehr«, erklärt er sachlich. »Wir müssen uns beeilen. Mack dürfte bald hier sein.«

Er packt eine Seite des Generators, und Ava, die sich noch immer nicht sicher ist, ob sie nicht doch angeschossen wurde, ergreift die andere. Zusammen zerren sie den Generator dorthin, wo sie ihn haben wollen.

»Ist das eine gute Stelle?«, erkundigt sich LeGrand.

Ava ist sich nicht sicher, aber ihnen bliebt keine Zeit mehr. Mack müsste jeden Augenblick da sein. Sie muss gleich kommen. Mack wird es schaffen.

Ava schraubt den Tank auf und verdreht Christians T-Shirt, um es so weit hineinzustopfen, dass es sich mit Benzin vollsaugt. *Bitte,* fleht sie und achtet darauf, sich nur an den Gott ihrer Mutter und an keine andern zu wenden, die an diesem verfluchten Ort zuhören konnten, *bitte mach, dass noch genug Benzin drin ist.*

Atrius' Pfeile hören auf.

Mack steht an einer Kreuzung. Zwei Wege führen in das tödliche Labyrinth, und sie kann es sich nicht leisten, den falschen zu nehmen.

Vielleicht ist Atrius von einem anderen Punkt aus gestartet. Vielleicht hat er diese Stelle nicht markiert. Der ganze Park wurde geschaffen, um ein Monster im Inneren festzuhalten, um zu verwirren, zu verdrehen und kehrtzumachen, damit die Bestie niemals zu weit an den Rand gelangt und damit ihre Beute ebenfalls eingesogen wird. Der Park erledigt seine Aufgabe ganz hervorragend.

Mack hört das Donnern der Hufe hinter sich, und ihr mühsam errungener Vorsprung wird innerhalb weniger Herzschläge überbrückt sein, die den Countdown zu ihrem Ende bilden.

»Ava«, flüstert sie und schließt die Augen.

Etwas zieht sie nach rechts. Ob es nun Avas Anziehungskraft, Hoffnung oder Torheit ist, kann Mack nicht sagen, aber sie wird es schon bald herausfinden.

Linda stöhnt. Ava schwitzt. LeGrand steht auf der hüfthohen Steinmauer, die den Weg in den Park säumt, und hält Ausschau. Wartet.

Mack bleibt stolpernd stehen und sieht sich entsetzt um.

Sie ist nicht auf den Weg zum Tor abgebogen, sondern direkt zu ihrem ersten Versteck gelaufen. Zu der Hütte mit den Quietscheentchen und dem eingesunkenen Dach, auf dem sie sich versteckt hat, auf dem das Band zu Ava entstanden ist, aus der Ava die Hilfsmittel hatte, um über den Zaun zu klettern.

Doch jetzt bietet ihr die Hütte weder Sicherheit noch Hoffnung. Sie ist in die entgegengesetzte Richtung gelaufen und befindet sich nun tiefer im Labyrinth, hat die falsche Richtung eingeschlagen. Zwar weiß sie, wie sie von hier aus zum Pavillon kommt, doch dazu muss sie umkehren – auf den gnadenlosen, geduldigen Hufschlag zulaufen, der immer näher kommt.

Mack rennt vorwärts, versucht, die Sache in Ordnung zu bringen, wieder auf den richtigen Weg zu gelangen. Sie achtet nicht mehr auf die Richtung, dreht und wendet sich. Ihr Herz rast, ihr Atem geht stoßweise, sie wird sterben, und dann wird LeGrand sterben, und dann wird Ava sterben, und wieder einmal wird es ihre Schuld sein. Es war ihre Entscheidung, in den Park zurückzukehren. Ihr Egoismus.

Mack stolpert und prallt gegen den einsamen Wagen einer Achterbahn, der mitten auf dem Weg steht.

Sie braucht mehr Zeit. Sie muss sich Zeit verschaffen, um herauszufinden, wo zum Henker sie eigentlich ist.

Der Wagen ist mit dem Gesicht einer leidgeprüften Kuh bemalt, die sie müde ansieht und anzuflehen scheint, das wahrzunehmen, was sie sieht.

Mack dreht den Kopf. Die Achterbahn steht gleich neben ihr, und ein hölzerner Weg führt über eine verräterische Bahn hoch, hoch hinauf in die Bäume. Sie kann aufgrund der Äste und des Efeus nicht sehen, wo sie endet. Das ist eindeutig kein Weg, der zum Tor führt. Aber vielleicht, nur vielleicht, wird er sie retten.

Mack springt auf die Gleise und läuft direkt nach oben.

Als sie gebaut wurde, war die *Cattle-Run*-Achterbahn ein technisches Wunderwerk. Die meisten Achterbahnen wurden so entwickelt, dass sie kompakt waren, damit man sie leicht abbauen, transportieren und wieder zusammensetzen konnte, wenn genug Geld da war.

Um zu demonstrieren, dass sie keine Geldsorgen hatten, und voller Zuversicht, was die Dauerhaftigkeit des Vergnügungsparks betraf, gab Lillian Nicely Smith ein Wunderwerk aus Holz und Metall in Auftrag, die längste je gebaute Achterbahn. Sie sollte nie demontiert und an einen anderen Ort gebracht werden, sondern der hoch aufragende, steil abfallende und beeindruckende Beweis dafür sein, dass Dinge, die in Asterion gebaut werden, ewig halten.

Sie war das beliebteste Fahrgeschäft im Park und so schnell und voller Drehungen, dass es am Ausgang Spuckeimer für die unglücklichen Fahrgäste gab, die heraustaumelten und sich ihres überteuerten Mittagessens entledigten. Ians geliebter, von Langeweile geplagter russischer Revolutionär hätte sie als perfektes Beispiel für den Einfallsreichtum und Exzess der Amerikaner bezeichnet.

Bis zu dem unglücklichen Zwischenfall mit dem kleinen verschwundenen Mädchen war die Achterbahn in der Tat der berüchtigtste und berühmteste Bestandteil des ganzen Parks.

Doch alles geht irgendwann einmal zu Ende. Der Park wurde geschlossen. Selbst wenn die Achterbahn demontierbar gewesen wäre, hätte sie niemand gekauft, weil keiner etwas aus dem Park haben wollte, mit Ausnahme des Monsters, das ihn nie verließ, das in seiner Mitte schlief und nur alle sieben Jahre aufwachte, um zu verschlingen, zu segnen und weiterzuschlafen.

Wie sich herausstellte, war auch diese Achterbahn nicht für die Ewigkeit geschaffen. Auf halber Höhe des ersten Anstiegs tritt Macks Fuß durch ein verrottetes Brett.

»Scheiße«, stößt sie keuchend hervor und fällt hart auf ein Knie, als ihre Wade von den Holzsplittern im von ihr geschaffenen Loch durchbohrt wird. Ohne darauf zu achten, ob die Haut unter dem Hosenbein aufreißt, zieht Mack das Bein wieder raus. Sie läuft zum steilen Anstieg, so schnell und geschickt, wie sie nur kann, mit einem leeren Fokus dank all der Jahre, in denen sie nichts tat und nichts war. Sie ist so leicht wie die Erinnerung an das Lachen ihrer Mutter, so sanft wie die Berührung von Avas kurz geschorenem Haar, so gewichtslos wie die Ente eines Kinds, die aus grobem gelbem Garn besteht.

Mack erreicht die Spitze der Achterbahn, und ihr dreht sich der Magen um, als der Park unter ihr verschwindet und sie über den Baumwipfeln steht.

Da, das Tor! Und dort, ein Weg durch das Labyrinth, eine mäandernde Rückkehr der Hoffnung.

Mack spürt den heißen, feuchten Atem des Todes im Nacken. Sie dreht sich nicht um. Sie stürzt die Gleise hinunter, wobei ihre Füße kaum mit dem Schwung mitkommen, und springt über ein gewaltiges Loch an der Stelle, an der ein ganzes Stück herausgebrochen ist. Auf der anderen Seite kommt sie hart auf, rollt sich ab und ist mit Splittern gespickt. Hinter ihr ist ein schrecklicher Knall zu hören, doch sie dreht sich nicht um, wartet allerdings auf etwas – ein tiefes animalisches Stöhnen, das Schmerz oder Panik vermittelt, einen Hinweis darauf, dass das Monster abgestürzt oder langsamer geworden ist –, aber es ist nichts zu hören.

Dennoch hat sie sich einige kostbare Sekunden erkauft. Sie läuft weiter, richtet den Blick stur auf die Gleise vor sich, sucht nach einer Stelle, an der sie abspringen muss, um ihren Fluchtplan in die Tat umzusetzen.

Überall im Park winden und drehen sich Wege und versprechen Sicherheit, sind jedoch eigentlich dafür gedacht, die Beute des Monsters einzupferchen, ihm die Jagd zu erleichtern. Es soll einfacher werden für das Monster, einfacher für die Opfer, einfacher als kämpfen, laufen und hoffen.

Hoffnung ist erschöpfend, und Mack geht langsam die Kraft aus.

Eine Senke, eine Drehung, ein Stolpern, und Macks Magen zieht sich vor Furcht zusammen, weil sie ihren Weg verloren haben könnte. Weil sie vielleicht ewig über diese Gleise rennen wird, bis es sie erwischt. Ein unendlicher, sinnloser Kreislauf, so wie der, in dem sie schon immer gesteckt hat.

Avas Lächeln, denkt sie, rennt schneller, springt über die nächste Lücke und bemerkt kaum, dass sie fällt und sich rostige Nägel in die Handflächen bohrt. Sie reißt sich los und läuft weiter.

LeGrands Schwester, denkt sie, klettert die nächste Steigung hinauf, die Steigung, die sie am dringendsten benötigt, und blickt auf den Teich unter sich hinab, die Schicht aus grünem Schleim darauf, die verhindert, dass man die Tiefe ermessen kann. Jenseits davon befindet sich der Zugang zu ihrem Weg.

Ihr bleibt keine Zeit, um hinunterzuklettern, und sie weiß nicht, wie tief das Wasser ist. Wenn sie springt und es flach ist, wird sie sich etwas brechen und verschlungen werden. Wenn sie klettert, dauert es zu lange, und sie wird verschlungen.

Sie denkt an den Vogel, der für immer versteckt und allein auf den dunklen Deckenbalken lebt. Sicher. Aber niemals frei.

Ich, denkt sie, *und Maddie.* Mack springt in die Luft, fliegt unfassbar lange, angetrieben von der Hoffnung, der Furcht, der Verzweiflung und noch etwas anderem … endlich Frieden.

»Komm schon, komm schon, komm schon«, flüstert Ava, die direkt neben dem Generator hockt. Sie dürfen nicht zu früh loslegen, sonst ist alles verloren. Sie muss die Zeit genau abpassen. LeGrand ist auf einen Baum geklettert und hält Wache. Wartet.

Linda liegt auf der anderen Seite des Zauns und winselt vor Schmerz. Ihr Atem geht gepresst und flach und hört sich feucht an. Ava weiß aus Erfahrung, dass das kein gutes Geräusch ist. Heute hört sie es jedoch voller Freude.

Endlich stößt LeGrand einen Schrei aus. Ava zündet das Ende des T-Shirts an, das nun völlig mit Benzin getränkt ist und im offenen Tank des Generators steckt.

»Los!«, brüllt Ava und winkt LeGrand zu. Er springt vom Baum und duckt sich hinter eine Steinmauer. Christians T-Shirt brennt jetzt lichterloh, und wenn alles nach Plan geht, fliegen gleich Schrapnells durch die Luft.

So viele.

LeGrand taucht noch einmal auf, um Ava über die Mauer zu helfen, und sie kauern zusammen direkt neben einer Stelle, an der einst ein kleines Mädchen saß und mit den Hacken ihrer noch neuen und glänzenden Kunstlederschuhe gegen den Stein schlug.

»Komm schon, komm schon, komm schon«, betet Ava abermals.

Die Explosion ist ohrenbetäubend; ein unglaublicher Knall, untermalt vom grässlichen Klang verbogenen Metalls. Ava und LeGrand werden nach hinten geschleudert und liegen benommen auf dem Boden, während Metallsplitter, Erdklumpen und Betonbrocken auf sie herabregnen.

Sie rappeln sich zaghaft auf und untersuchen sich auf Verletzungen, als sie sich den Staub und die Trümmer abstreifen. Ein keuchendes Lachen hallt ihnen entgegen. Linda, die noch immer flach auf dem Rücken liegt, lacht gurgelnd auf. »Ihr wart zu früh dran. Die Bestie ist noch nicht mal hier.«

Ava geht zu den gesprengten Überresten des Generators und sieht Linda durch das Tor hinweg an. »Dumme Linda. Wir wollten doch gar nicht das Monster in die Luft jagen.«

Lindas Lachen verwandelt sich in ein Röcheln, als sie sich auf die Ellbogen stützt, um herauszufinden, was sie getan haben.

Mack bricht mit weit aufgerissenen Augen zwischen den Bäumen hervor, über und über mit grünem Schleim bedeckt und pitschnass und doch das Schönste, was Ava je gesehen hat.

Mit bebender Brust bleibt Mack stehen und betrachtet das Werk der Zerstörung. Das Tor mit den uralten Symbolen, das fast ein Jahrhundert lang ein Monster aufgehalten hat, hängt schief in den Angeln. Es ist vollkommen hinüber. Nur ein paar verbogene Buchstaben, die zur Eröffnung des Parks oben ans Tor gelötet worden waren, sind noch übrig.

Auch das Labyrinth wurde besiegt, die Bestie aus dem Gewirr an Wegen und Mauern hinausgeleitet, das sie vom Tor fernhalten sollte und auch von den Menschen dahinter.

LeGrand, Mack und Ava haben ganz vergessen, dass sie von einem ungeahnten Schrecken verfolgt werden, so sehr freuen sie sich darüber, wiedervereint zu sein, und bestaunen die Zerstörung. Doch das Donnern der Hufe, das eher zu spüren als zu hören ist, spornt sie an. Sie klettern durch die verbogenen Überreste des Tors und helfen einander ins Freie. Lindas Wagen wartet schon auf sie, und der Schlüssel steckt bereits im Zündschloss.

»Halt«, keucht Linda und wedelt schwach mit einer rot benetzten Hand, als könnte sie sie festhalten und zum Bleiben bewegen. »Ihr dürft es nicht rauslassen! Ihr müsst wieder reingehen! Wenn ihr es füttert, bevor es das Tor erreicht, kehrt es in die Mitte zurück! Bitte. Ihr wisst nicht, was passieren wird.«

Ava, Mack und LeGrand sehen sich an.

»Vielleicht frisst es die übliche Menge in der Stadt und legt sich dann wieder sieben Jahre schlafen«, meint LeGrand. »Oder es verschwindet einfach.«

»Oder es frisst sie alle, wo es jetzt nicht mehr gebunden ist«, überlegt Ava. »Was bedeuten würde, dass es euch irgendwann auch holen kommt.«

Mack blickt zurück zum Labyrinth, in dem sich so lange Zeit ein Monster verbarg, das sich von Jugend, Hoffnung und aufgeschobenen Träumen ernährte. Das verletzliche Menschen verschlang, damit die mächtigen ihre Macht, ihre Sicherheit, alles behalten konnten.

Das Monster taucht zwischen den Bäumen auf, hungrig, unaufhaltsam, endlich frei. Es reckt den Kopf, richtet sich zu seiner vollen, schrecklichen Größe auf, und das Sonnenlicht fällt auf seine Hörnerkrone und lässt sie wie eine brennende goldene Scheibe aussehen. Es macht einen Schritt auf das Tor zu, schnüffelt und sucht nicht weiter. Seine nächste Mahlzeit ist gut zu riechen.

Mack wirft Ava Lindas Gewehr zu, das sie aufgehoben hat, und bedeutet LeGrand und Ava, in den Wagen zu steigen. Sie hockt sich neben Linda hin. Das frische Blut auf Lindas Bauch gleicht dem Lied der Sirenen und lockt das Monster an, das die letzten Schritte zum zerstörten Tor zurücklegt.

Zur Freiheit.

Zu welchem Ende der Zerstörung auch immer.

»Bitte«, flüstert Linda mit Blut auf den blassen Lippen. »Du bist eine Nicely. Du verstehst es. Hilf mir, oder es wird uns alle vernichten.«

Mack zieht den Schuh und das feine bestickte Taschentuch hervor. Sie stellt den Schuh auf Lindas Brust und drapiert das Taschentuch über der Bauchverletzung. Die Baumwolle saugt das Blut zuerst auf und bildet einen roten Hintergrund, auf dem das Wort *Nicely* weiß hervortritt, bevor es sich ebenfalls verfärbt.

Achselzuckend steht Mack auf und geht zum Wagen. »Wen interessiert das schon.«

DANKSAGUNG

ALS MEIN ÄLTESTES Kind in der achten Klasse war, erschien im Jahrbuch ein Artikel über das vermeintlich wie ein Kunstwerk bemalte Buntglasfenster im Klassenzimmer. Welchem Zweck es diente? Es sollte verhindern, dass ein Amokschütze ins Innere sehen konnte. Schon mit fünf Jahren lernen amerikanische Kinder, wie sie sich vor Kugeln in Sicherheit bringen, und zu ihrem Schutz geben wir ihnen *Kunstwerke*. Was wird bei einer Partie *Pistole, Stein, Papier* wohl gewinnen?

Doch ich habe auch nur Kunst zur Verfügung, daher schrieb ich diesen Roman als eine Art Wutschrei, aber ich hatte Hilfe dabei.

Dieses Buch profitierte von zwei Soundtracks: Joywaves' Album *Content*, während ich die Ideen einige Jahre keimen ließ, und *Eye* von The Smashing Pumpkins in Dauerschleife, während ich schrieb und meinem Gehirn sagen musste, wo es hinsollte. Maksim Gorkys *Coney Island* ist zwar keine Musik, kann es hinsichtlich der reinen Lyrik jedoch mit jedem Song aufnehmen und enthält die einzige detaillierte Beschreibung des berüchtigten *Hell-Gate*-Karussells im Dreamland auf Coney Island, das tragischerweise abgebrannt ist. Ich wurde zudem vom Mythos des Minotaurus und der Art, wie wir immer im selben Kreislauf leben, inspiriert.

Tatsächlich existiert ein internationaler Versteckwettbewerb, die Nascondino World Championship, und er findet einmal im Jahr in einer verlassenen Stadt statt, was mein Gehirn auf Hochtouren arbeiten ließ, als ich davon erfuhr. Allerdings gibt es dort zu viele Regeln und zu wenig Monster, daher erfand ich ein eigenes.

Die Lektorin, der ich diesen Roman unbedingt anbieten wollte, war Tricia Narwani, und ich bin so glücklich, dass er ihr gefallen hat. Ich werde ihr auf ewig dankbar sein, ebenso Sam Bradbury von Del Rey UK, Alex Larned, Bree Gary, David Stevenson, Michelle Daniel, Angela McNally, Simon Sullivan, Ella Laytham, Pam Alders, Craig Adams und dem ganzen *Del Rey*-Verlag. Als Fantasy-besessenes Kind hielt ich in den Buchläden nach den Buchrücken von Del Rey Ausschau, und es ist mir eine große Ehre, nun dazuzugehören. Der Großteil meiner Bücher ist bei Penguin Random House erschienen, einem sehr, sehr tollen Verlag.

Meine Agentin Michelle Wolfson hat mich durch so viele Geschichten begleitet, mit denen sie zu Beginn unserer Zusammenarbeit vor dreizehn Jahren nie gerechnet hätte, und ich schätze mich sehr glücklich, sie als Freundin, Fürsprecherin und Geschäftspartnerin zu haben. Und es tut mir überhaupt nicht leid, dass ich Geschichten schreibe, die sie nur lesen kann, wenn alle Lampen eingeschaltet sind.

Ein besonderer Dank geht an meine Testlesenden für ihre unschätzbare Ermutigung und ihr Feedback: JS Kelley, Lindsay Eagar und Stephanie Perkins. Stephanie und Natalie Whipple sind beständige Freundinnen und Resonanzböden, und ich schätze mich jeden Tag aufs Neue glücklich, sie zu haben. Außerdem danke ich Eliza Jane Brazier, die mir ein leuchtendes Beispiel ist, wie man furchtlos in neue Richtungen vordringt.

Mein Mann und meine drei Kinder sind die Grundfesten meiner ganzen Welt, und alles, was ich schreibe, entsteht nur, weil meine Tage von Liebe und Unterstützung erfüllt sind. Es ist eine unglaubliche Ehre und ständige Freude, an eurer Seite durchs Leben zu gehen.

Zu guter Letzt an alle, die weiterhin beharrlich behaupten, sich am eigenen Schopf aus dem Sumpf gezogen zu haben: Macht euch verdammt noch mal über die Herkunft dieser Redewendung schlau.

Ein hochmoderner, action-geladener Zukunftsroman

Coveränderungen vorbehalten

Anika Beer

Succession Game

Roman. Willkommen im Escape Room. Du hast 60 Minuten

Piper, 496 Seiten
ISBN 978-3-492-70588-2

2054: Augmented-Reality-Programme erfreuen sich großer Beliebtheit – allen voran das Escape-Room-Spiel Succession Game, das in den sozialen Medien von Millionen Fans gefeiert wird. Als die Privatdetektivin Clue als Kandidatin ausgewählt wird, sieht sie ihre Chance, den dubiosen Megakonzern hinter dem Spiel von innen aufzumischen. Doch als ein Teilnehmer stirbt, begreift Clue, welche Abgründe sich hinter den Kulissen von Succession Game verbergen. Plötzlich fürchtet sie selbst um ihr Leben ...

PIPER

Leseproben, E-Books und mehr unter **www.piper.de**